열정 리더십의 스파크 경영

초판 1쇄 발행 2014년 9월 1일

지은이 **최유섭** · 발행인 **권선복** · 편집주간 **김정웅** · 기록 · 정리 **조정아** · 디자인 **곽민경** · 마케팅 **서선교** · 전자책 **신미경** ·
발행처 **도서출판 행복에너지** · 출판등록 제315-2011-000035호 · 주소 (157-010) 서울특별시 강서구 화곡로 232 ·
전화 0505-613-6133 · 팩스 0303-0799-1560 · 홈페이지 www.happybook.or.kr · 이메일 ksbdata@daum.net

값 15,000원

ISBN 979-11-5602-067-7 13320

도서출판 행복에너지는 독자 여러분의 아이디어와 원고 투고를 기다립니다. 책으로 만들기를 원하는 콘텐츠가
있으신 분은 이메일이나 홈페이지를 통해 간단한 기획서와 기획의도, 연락처 등을 보내주십시오. 행복에너지의
문은 언제나 활짝 열려 있습니다.

열정 리더십의

스파크 경영

• 최유섭 지음 •

도서출판 행복에너지

달리는 말은 발굽을 멈추지 않는다

'마부정제(馬不停蹄)'

달리는 말은 발굽을 멈추지 않는다. 달리는 관성 때문에라도 쉬이 멈출 수가 없는 법이다. 말을 타고 길을 떠난 사람 역시 오히려 속도감 있게 펼쳐지는 새로운 풍광에 도취되어 좀 더 채찍질을 가하며 나아가게 된다.

속도전이 펼쳐지는 변화무쌍한 미래 정보통신 분야에서 '경영'이라는 것을 경작해야 하는 나는 이 '마부정제'의 고사를 접하자마자 원하던 답을 찾을 수 있었다. 자신 앞에 펼쳐지는 새로움을 머뭇거림 없이 접하고 쉽게 받아들이기 위해서는 그만큼 자신의 역량이나 그릇을 키워야 한다. 지금 나를 편안하게 만드는 상황에 대해 항상 의문을 가지고, 그 상태를 안타까워하며 최선을 다해 앞으로 나아가는 것이야말로 내가 추구하는 이상적인 경영의 모습이듯, 앞을 두려워하지 않고 바람을 느끼듯 변화에 맞서며 즐기는 것이 내가 바라는 나의 모습이다.

길은 계속 떠나야만 그 종착점을 알 수 있는 법이다. 하지만 이왕이면 내가 잘 달리고 있는지, 올바른 방향으로 가고 있는지, 내 주변의 이들과 더불어 행복하게 동행하고 있는지를 알고 싶었다. 그런 의미에서 내 인생과 경영에 관한 글을 찬찬히 돌아보는 글을 써보자고 마음먹게 되었다.

하나씩 정리하면서 내가 이룬 경영 인생에 숨어있는 수많은 드라마를 다시 만날 수 있었다. 실패와 위기도 있었지만 절정과 감동의 순간도 있었다. 나와 더불어 수많은 주·조연이 그 속에 숨 쉬고 있었고, 현재뿐만 아니라 미래에도 계속 이어질 다양한 시사점과 교훈, 가치들을 되새길 수 있었다.

충남 연기군 조치원에서 태어난 나는 갑자기 닥친 집안의 위기 속에서 방황하는 10대 시절을 보냈다가 중앙대학교 전자공학과를 졸업하였다. 일본기업 한국지사에서 직장 생활을 하던 내가 어느날 갑자기 창업을 외쳤을 때 주변 사람들은 물론 가족들조차도 만류했다. 하지만 당시 나는 과감한 변화를 즐기고 싶었고 그 변화를 능히 감당할 만한 열정과 도전의식도 나름 충만한 상태였다.

처음에는 대학 전공과 관련 있는 무역업을 모색하다가 해외에서 전자부품을 수입하는 회사를 차렸다. 물론 사업을 하면서 고난과 위기의 순간이 없었다고 한다면 그건 거짓이다. 그래도 다른 이보다는 사업운도 많이 따른 편이라 자평한다. 하지만 그 행운을 거머쥐고 기회를 포착한 것이 순전히 '운' 때문이었을까? 나는 그렇게 생각하지 않는다. 알게 모르게 기회가 오면 바로 잡을 수 있도록 나는 언제나 준비하고 있었다. 그것을 성공으로 증폭시킬 만큼의 혜안과 전문성을 겸비하기 위해서도 늘 노력했다.

지금 내가 만든 '텔콤'은 산업자원부 표창, 국세청 표창, 수입업협회장 표창, 수출탑 등을 받은 기업으로 성장했다. 2012년부터 파워모듈 관련 제조업을 시작하는 등 작지만 내실 있는 전환으로 또 다른 성장도 도모하고 있다.

CEO로서 나는 나 자신에게는 매우 엄격하지만 직원들에게는 편안한 리더가 되기 위해 노력한다. 그리고 직원들이 스스로를 강하게 단련하기를 간절히 원해서 적극 지원하고 있다. 지금은 자기 스스로를 연마하지 않으면 도태되는 세상이다. 기술력과 전문성을 필요로 하는 회사 업무 특성상 이공계 및 어문계 출신이 많지만 나는 늘 그들에게 텔콤 직원이라면 자신의 전공과 능력에 갇히지 말고, 여러 가지를 둘러볼 것을 간절히 부탁한다. 글로벌 시대에 맞춰 세상에 대한 혜안과 안목을 기르기 위해 전 직원과 함께 매년 해외로 워크숍을 떠나고 수시로 해외 거래선을 방문하여 견문을 넓힐 것을 주문한다.

그들에게 어쩌면 나는 해답을 제시해주는 CEO가 아닐지도 모른다. 하지만 답이 쉽게 주어지는 조직에서는 사람이 올바르게 성장할 수 없다고 생각한다. 스스로 질문하고 답을 찾아낼 수 있는 사람만이 변화에 당당히 맞서는 자생력을 가질 수 있다. 다행히 발전 동력을 갖추기 위해 자기계발을 하고 전문성을 찾으라는 내 말은 우리 텔콤인에게는 더 이상 잔소리가 아니다. 이미 그들은 자기계발과 전문성을 자신들의 삶과 미래에 직결되는 생존법으로 여기고 있다.

나는 회사에 대한 신용, 사람에 대한 신용, 기술에 대한 신용을 심어 주기 위해서는 리더부터 변해야 한다는 생각을 늘 품고 있다. 전문 기술을 정확히 이해하고, 회사의 올바른 가치를 전파하고, 사람 사이의 믿음과 사랑을 온전히 창출할 줄 아는 리더와 구성원만이 경쟁력 있는 기업을 만들어 나갈 수 있다.

글로벌 세상을 선도하는 작지만 강한 '텔콤'의 DNA에 대해 고찰하는 책을 펼쳐냄으로써 이 냉정하고 살벌한 경영 생태계에서 고군분투하는 많은 강소 기업들에게 의미 있는 시사점을 드리고 싶다.

적지 않은 나이지만 여전히 '배움에 있어 나이는 숫자에 불과하다.'라는 인생 지론을 가진 나는 세상 속에서 새로운 지식과 기술을 맛보기를 주저하지 않는다. 또한 배운 만큼 새로운 꿈도 꿀 수 있다고 믿고 있다. 여전히 앞을 향해 달릴 수 있다는 것에 감사하면서 가지 않았던 새로운 길을 부지런히 찾고 있다. 그 길을 함께 가고 싶은 사람들에게 이 책이 부끄럽지 않은 이정표가 될 수 있기를 바란다.

CONTENTS

성공은 자기 자신이 어떤 마음가짐을 갖고 있느냐에 달려있다.
가난이 남기는 것이 비루한 현실에의 적응뿐이라면 어디 숨조차 쉴 수 있을까?
그렇게 무기력하게 현실에 적응하느니
꿈과 희망을 품고 조금 숨이 차더라도 자신이 생각한 봉우리에
올라가는 시늉이라도 한 번 해보는 것이 젊음이다.

part 1

부족한 2%가 120%를 만든다

영국 런던의 노점상으로 시작하여 전 세계 3위 유통 업체이자 다국적 기업으로 우뚝 선 테스코의 CEO 테리 리히는 리버풀의 가난한 집안에서 태어났다. 어린 시절 극심한 가난을 겪었던 그에게는 반드시 성공하겠다는 꿈이 있었다. 그는 늘 마음속에 두 가지 믿음을 품었다. 바로 어떠한 어려움 앞에서도 두려워하지 않게 해준 신과 자기 자신에 대한 믿음이었다. 그는 모든 이들에게 더 나은 삶을 제공하고 싶다는 소망을 가지고, 자신이 헌신할 수 있는 분야에 열정적으로 매진한 결과 성공하게 되었다.

처음 테리 리히의 이야기를 읽으면서 받았던 감동이 아직도 생생하다. 그의 이야기에 언뜻 내 과거 모습이 투영된 까닭이었다.

절대적 가난이 지배하던 5, 60년대. 운 좋게도 난 어렸을 때는 꽤 유복하게 자랐다. 과수원과 큰 기와집을 갖고 있었던 집안은 끼니 걱정은 하지 않아도 될 만큼 넉넉했다. 유년의 나는 행복했다. 공무원이셨던 할아버지와 과거 세대의 여느 어머니와는 다르게 교육열이 높았던 할머니 덕분에 아버지와 고모, 숙부님은 시골에서 태어났지만 대학을 나와 교직이나 공직에서 일할 수 있으셨다.

역시 공무원이었던 아버지와 인자한 어머니의 보살핌 속에서 안온하게 살던 내가 인생의 쓴맛을 본 것은 10대 후반이었다. 아버지께서 공무원에서 사기업으로 이직하고 사업을 시작하신 시기부터였다. 아버지의 인맥을 활용하고 싶어했던 어느 회사는 차량까지 지급해가면서 임원 자리를 제공했다. 공직에만 몸담고 계셨던 까닭에 시커먼 세상 물정에 대해서는 너무나도 어두우셨던 아버지께서는 의심 없이 그 자리에 앉으셨고, 상황을 깨달았을 때는 사업 실패로 인한 막대한 빚을 떠안은 뒤였다. 그 고통은 고스란히 가족들한테 전가되었다.

'양동이 물지게'와 '새끼로 엮은 연탄'. 아직도 기억 나는 그 시절 풍광이다. 그 시절 많은 사람들이 생활고에 시달리며 힘들게 살고 있었다. 하지만 그런 환경 속에서도 어머니는 항상 인심이 넉넉하셨고 우리보다 더 없이 사는 사람들에게 아낌없는 덕을 베푸셨다. 어머니를 통해 부족한 삶이 마냥 부끄러운 것만은 아니라는 것을 희미하게나마 깨달을 수 있었다. '부족함'이라는 유산이 없었다면 어려운 사람들에 대한 배려와 가난조차도 긍정적으로 바라볼 수 있는 마인드가 내 삶속에 체득될 수 없었을 것이다.

시련 역시 제 몫의 교훈을 갖고 있다. 어려운 시절을 겪으면서 가족의 소중함을 더욱 깨달을 수 있었다. 초등학교 시절 나는 전기도 들어오지 않는 우리 동네가 우주의 전부인 줄 알았다. 어쩌면 그대로 그 삶의 크기에 맞춰 살아갈 수도 있었다. 하지만 당시 나를 믿어주셨던 조부모님과 부모님께서는 내가 스스로 결정하고 책임질 수 있도록 늘 살아있는 교육을 해 주셨고 덕분에 나는 더 큰 꿈을 꾸면서 성장할 수 있었다.

가난하여 마음까지 추울 수 있었던 시절, 강한 유대와 따스한 사랑이 없었다면 우리 가족들은 아마도 뿔뿔이 헤어졌을지도 모른다. 지금도 마찬가지다. 여러 변곡점과 위기가 많은 사업을 하는 나를 지탱해준 강력한 원천은 내 가족의 지지와 신뢰였다.

중학교에서 20여 년간 역사를 가르친 아내는 어머니를 닮아 조용하고 남을 배려하는 배려심이 많다. 하나 밖에 없는 아들에게 나는 공부보다 항상 이런 배려와 사랑을 더 많이 지니며 꿈을 갖고 자기 인생을 스스로 개척할 수 있는 도전 의식과 밝은 사고를 가질 것을 주문한다. 다행히 아들은 대학을 졸업하고 대기업 마케팅 부서에서 제 몫을 다하고 있다. 중학교에서 영어를 가르치고 있는 며느리와 돌이 안 된 손자 용준이 역시 내 인생을 지탱해주는 강력한 후원군들이다.

부족하게 생활하다 보면 검약이 자연스럽게 몸에 배게 된다. 누구보다도 돈의 귀중함을 알기에 물건 하나도 허투루 쓰는 법이 없다. 회사에서도 빈 공간에 켜진 전깃불을 직접 끄고 이면지 종이 한 장도 그냥 버리지 않는다. 하지만 물건보다도 아끼는 것이 바로 시간이다. 사업가에게 시간은 가장 중요한 자원이다. 누구나 10분 안에 많은 일을 해낼 수 있다. 10분을 낭비하면 그 10분은 영원히 사라져 절대 찾을 수 없다. 돈과 다름없는 시간을 잘 관리하기 위해서 자기 절제가 몸에 배일 수밖에 없다.

이외에도 부족함은 가난과 싸우는 과정에서 강한 정신력을 가지게 한다. 또한 위선과 가식을 가진 사람을 판별해내는 감식안을 갖게 되어 모든 사람들을 정직하게 대할 줄 알게 된다. 무엇보다 가난할수록 다른 사람과 연대하면서 사는 법을 잘 알게 된다. 그런 의미에서 부족함은 내게 타인과 잘 어울리는 사회성을 심어주었고, 다른 사람보다 더 열심히 일하는 성실성을 선물해 준 것이다.

요즘 많은 젊은이들이 물질적인 부족함이나 기회 박탈 등의 이유로 방황하고 있다. 하지만 자포자기와 비관적인 생각을 떨치지 못하면 그 방황의 늪을 더 파고들어 갈 뿐이다. 우리가 도약하기 위해서는 우선 그 늪에서 빠져나와야 한다. 그곳에서 빠져나오기 위해서는 자기 자신이 노력해야 한다. 누군가가 손을 내밀어 꺼내주기만을 기다려서는 안 된다. 새도 스스로 자기의 날개로 날아간다. 하물며 사람이야……. 날아갈 의지가 있다면 최소한 스스로 퍼덕거려볼 줄 알아야 한다.

'나는 결코 꿈을 이룰 수 없다.'라고 생각하는 사람이 있다면 당장 생각을 바꿔야 한다. 물론 좋은 교육과 안정적인 가정 형편이 솔직히 성공적인 삶의 토대가 될 확률이 높은 건 맞다. 하지만 이런 축복을 타고나지 않았다고 출신 배경에 얽매이는 것만큼 어리석은 일이 있을까? 과거는 어디까지나 과거일 뿐이다. 과거 때문에 미래를 한정 지으며 더 이상 꿈꾸지 않는 사람들을 보면 매우 안타깝다.

성공은 자기 자신이 어떤 마음가짐을 갖고 있느냐에 달려있다. 가난이 남기는 것이 비루한 현실에의 적응뿐이라면 어디 숨조차 쉴 수 있을까? 그렇게 무기력하게 현실에 적응하느니 꿈과 희망을 품고 조금 숨이 차더라도 자신이 생각한 봉우리에 올라가는 시늉이라도 한 번 해보는 것이 젊음이다.

계곡의 가장 낮은 지점에 갇혀 빽빽이 자리 잡은 나무들 사이로 겨우 손바닥만 한 하늘을 올려다보는 일은 그만두자! 가쁜 숨을 애써 참고 정상에 올라가다 보면 확 트인 푸른 하늘을 만나는 날이 언젠가는 다가온다. 자신의 행동을 책임지는 건 자기 자신뿐이다. 결국 인생이 나아갈 방향을 결정하는 것도 자신의 몫이다. 때로는 불행과 실수로 좌절하겠지만 계속해서 앞으로 나아가는 노력을 멈추지 말아야 한다.

봉우리가 저기, 저 앞에 있다. 꿈꾸고 욕망하는 한 우리는 오를 수밖에 없고, 언젠가는 정상에 능히 오를 수 있다.

어려운 환경이 내게 준 최고의 선물은 바로 '가난하다고 꿈까지 가난해서는 안 된다.'라는 신념이었다. 꿈마저 초라하다면 그 사람의 자존감은 회복될 수 없을 것이다.

어렸을 때 내 꿈은 법관이었다. 하지만 너무 일찍 세상의 냉정한 이치를 알아버린 후 선택한 꿈은 경제적으로 꼭 성공하여 돈을 많이 버는 직업을 갖는 것이었다. 그러나 어린 내가 당장 그 꿈에 돌입할 수는 없는 노릇이었다.

집안 형편상 제때에 대학을 진학하지 못했고 그 좌절감은 생각 외로 컸다. 고등학교 졸업장은 내게 빛나는 것이 아니었다. 또래들은 다른 세상을 바라보고 다른 꿈을 꾸고 있다는 생각에 미칠 듯 괴롭고 세상과 보조를 맞추지 못한다는 자괴감이 들었다. 그리고 이런 자괴감은 일탈로 이어졌다. 수없이 방황했지만 가슴이 뻥 뚫린 느낌은 쉽게 가시지 않았다. 해소되지 않는 어떤 욕구가 남아 있었다. 세상으로부터 기회를 박탈당했다는 소외감 역시 쉽사리 걷히지 않았다.

그때는 그 기회를 잡고, 변화의 물꼬를 파야 하는 이가 다른 누구도 아닌 나 자신이라는 사실을 알지 못했다. 괴테는 "인간은 노력하는 한 방황하게 되어 있다."라고 말했다. 아마도 내가 그토록 방황했던 이유는 그저 현실에 순응하며 사는 대신 내가 가진 환경에서 벗어나고 싶었기 때문일 것이다.

이런 절망감에서 빠르고 건강하게 탈출하기 위해 나는 친구들과 산행을 하면서 암벽등반을 하였으며 힘들었지만 그 과정 속에서 난 많은 위안을 받았다. 건강한 육체에 건강한 마음이 깃드는 법이다. 거친 운동을 한 후의 쾌감도 좋았지만 내가 뭔가를 극복할 수 있는 힘을 가지고 있다는 사실은 나를 든든하게 만들었다.

해병대에 자원입대했던 나는 비로소 몸과 마음을 단단하게 다잡을 수 있었다. 누구에게나 문제의 핵심에서 한발 나와 그것을 조망할 시간이 필요한 법인데 그것이 내게는 군대였던 셈이다. 강한 정신력 무장을 주문하는 해병대는 나를 새롭게 변화시켰다. 결국 무산되기는 했지만 해병대에서 고된 월남 파병 훈련까지 받았던 나는 극기의 순간들을 보내고 나서야 내 인생을 바꿀 수 있는 주인은 바로 나라는 사실을 깨닫게 되었다.

군에서 제대했을 때 우리나라는 활기차게 산업국가로 변해가던 시대였다. 시대에 흐름에 맞게 나 역시 기술 정도는 하나쯤 갖고 있어야 한다고 판단했다. 대학 전공에 대한 고민이나 진로에 대한 방황을 할 여지가 없었다. 자연스럽게 전자공학을 전공했다. 내 인생을 열어주는 새로운 관문이라는 생각으로 누구보다도 대학 생활을 열심히 하였고 졸업 후 엔지니어로 직장생활을 시작했다.

하지만 곧 내게 또 다른 위기가 닥쳐왔다. 내가 근무하던 회사에서 나 자신이 일개 부속품으로만 소모되고 있다는 자각이 들었던 까닭이다. 이런 생각은 두고두고 나를 답답하게 만들었다. 좀 더 행동반경을 넓힐 기회를 모색했다. 시간이 지나 일본 기업으로 이직했고 나는 그 회사의 한국 책임자로 근무했다. 하지만 답답함은 쉽게 사라지지 않았다. 맡은 일을 열심히 책임지고 하면서도 왠지 이곳이 내 최종 목적지가 아니라는 강박관념이 내내 남아 있었다.

CEO 중에는 물건을 파는 일이 적성에 맞는 사람과 만드는 일이 적성에 맞는 사람이 있다. 대부분의 CEO들이 물건을 파는 쪽이 적성에 맞는 편인 것처럼 나도 그랬다. 그래서 어느 날 갑자기 창업을 부르짖으며 회사를 그만두고 말았다. 30대 후반에 안정된 직장을 박차고 나오는 것이 쉬운 일은 아니었다. 게다가 그 당시는 지금보다 훨씬 더 창업이 어렵던 때였다.

창업을 결정하면서 심사숙고를 했다. 창업을 했다가 실패했을 때 재기가 어려운 것은 그때나 지금이나 별반 다르지 않았기 때문이다. 나는 아버지의 사업 실패로 온 식구가 힘들어하는 경우를 젊은 시절에 몸소 느꼈고 주변에서도 종종 보아온 터였다. 주변에서 만류하는 사람들도 적지 않았다. 하지만 나는 과감히 결단을 내렸다.

당시는 정보통신 분야의 폭발적인 개발과 수요가 일던 때였다. 샐러리맨으로서 일본 업체와 일을 하면서 보고 배운 안목과 예측력이 내가 가진 자산의 전부였지만 나는 이것들이 나를 성공으로 이끌어 줄 것이라 확신했다.

"왜 안정적인 중산층의 삶이 주는 안락함을 버리고 모험에 도전하려고 하는가?"

당시 내가 들었던 수많은 충고들이 품은 물음이었다. 결과적으로 내가 배팅한 모험은 통했다. 나는 창업에 성공했고 지금까지 잘 수성하고 있다. 하지만 결코 그 성공이 순전히 요행만으로 되었다고는 생각하지 않는다. 성공의 밑바탕에는 수많은 '방황'이라는 기초석들이 있었기에 가능했다.

인생 전체를 조망했을 때 젊은 시절 나는 인생이라는 경작지에 수많은 도전의 씨앗을 흩뿌렸다. 물론 정확한 목적지나 길을 알고 있었다고는 생각하지 않는다. 하지만 그냥 무작정 헤맨 것만은 아니었다. 어렴풋하지만 가는 길이 보이는 길목으로 나는 늘 한발 내딛고자 했다. 여러 갈래의 길 중 내가 가야 할 곳이라고 확신이 든 순간부터는 흔들림 없이 그곳으로 직진했다. 그 길을 나선 순간부터는 내 생의 뚜렷한 목표 지점을 찾을 수 있었다.

우리는 살면서 계속 선택해야 한다. 설령 결과가 내 뜻대로 되지 않더라도 일단 내가 옳다고 생각하는 것을 밀어붙일 필요가 있다. 미리 지레짐작해서 포기하면 기회 자체가 주어지지 않는다.

스스로 위대한 사람이고 싶다는 열망이 강할 때 우리는 위대해진다. 열망이 커지면 기존과 다른, 기존과 차이 나는 생각을 하게 된다. 그 차이만큼 시야가 넓어지고, 전략이 달라지고, 행동이 탁월해진다. 평범했을 때는 감히 넘보지 못했던 결과를 만들어낸다.

꿈이 있을 때 사람은 성장할 수 있다. 꿈이 허황되거나 비현실적이어도 낙담하거나 위축될 필요가 없다. 실현가능성을 떠나 꿈을 품고 있다는 자체만으로 인생에 열정과 기쁨 그리고 희망을 가져다주기에 꿈은 가치 있다. 꿈은 진정한 내 인생을 찾게 해 주는 길라잡이다. 그러니 이왕 꿈을 꾼다면 큰 꿈을 꾸는 것이 좋다. '운칠기삼'이라 그랬다. 과연 그럴까? 운도 조금 따라 주어야 되겠지만, 노력과 열정이 더 인생의 성패를 좌우한다고 나는 생각한다. 끝없는 불행을 끝내 이겨내고 최고의 자리에 오르는 사람들을 우리는 많이 보아 오지 않았는가.
그렇기 때문에 한 치 앞을 가늠할 수 없는 막막한 현실 속에 놓여 있다
하더라도 부단히 몸을 움직이고 늘 머릿속엔 미래에 대한 마스터플랜
을 그려야 한다. 그러다 보면 다른 사람보다 더 뛰어나고 창의적인 아
이디어를 낼 수 있게 되지 않을까.

모든 시련이 자취를 감춰 버린다면 인생은 참으로 을씨년스럽기 짝이 없을
것이다. 누구든 시련을 겪지 않고는 참다운 인간이 되지 못한다. 시련이야말
로 자신의 존재를 스스로 깨닫게 하고 스스로를 규정하는 까닭에 대체로 사
람의 운명은 그때에 결정된다. 시련을 겪기 전에는 누구나 어린아이의 상태
에 머물러 있는 것이다.

— 톨스토이

"창업은 바보들이나 하는 짓!"

이런 생각 때문에 창업을 머뭇거리는 사람들이 많다. 안타깝게도 실제로 작은 땅덩어리에 비해 휴먼 인프라가 높은 우리 대한민국에서 이런 생각은 당연하다는 듯이 퍼져 있다. 게다가 '벤처 기업 열풍' 거품이 꺼진 후에 이런 생각은 더욱 단단해졌다. 외국의 좋은 대학에서 기술을 전공한 이들도 쌓은 학벌을 바탕으로 한국에 들어와 편한 직장에 취업하는 것이 꿈이고 국내에 남은 인재들도 고시나 공무원시험, 대기업 취직에 목을 매는 대한민국의 자화상은 전혀 건강하지 않다.

요즘 같은 시기야말로 기업을 하려는 사람들이 진정으로 존경받아야 할 때다. 기업가 정신 하나만 갖고 어려운 현실 속에서 고용을 창출하고 유지하는 진정한 기업인들은 그냥 자기 사업을 해서 제 돈만 버는 사람들이 아니다. 그들은 여러 다양한 가치를 창출하고 대한민국의 활기찬 도전 문화를 유지하고 계승하기 위해 최선을 다하는 사람들이다. 한국 기업가들은 반드시 재평가되어야 한다. 창업을 하고 경영을 잘해내는 그들을 가리켜 바보들이라고 말해서는 안 된다. 준비 없이 행동하는 바보들에게는 배짱이 없다. 배짱은 자기 확신이다. 도전 의식이라는 본전이 있는 사람만이 창업이라는 판에 뛰어들 수 있다.

수많은 시련과 위기를 맞으면서 텔콤이 지금까지 성장가도를 달릴 수 있었던 것은 큰 노하우가 있어서가 아니다. 나는 한 번도 내 인생에서 만난 기회들을 함부로 낭비하지 않았다. 내가 경영을 못하는 변명거리를 만들기 전에 조금이라도 더 몸과 마음을 움직이려고 노력했기 때문에 가능한 것이었다.

IMF 외환 위기에서부터 글로벌 금융 위기까지 3~4년마다 총 네 번의 위기를 겪었지만 그때마다 위기를 기회로 만들려고 노력했다. "좋은 기회를 만나지 못하는 사람은 없다. 단지 포착하지 못했을 뿐이다."라고 강철왕 카네기는 말했다. 인간은 늘 준비가 되어 있어야만 기회가 기회인 줄도 알고, 잡을 수도 있는 법이다.

소자본으로 창업을 했지만 무대포로 사업을 운영하지 않았다. 나름대로 치밀하게 세운 전략은 전자 제품 수입을 하면서 엿보았던 그쪽의 틈새시장에서 새로운 시장을 찾는 것이었다. 또한 절대로 남이 하는 것을 그대로 따라 하지 않는 사업을 했다. 경쟁이 치열하지 않은 블루오션이어야 이익을 낼 수 있다고 판단했다.

처음 시작한 사업은 고주파(Radio Frequency)부품을 미국에서 수입하여 파는 것이었다. 그 부품은 휴대폰용 중계기 안에 들어가는 것이었는데 광대한 쓰임새에 비해 상대적으로 사람들의 관심이 적다는 것을 알고 내내 눈여겨보았다. 2박 3일 동안 미국에 체류하면서 남이 안 하는 걸 찾아내기 위해 살인적인 스케줄을 소화하며 고군분투했다. 마침내 그 부품을 들여와 판매했는데 수익이 썩 나쁘지 않았다. 남들이 놓치고 있는 것을 선제적으로 알아챈 감식안이 그런 식으로 빛을 발했다.

차츰 차츰 아나랜, 코셀, 크리, 파나소닉(전 마쓰시다), 맥스웰, 엡슨,

산요전기, APP, RLC등 그 분야에서는 NO. 1 기업이라고 할 수 있는 해외 굴지기업의 대리점권을 따내기 시작했다. 내가 가진 실력이나 인맥 인프라에 대해 솔직히 완벽하게 확신하지는 않았다. 하지만 내가 실력이 모자라거나 관계자를 많이 모르는 것에 대한 불안감이 들 때면 오기로 두세 배 더 열심히 일하려고 했다.

하루 24시간 중 거의 16시간 이상을 사업에 매달렸다. 모든 시간을 회사와 연관된 곳에서 보냈다. 일본전산 창업주가 주장한 것처럼 사업을 하면서 즉시 하고 반드시 하고 될 때까지 노력하고 또 노력했다.

1991년 3월 텔콤인터내쇼날을 설립했다. 뒤이어 1996년에 CON-NECTOR 사업부를 신설했고, 1998년에 POWER SUPPLY 사업부와 RF&MICROWAVE 사업부를 신설하는 등 규모를 확장하다가 2000년에 법인으로 전환하여 텔콤인터내쇼날(주)이 되었다.

2003년 봄에 방배동 텔콤 사옥으로 이전을 하여 2007년에는 파나소닉 제품을 전문으로 취급하는 텔콤씨앤에스(주)를 법인 분리하였고 2009년에는 일본의 전원공급장치(SMPS) 제조사인 COSEL사의 제품을 전문으로 취급하는 텔콤아이씨피(주)를 법인으로 분리하였다. 지금은 고객의 소리를 더 가깝게 듣기 위해 구로, 천안, 부산에 지점을 운영하고 있으며 2012년에는 고객이 필요로 하는 파워모듈사업과 친환경사업을 목적으로 가온하이테크(주)를 설립하였다.

텔콤은 이제 전자 통신 분야만이 아니라 반도체장비, 의료기기, 로봇을 비롯한 FA산업에 사용하는 관련 부품은 물론 엔지니어링을 겸한 글로벌 회사로 가기 위해 임직원 모두가 힘을 합하여 열심히 노력하고 있으며 미국, 일본, 프랑스, 중국 등 해외 20여 개 업체와 대리점 계약을 맺고 업무를 제휴하고 있다. 가온하이테크(주)에서 만든 제품은 다른 제품과 함께 세트화 하여 국내 판매는 물론 수출에도 기여하고 있다.

원래 예부터 우리나라는 중계무역이 발달한 나라였다. 보통 '오퍼'라 불리는 유통 영업은 우리나라에 유리한 부분이 많다. 텔콤이 공급하는 제품들의 제조국은 일본, 미국, 유럽, 중국 순이다. 요즘 트렌드를 반영하듯 시장이 세계의 흐름에 발맞춰 조금씩 변하고 있다.

현재 텔콤의 위상만 보면 꽤 나쁘지 않다. 하지만 사실 이 자리에 오기까지 과정이 녹록했던 것은 아니었다. 잘 알겠지만 한국의 산업 생태계는 약육강식의 논리가 지배하는 곳이다. 이런 생태계에서 상대적으로 중소기업은 매우 취약한 환경에 노출될 수밖에 없다.

국내 사업체 전체의 99%, 고용의 76%라는 통계적 의미 이상의 책임을 지고 있는 중소기업이 많은 어려움을 겪고 있는 것이 사실이다. 중소기업에 대한 오해와 편견은 차치하고서라도 시장을 개척하는 자체부터 힘들다. 또한 자금 조달도 어렵고, 안정적인 직원 운영도 어렵다.

실업자가 많다고 부르짖어도 중소기업에 취업하는 것을 여전히 기피하는 젊은이들을 보면 나는 한숨부터 나온다. 아쉽고 화가 난다. 작지만 강한 면모를 가진 기업의 잠재력은 보지 않고 외형만으로 판단하는 젊은이들이 그토록 선호하는 대기업에 들어가더라도 얼마나 잘 적응할 수 있을까 하는 생각이 든다.

척박한 경영 환경 속에서도 텔콤은 글로벌 경쟁에서 살아남기 위한 기술 개발과 품질 향상 그리고 가치 높은 세일즈 활동을 이뤄왔다. 대한민국의 미래 성장 동력으로서 텔콤이 일익을 담당하고 있다는 자체만으로도 나는 충만한 기쁨을 느낀다.

한순간도 머뭇거린 적이 없다. 내게 주어지는 기회에 그저 감사해하며 열심히 뛰어다녔다. 내게 다가온 기회라면 놓치지 않기 위해 늘 노력했고 쉽게 기회가 다가오지 않을 때라도 일부러 만들기 위해 동분서주했다. "하려고 하면 방법이 보이고 하지 않으려고 하면 변명이 보인다."라는 외국 속담처럼 조금 힘들다고 하지 않으면 경영은 바로 티가 난다. 혁신으로 유명한 기업들은 즉시 행동에 옮긴다는 공통점이 있다. 훌륭한 아이디어를 얻으면 바로 그것을 행동하여 실천했다. 아마 그중 일부는 성공할 수도 있고, 일부는 실패할 수도 있다.

조금이라도 성공한 아이디어는 또다시 새로운 사업 기회를 기업에게 던져주는 법이다. 한 번 기회가 주어지면 이상하게도 복리 예금처럼 기회는 자꾸 자꾸 불어난다. 경영하는 사람이라면 이 놀라운 경험을 몇 번은 겪는다.

끊임없이 연결되는 기회로 텔콤의 미래도 몇 번이나 변했다. 회사 사장인 나의 개인적인 업그레이드도 덩달아 이뤄졌다. 중요한 것은 아무리 인맥을 동원하거나 개인적인 루트를 통해 힘쓴다 해도 결국 기회는 자기 자신이 스스로 잡아야 한다는 것이다. 계란은 남이 깨주면 프라이가 되지만 자기가 깨면 병아리가 된다. 세상에는 기회를 만드는 사람과 변명을 만드는 사람, 두 가지 부류가 있다.

'과연 나는 어떤 사람일까?'

경영을 하는 사람들이라면 늘 고민해야 하는 부분이다. 물론 기회를 잡기 위해서는 수많은 시행착오와 실패를 겪어야 할지도 모른다. 하지만 언제까지 그런 실패가 두려워 변명만을 내밀어서는 안 될 말이다.

처음 창업을 한다고 했을 때 주변에서는 전자공학을 전공한 사람이 상경대를 나온 사람들이나 하는 영업과 무역을 어떻게 하냐면서 우려의 눈길을 보냈다. 하지만 나는 왠지 '근거 있는' 자신감으로 그런 걱정을 날려버릴 수 있었다.

나는 영업과 무역도 제품을 알아야 잘할 수 있다고 생각했다. 누구보다는 제품에 대한 전문성이 뛰어난 사람이 오히려 영업을 더 잘할 수 있다는 역발상으로 밀어붙였다. 변명을 만들어내며 쉽게 안주하는 대신 나는 늘 뭔가 다른 길을 끊임없이 찾으며 기회가 닿으면 낯설어도 선뜻 뛰어드는 편이었다. 공부에서도 마찬가지였다. 단순한 학부 공부와는 달리 사업체를 운영하고, 국내외 여러 현장을 접하면서 배움에의 갈증이 점점 커지기 시작했다. 공부란 학교에서만 하는 것이 아니라는 것을 알았고 인생 전체가 공부이고 우리의 삶 자체가 학교라는 것을 알았다.

사실 그 당시 나는 많이 바빴다. 한창 성장기에 있던 회사에서 CEO로 정신없이 달리던 때였다. '그냥 나중에 공부할까?' 많이 망설였다. 하지만 내가 당장 힘들고 어렵더라도 과감히 도전해보자고 마음먹었다. 국제적 거래를 하다 보니 무역에 대한 관심이 늘어나 모교에서 국제경영을 공부해 석사 학위를 취득했고, 내친김에 국제상학으로 경영학 박사 과정도 밟았다. 학부에서 기술을 전공했지만 모든 장르와 경계가 무너지고 융·복합되는 산업 생태계에서 든든한 면역력을 갖추기 위해 내 나름대로 더 노력한 것이다.

늘 부족한 2%를 채우기 위해 서울대 행정대학원 정보통신정책과정, 서울대학교 공대 최고 경영자과정, 보스톤대, 칭화대, 와세다대 등 최고경영자 과정을 부지런히 수료하는 등 틈날 때마다 공부하고 있다. 현재도 KAIST CIE포럼, 길포럼(진대제AMP)에 등록하여 여러 경영자들과 부지런히 세상 돌아가는 이야기들을 나누고 있다.

이렇게 기회를 만드는 삶을 살면 장점이 매우 많다. 굳이 성공을 좇지 않아도 성공이라는 목표지점 근처로 저절로 가게 된다. 반대로 변명을 좋아하는 사람들은 종종 누군가를 원망하고 이 세상에 대해 불만스러워하며 욕을 한다. 그 과정 속에서 상처를 받는 것은 결국 자신이다.

경제적으로 넉넉한 부모 밑에서 태어나지 못했기 때문에 좋은 기회가 오지 않는 것이라는 변명으로 현재 자신의 답보 상태를 설명하려 드는 사람들은 절대로 성공할 수 없다. 변명을 만드는 사람들과 기회를 만드는 사람의 차이는 단순하다. 바로 아는 것과 행동하는 것의 차이다. 변명을 만드는 사람들은 알고 있어도 행동하지 않는 사람들인 반면 기회를 만드는 사람들은 아는 것을 바로 행동으로 옮기는 사람이다.

"오늘 걷지 않으면 내일은 뛰어야 한다."

지금 좀 편하자고 한 변명의 결과는 늘 더 힘들고 괴로울 뿐이라는 것을 알아야 한다.

승자는 모든 문제의 답을 구하려 하고, 패자는 모든 답에서 문제점을 찾으려 한다. 승자는 "그것이 어렵긴 하겠지만 가능하다."고 말하고, 패자는 "그것이 가능은 하겠지만 매우 어렵다."고 얘기한다.

"그대의 마음속에 식지 않는 열정을 지녀라. 비로소 그때 당신의 인생은 빛날 것이다."

독일의 문호 괴테의 말이다. 꿈과 열정을 가지지 못한 사람은 생명력이 없는 인형과 다를 바 없다. 인간의 인생 중 29%는 잠자는 시간이라고 한다. 나머지 71%만이 깨어있는 시간이다. 인간은 일단 깨어있는 시간 동안 무언가를 할 수밖에 없는 존재다. 그렇다면 이왕 할 거 제대로 저지르는 게 어떨까?

일에 한번 미쳐보면 세상과 일을 대하는 자세가 달라진다. 세상에는 쉬운 일도 없지만 덤벼들면 이루지 못할 일도 없다는 자신감, 그전에는 모르던 일의 재미, 성과를 내본 사람만이 갖게 되는 도전 의식, 이런 것들을 한꺼번에 경험하고 배울 수 있다.

『중용』에 "지성무식(至誠無息)"이라는 말이 있다. 지극한 정성은 쉬어가는 법이 없다는 뜻이다. 지극한 마음으로 꾸준함과 끈기, 성실함을 일군다면 이 세상에 빛나지 않을 사람은 없다. 그 지극한 마음이란 바로 '열정'이다.

열정을 스톡옵션처럼 직원들에게 지불하는 텔콤을 만드는 것을 평생 업으로 삼고 있다. 일과 인생에 즐겁게 미쳐있는 자만이 세상을 바꾸고 운명을 이길 수 있다. 도전하는 인생은 좋은 인생이다. 자기 자신에게 기회를 주는 도전만이 세상에서 받을 수 있는 가장 큰 선물일 것이다. 현 상태에 너무 만족하면 열정도 없어진다. 배부르면 도전하지 않는다는 말은 틀리지 않다. 더 큰 성공을 바란다면 항상 허기와 갈증을 느껴야 한다.

만약 내가 창업을 하지 않았다면 나는 경영자의 자질이 있다는 것을 알지 못한 채 생을 마쳤을지 모른다. 나는 편안한 삶에 안주하기 싫어서 일단 시작하였고 시작한 후에는 결코 실패할 수 없다는 각오로 이를 악물고 노력하였다.

근능보졸(勤能補拙), 부지런하면 모자람을 보충할 수 있다는 글귀다. 영업을 뛰는 것이 얼마나 즐거운 일인지를 보여주기 위해 될 수 있으면 내가 직접 현장을 발로 뛰기 위해 노력했다. 조직의 결속력을 다지고 직원들의 정서적인 부분을 헤아리기 위해 직원들과 같이 이야기하고 있다.

내가 생각하기에 사업하는 사람들의 DNA는 일반인들과는 전혀 다르다. 사업을 하는 사람들과 그렇지 않은 사람들은 다른 종류의 열정을 가졌다.사업가들은 닥치는 대로 노력하고, 경험하고, 도전하는 사람들이다.그렇다고 일반 사람들이 열정이 없고 도전도 안하고 노력을 안한다는 말은 아니다. 창업가들은 닥치는 대로 노력하고, 경험하고, 도전하는 사람들이다. 열정은 항상 조금 더 높은 지점을 바라볼 때, 애

타게 갈급해야 할 때 더 잘 생기고 유지되는 것 같다. 그래서 나는 "5%는 어려워도 30%는 가능하다."라는 이야기를 직원들에게 수시로 강조한다. 5%는 현재 상태에서 목표치를 잡는 경우이고, 보다 높은 목표치인 30%를 달성하려면 사고를 바꿔야 하고 틀을 바꿔야 가능하다.

"생각을 바꿔라. 그러면 세상을 바꾼다." 목표를 크게 잡고 도전을 하려면 근시안적인 시각으로는 불가능하다. 히말라야 고산을 등반하는 것과 지리산을 등반하는 것, 그리고 집 앞 작은 능선을 오르는 것은 준비 단계에서부터 다르다. 즉, 어떤 커다란 목표에 도전하기 위해서는 생각 자체를 바꿀 수밖에 없다.

과거에 했던 것처럼 구태의연한 방식을 가지고는 새로운 세상에서 경쟁해 나가기가 어렵다. 사고에 변화를 가져오기 위해서는 그만큼 많은 정보와 지식을 부지런히 배양해야 한다. 그리고 주변의 많은 사람들의 다양한 의견도 들어야 한다. 백 데이터(Back data)가 많을수록 내가 선택할 수 있는 기회는 더 많아지는 법이다.

'패션크리에이티브(PassionCreative)' 종합전자 부품회사로 1991년 창립하여 발전을 거듭할 수 있었던 배경에는 나와 직원들의 미래지향적인 도전과 개척의 열정이 있었기에 가능했다. 열정이 넘치는 조직은 어떠한 환경도 돌파한다. 게다가 열정은 회사뿐만 아니라 우리 스스로를 성장시키는 열쇠가 되기도 한다. 우리 안에 어떤 잠재력이 있는지를 엿보게 해 주는 열쇠가 되어 우리가 봉인한 한계를 열어버린다.

열정적이려면 새로운 것에 늘 감탄하는 태도를 유지해야 한다. 시대가 빨라지고 새로운 것이 자꾸 나오니 호기심이 더 생긴다. 나 역시 이 나이에도 끊임없이 탐색하고 연구한다. 이런 자세라면 100세가 되어도 새로운 제품을 계속 다룰 수 있을 것만 같다. 그런 점에서 열정은 어떤 히트 상품보다 강력한 무기인 셈이다.

그런데 이런 열정은 타고난 기질일까? 열정적인 기질을 갖고 있지 못한 사람이니까 할 수 없다? 이는 틀린 말이다. 물론 선천적으로 열정적인 사람들도 있지만 나는 열정도 발굴해야 하는 미덕이자 DNA라고 주장한다. 열정은 발굴하면 갖출 수 있는 것이다. 이왕이면 젊을 때일수록 부지런히 찾아내 내 몸에 걸칠 필요가 있다. 겉으로 무덤덤하고 조용한 사람도 내면에는 열정이 가득할 수 있다. 하지만 이 '열정'이라는 불을 확 켤 수 있게 하는 스위치를 찾아내기 위해서는 부지런히 탐색해야 한다.

내게도 아들이 있지만 요즘 젊은이들에게는 우리 세대들이 가지고 있었던 뜨겁고 치열한 열정이 별로 보이지 않는다. 안타까운 일이다. 물론 젊은이들만 탓할 바는 못 된다. 사회가 그렇게 만든 면이 적지 않기 때문이다. 요즘에는 중고등학교 학창 시절부터 열정을 발굴할 기회도 없이 시간을 보내는 것 같다. 예전에는 젊은이들이 꿀 수 있는 꿈들이 더 많았고 강렬했다.

지금은 아예 그 꿈 자체가 원천 차단되는 듯한 모습을 많이 볼 수 있다. 기본적으로 입시에 매달려 학교와 학원에서 너무 많은 시간을 보내고 있다. 그런 시절을 거쳐 대학교에 들어가도 예전 세대들이 사회와의 연대, 개발 시대의 에너지 넘치는 꿈과는 달리 대학생들은 취업을 목표로 죽기 살기로 매달리며 청춘을 소진한다. IMF나 금융위기 등 생존환경이 그렇게 만들기 때문이지만 그런 분위기에 스스로를 가

뒤 자신이 진정으로 좋아하고 그것을 얻기 위해 고민하고 탐색하는 시간 자체를 못 누리는 것 같기도 하다. 자신이 원하는 것을 알고 그것에 몰입을 할 수 있는 열정은 그 누구도 훼손할 수 없는 청춘의 특권인데 말이다.

열정을 갖기 위해서는 우선 자신이 좋아하는 일이 무엇인지 알아야 한다. 그러기 위해서 직접 경험이든 독서와 같은 간접 경험이든 많은 것을 쌓기를 바란다. 자신이 좋아하는 일을 발견하면 누가 시키지 않아도 열심히 하게 된다. 열정적으로 하면 같은 일을 하더라도 능률이 난다. 결국 능률은 창조를 낳는다.

마른자리만 찾는다면 실패를 할 확률이 높다. 성공과 실패의 차이는 크지 않다. 습관대로 일상을 반복하면 실패하고 반대로 열정적으로 개척해서 살면 성공이 보장된다. 복잡한 것보다 쉬운 것만 찾고 진자리보다 마른자리만 찾는다면 실패한다. 오늘 할 일을 바로 당장 열정적으로 한다면 성공할 수 있다. 나와 같은 곳을 바라보는 사람들과 열정적으로 뜻을 나누고 그들의 장점을 부지런히 바라보자. 한번 맡은 일은 몸을 불사르며 일하고 목표 없는 나그네가 아니라 내가 주관하는 주인의 마음으로 적극적으로 임해야 한다.

열정적으로 책을 읽느라 밤도 새고 걱정하기보다는 한번 거침없이 부딪혀보는 습관도 들여라. 억지로 일하기보다는 즐기면서 일하고 인생을 치열하게 스파크 튀게 살아라! 그게 우리 인생에 우리 스스로가 가져야 할 예의다. 특히 청춘이라면 반드시 해야 한다.

열정적인 삶은 결국 보답 받게 돼 있다. 행운은 열정적으로 준비되고 노력한 사람에게만 미소 짓는다. 열정적인 사람이 마지막에 웃게

되어 있다. 신이 아닌 이상 인간의 능력이란 거기서 거기다. 하지만 성
공한 사람은 스스로의 임계점을 돌파할 만큼 열정을 쏟는 사람들이다.

직원들에게만 열정을 강조하지는 않는다. 나는 한 조직의 리더라면
무엇보다도 열정만큼은 그 회사에서 가장 강해야 한다고 생각한다. 사
장의 열정이 강하면 사원들에게도 그 열정이 전해져 지식이 있는 사람
은 지식을, 기능이 있는 사람은 기능을 발휘해 일에 매진하게 된다.

열정은 천재의 재능보다 낫다. 아무리 천재라도 열의가 없다면 자신
의 능력을 십 분의 일도 발휘할 수 없다. 하지만 평범한 사람도 열정을
갖고 하나에 몰입하면 그것에서 반드시 기적이 일어나기 마련이다. 열
정과 몰입이야말로 우리 인생과 운명을 바꾸어놓는 강력한 힘이다.

사람의 가슴 한가운데에는 쉼 없이 펌프질을 해대는 뜨거운 심장이 있고 사
람의 온몸 구석구석에는 36.5도의 따뜻한 피가 흐른다. 심장이 멎고 차가워
지면 사람은 죽는다. 사람의 피가 36.5도인 이유는 적어도 그만큼은 뜨거워
야 하기 때문이다.

— 드라마 〈뉴하트〉 대사 中에서

원래 가장 좋은 시기에 어려운 시기를 대비해야 하는 법이다.

이제 디지털 시대에서 스마트 시대로 넘어와 있다. 쉽게 경영하는 시대는 이제 역사 뒤편으로 사라질 것이다. 하지만 불안하지 않다. 자발적으로 열심히 하면 누구에게나 기회는 온다. 이 시대의 속도와 트렌드에 부지런히 적응하는 지금의 모습이라면 충분히 승산은 있다고 확신한다. 성경에 "얻을 때가 있으면 잃을 때가 있고, 간직해야 할 때가 있으면 버려야 할 때가 있다."라는 말이 있다.

위기를 한 번도 맞지 않은 사람이나 기업은 없다. 많은 기업들이 '불황이다.', '위기다.' 난리를 친다. 하지만 생각해 보면 그렇지 않았던 때가 있었던가? 늘 위기였다. 호황기는 한때지만 불황기는 여러 번이었다. 위기론을 주워 섬기며 소란을 떨 시간에 차라리 열심히 일하라고 말하고 싶다. 주말도 반납하고 일을 하고자 하는 열의만 있으면 어떤 회사도 살아남을 수 있다.

앓는 소리로는 아무것도 외칠 수 없다. 어려울 때일수록 사람은 움직여야 한다. 인재는 어려울 때일수록 더욱 힘을 발휘한다. 위기가 닥쳐서야 누가 쭉정이고, 누가 알맹이인지 비로소 옥석이 가려지는 법이다.

회사를 경영하면서 무수한 사람들을 직원으로 만났다. 그중에는 오히려 내게 큰 가르침을 주는 직원도 있었다. 하지만 책임감 없고 조직에 남아 조직 문화를 해치는 직원들도 여럿 있었다. 이 나이가 되어보니 사람에 대한 감식안이 나름 생겼다. 이제는 내 눈에 누가 옥이고 누가 돌인지 잘 보인다. 믿음이 가지 않는 사람, 힘들 때 도망가는 사람, 자주 몸이 아파 쉬고 지각을 자주 하는 사람, 쉽게 남의 일처럼 회사 일을 말하는 사람, 끝맺음이 어설픈 사람, 쉽게 하겠다고 말하고 실천을 안 하는 사람들은 솔직히 조직에서 필요치 않고 오히려 걸러내야 하는 사람들이다.

뭘 하든지 확실하게 하고 어정쩡하게는 살지 말아야 한다. 된다고 생각해도 넘어야 할 봉우리가 한두 개쯤은 생기는 법인데 안 된다고 말하는 구차한 핑계와 변명 따위를 듣느라 봉우리를 오를 시간을 낭비할 수는 없다. 내 인생에 변명을 하는 것은 죽기 전 딱 한 번이면 된다. 아프면 아플 수밖에 없듯이 겪어야 하는 건 겪으면 된다. 변명을 대는 건 시간 낭비다. "네, 제가 하겠습니다." "바로 알아보겠습니다." 우선은 그렇게 긍정적으로 반응해야 하는 것이다. 그럼에도 불구하고 난관이 강하게 버티고 있어 실행할 수 없다면 그건 어쩔 수 없다.

특별히 머리가 기발하게 좋다거나 창의적이진 않아도 일처리를 똑부러지게 하는 사람들이 있다. 그런 사람들을 보자면 사람을 나누는 차별화 전략의 제1순위는 특별하거나 창의적인 것이 아니다. 바로 '책임감'과 '열정'이다.

요즘 세상에서는 '한 번 1등은 영원한 1등'이라는 보장이 없다. 절대 강자의 자리에 지속적으로 군림할 수 없을 만큼 위기의 순간은 시시

때때 도처에 깔려 있다. '궁즉통(窮卽通)'이라는 말이 있다. "궁하면 통한다!"는 의미인데 원전은 이것이 아니다. 원전인『주역』「계사전」에는 "궁즉변, 변즉통, 통즉구(窮卽變, 變卽通, 通卽久)"라고 나온다. 이는 "궁하면 변하게 되고 변하면 통하게 되고 통하면 영원하게 된다."는 뜻이다. "예기치 않는 어려움을 오히려 전화위복의 계기로 삼는다."라는 이환위리(以患爲利)라는 사자성어도 있다.

기회에 대한 기대감은 위기 때 더 고조되는 법이다. 많은 위대한 리더들은 위기를 틈타 영웅으로 거듭 태어나고 일반인들도 그런 과정을 수습하고 변화를 모색하는 과정 속에서 자신의 재능을 다시 발견할 수 있다. 그런 점에서 위기는 회피의 대상이 아니라 우리 자신의 존재 가치를 알릴 수 있는 절호의 기회다. 위기는 내가 올바른 길에서 벗어났을 때 나를 바로잡아주기 위해 울리는 경보음이다.

위기는 그동안 보이지 않던 조직과 사람의 장단점을 극명하게 보여주는 계기가 되기도 한다. 감춰왔던 약점과 치부가 보여지면 사람들은 능동적으로 일하게 된다. 누구든지 내가 한 일이 보이거나 전체 상황이 한눈에 들어오면 개선하려는 의지를 보인다.

하지만 위기를 슬기롭게 넘겨 개인과 조직의 발전을 이루기 위해서는 그저 위기를 바라보기만 하거나 그냥 지나갈 때까지 수동적으로 응해서는 안 된다. 위기는 신호다. 이 조직과 사람들에게 조심하라는 위험신호다. 그런데 이런 경고를 무시한 채 잘못된 방향으로 질주하거나 방관하거나 무시한다면 어떻게 될까? 바로 죽을 수밖에 없다.

살기 위해서는 먼저 절박하게 위기의식을 공유해야 한다. 대부분 위기는 리더가 먼저 깨닫는 경우가 많다. 주인 의식이 강한 조직원들이

다음에 알아챈다. "이제 회사가 바닥까지 내려왔으니 변화가 절실하다." 그제야 변화에 대한 생각을 하더라도 구성원의 공감을 얻지 못하면 아무 짝에도 소용없다. 리더 그룹을 믿고 변화에 대한 열망을 공유해야 혁신은 가능하다.

하지만 혁신의 필요성을 공유했지만 그 방법론이나 진행절차에 대한 이견이 다양할 수 있다. 그런 생각의 벽을 허물어 상향식과 하향식의 시너지 효과를 이끌어내야 혁신도 성공할 수 있다. 그러자면 리더와 구성원들 간에는 왜 이 변화를 이뤄내야 하는지에 대한 핵심 가치와 이 변화를 통해 기업이 이루려는 비전에 대해 진솔하게 얘기할 수 있어야 한다. 구성원들의 활발한 의사소통과 적극적인 참여를 통해야만 혁신은 '실행'될 수 있다.

텔콤은 안정된 프로세스를 바탕으로 사업 혁신역량을 더욱 키워나가고 동시에 텔콤만의 문화를 갖기 위해 많이 고민하고 있다.

'어떻게 하면 기존의 업무 방식 자체와 마인드 셋(Mind set)을 바꿀 수 있을까?'

보이지는 않아도 많은 것이 이뤄지고 있다고 생각한다. 미미한 변화라도 기쁘게 받아들이고 있다. 어느 임계치까지는 아무 일도 일어나지 않는 것처럼 보이지만 임계점을 벗어나는 순간, 성과가 폭발적으로 나올 것이라 기대한다. 텔콤의 혁신성이 회사의 발전과 직원의 기쁨으로 보상받을 것이다.

'좀 한다!'라고 안주하는 순간 우리 조직이 순식간에 관료주의에 잠식당한다. 결재 라인이 복잡해지고 업무 처리 속도가 점점 둔화되는 징조들을 결코 방관해서는 안 된다. 고객의 요구나 불만, 직원들의 의견이 무시되면 텔콤의 미래는 없다. 새로운 선택지가 나타나도 안주하는 쪽을 택하고 모험을 택하지 않는다면 더 이상 텔콤의 미래는 낙관적일 수 없는 것이다.

위기에 제대로 대응하지 못해 몰락한 대표적 기업이 GM이다. 1954년 미국시장 점유율 54%에 이르면서 70년대까지 성공신화를 이어갔던 GM은 기업 경영의 '성공 사례 연구'의 단골메뉴에 등장하던 기업이었다. 그러나 1980년과 1990년대, 급부상하는 라이벌 강자인 도요타가 고연비의 하이브리드카를 성공적으로 개발하기 시작할 때도 GM은 휘발유를 많이 먹는 스포츠유틸리티차량(SUV)에 계속 승부를 걸었다.

GM은 시대의 흐름에 역행하면서 게다가 제대로 위기를 살펴보지 못하고 스스로의 몰락을 재촉했다. 이런 선택의 배경에는 과거의 영광에 사로잡혀 있었던 경영진의 안일한 판단과 주인 의식과 도전 의식이 결여된 직원들의 답습이 있었다.

위기가 닥쳐오기 전부터 우리는 위기의 전조를 읽어내는 연습을 해야 한다. 우리가 가진 업무 방식과 생각들이 더없이 편하고 완벽하다고 느낀다면 바로 지금이 우리가 변해야 할 때임을 명심해야 한다.

"물이 부족해야 땅속에 있는 물을 찾기 위해서 뿌리가 안간힘을 다해 뻗어갑니다. 그래야 꽃도 피지요. 화초가 꽃을 피우는 이유가 종자를 번식하기 위함인데 물이 부족해서 위기를 느껴야 종자를 번식할 생각을 하는 것이지요.

— 김용태, 『야해야 청춘』에서

사막에서 새 풀을 찾아 쉴 새 없이 달리는 양들은

잠잘 때와 쉴 때만 제 뼈가 자란다.

푸른 나무들은 겨울에만 나이테가 자라고

꽃들은 캄캄한 밤중에만 그 키가 자란다.

사람도 바쁜 마음을 멈추고

읽고 꿈꾸고 생각하고 돌아볼 때만 그 사람이 자란다.

그대여, 이유 없는 이유처럼

뼈아프고 슬프고 고독할 때

감사하라, 내 사람이 크는 것이니.

— 박노해, 「사람은 무엇으로 크는가」

내가 좋아하는 시다. 시련을 통해 성장한 이라면 감정이입이 쉬운 시일 것이다.

실패는 성공의 문턱에서 누리는 휴식이라고 한다. 본디 인간이 인생 순간순간마다 만나는 문제와 시련은 최고의 기회이자 성장의 발판일 수 있다. 이는 먼지를 뒤집어 쓴 유물 같은 말이 아니라 우리 선현들이나 세계의 위대한 리더들이 삶으로 몸소 보여준 생활 교훈이다.

천재 물리학자 아이슈타인에게 스위스 기자가 남은 삶을 살면서 하고 싶은 소망 두 가지에 대해 물은 적이 있었다. 그 질문에 그는 이렇게 대답했다.

"첫 번째 소원은 내 남은 삶에 더 많은 실패를 거듭할 수 있게 해달라는 것입니다. 두 번째 소원은 내가 저지르는 모든 실수가 헛되지 않도록 해달라는 겁니다."

인간인 이상 실패를 하지 않을 수가 없다. 요즘 같은 불확실한 세상에서는 실패하는 것이 성공하는 것보다 더 쉽다. 이런 실패에서 최대한 많은 것을 배울수록 개인도, 조직도 창의적으로 변하기 마련이다. 실패를 창피하게 여기고 감추려하면 절대로 그 사람과 조직은 발전하지 못한다. 인간의 근육도 힘들 때 상처가 생기고, 그 상처가 아물면서 더 성장하고, 부러진 뼈는 붙으면서 더 강해진다고 한다.

"No pain, No gain."

실패를 겪고 나서 주저앉으면 퇴보하지만 툭툭 털고 일어서서 나가면 그만큼 내 그릇이 더 커지는 법이다. 실패는 사람의 그릇을 키우는 데 중요한 자산이다. 성공과 실패 사이에는 오직 한 단어만 존재한다고 한다. 포기다. 이 말은 곧 포기하지 않으면 성공으로 가는 중이라는 뜻이 된다. 나 역시 내 삶은 '실패'했거나 '성공'했거나 아니면 '성공으로 가는 중'으로 분류할 뿐이다. 내 삶 속에서 포기란 단어를 퇴치하기 위해 열심히 노력하고 있다.

축구처럼 회사 경영도 혼자 가는 것이 아니다. 비즈니스 하면서 실패를 아예 안 하는 방법이란 건 없다. 실패는 고통스럽다. 하지만 안정적인 방법만 뒤좇으려 하면 일이 제대로 돌아가지 않는다. 그래서 실패를 감내할 수 있을 정도로 배팅을 조절하는 일 역시 필요하다.

우리는 어떤 일을 수행하면서 넘기 힘든 벽과 맞닥뜨리거나 실패를 경험하면 곧바로 큰 좌절이나 무력감을 느끼게 된다. 때로 그 상처가 너무 커서 그냥 주저앉거나 회복하기 어려운 기억으로 굳어지기도 한다. 괴로운 실패의 기억이 오래도록 자신의 인생을 암울하게 지배할 수도 있을 것이다.

하지만 성공 못지않게 실패를 통해서도 배우는 것이 많다. 견뎌내는 인내의 폭이 넓어지고, 이해의 정도가 깊어지기도 한다. 외부의 시련을 해결하는 과정에서 자신의 대응 능력이 점점 향상된다. 실패를 한 이후에도 계속 도전하는 것이다. 때론 도전에도 연습이 필요하다. 도전을 했던 사람만이 다시 도전을 할 여력이 있는 법이다.

나 역시 사업을 하면서 실패를 했었다. 사업을 한다는 이유로 내게 금전적인 도움을 부탁하는 사람들도 많았다. 인간적인 배신도 겪을 만큼 겪었다. 아주 망하지 않을 만큼 실패를 한 적도 있었다.

바다는 비에 젖지 않는다. 시련을 많이 당한 사람은 비(시련)가 모여 바다가 되어서 다음에 시련이 닥쳐도 아무렇지 않게 이겨 나갈 능력을 가졌다는 말이다. 그런 이를 '바다형 인재' '담쟁이형 인재'라 부른다고 한다. 이런 사람들이 어떤 순간에도 의연하게 대응하고 목숨을 걸고 조직을 챙긴다고 한다. 그들은 조직이 위기가 닥쳤을 때나 높은 벽에 부딪혔을 때 그것을 극복하기 위해 적극적으로 움직일 줄 안다.

물론 그 시련을 같이 견뎌줄 소중한 이들이 함께 있다면 더 좋을 것이다. 한 뼘이라도 여럿이 함께 손을 잡고 오른다면 제아무리 힘든 시련도 능히 극복할 수 있다. 그들은 같은 조직원일 수도 있고, 연인이거나 가족일 수도 있다. 의외로 생면부지의 타인일 수도 있다. 분명한 것은 같이 시련을 겪고 나면 그들 사이에는 더할 나위 없는 견고함이 자리 잡게 된다. 깎아지른 듯한 암벽을 타고 오른 담쟁이넝쿨에서도 소박하지만 그 자신에게는 찬란한 꽃이 피어난다. 우리 모두 우리의 꽃을 피우고 열매를 맺기 위해서는 '벽'을 넘어야 한다.

리더로서 회사가 견딜 수 있는 정도의 실수를 하는 직원은 바로 용서한다. 다만 그것을 빛나는 실수로 만들 수 있도록 독려하는 것도 잊지 않는다.

최근 백일이 지난 손자 용준이가 누워만 있다가 뒤집는 것을 본 며느리가 기적이라도 일어나는 양 호들갑을 떤다. 부모들에게는 충분이 기적이 되고도 남을 상황이다. 하루 지난 갓난아기가 웃었다고 말하고 백일 갓 넘은 아기가 말했다고 하는 부모의 빤하지만 위대한 거짓말은 아기를 길러본 사람이라면 누구나 다하는 것들이다.

아기가 두 발로 서서 걷기까지 3,000번 이상 넘어진다고 한다. 유도선수가 매일같이 반복하는 훈련이 낙법이다. 매일같이 수백 번씩 같은 동작을 반복한다. 그들이 그토록 여러 번 낙법을 계속 연습하는 이유는 간단하다. 넘어지지 않기 위해서란다. 어른이 돼 서너 번 넘어졌다고 일어나지 않는다면 그 얼마나 창피한 일인가? 실패란 최고가 되지 못하는 것이 아니라 최선을 다하지 못하는 것이다. 3천 번 넘어지면 3천 1번 일어서는 것이 맞다.

미국 방송계에서 A급 사회자로 알려진 셸리 제시 라파엘이라는 여성이 있다. 그녀는 "미국의 영원한 대통령 링컨도 여덟 번 선거에서 모두 낙선했고, 두 번의 사업에 실패하기도 했다. 그럴 때마다 그는 '그냥 한번 미끄러진 것뿐이야. 죽은 것도 아니잖아.'라고 말했다. 결국 그는 다소 시간이 걸렸지만 백안관의 주인이 되었다."고 전했다.

이 세상에 단 한 번에 성공할 수 있는 일은 그다지 많지 않다. 성공하기 전에 꼭 거쳐야 하는 과정이 바로 실패다. 처음 넘어질 때가 가장 중요하다. 좌절감이 그만큼 크다. 넘어졌다고 절망만 하지 말고 답을 찾아야 한다. 주변이나 남의 탓이 아니라 먼저 자신에게서 실패의 원인을 찾아야 한다. 실패를 자신의 탓으로 인정하고 스스로 반성해야 한다. 반성해야 일어설 수 있는 계기를 찾을 수 있다. 그 극복에서 비로소 실패에 대한 면역력이 생겨난다.

실패했다고 상처 받아서는 안 된다. 주저앉아서도 안 된다. 실패하는 것이 어리석은 것이 아니라 실패했다고 상처받는 것이 더 어리석은 것이다. 현명한 사람은 실패로부터 교훈을 얻고 어리석은 사람은 실패로부터 상처만 얻는다. 실패 또한 성공처럼 내 인생의 일부분이다. 성공은 업적으로, 실패는 교훈으로 우리 인생에 기여한다. 설령 실패해도 그건 나만의 자산으로 남는다.

아직 세상에는 실패를 끝으로 여기는 편견 어린 시선이 존재한다. 어쩌면 실패보다 이런 시선이 더 힘든 것인지도 모른다. 우리나라의 창업 환경에 대한 다큐를 본 적 있었는데 우리나라의 경우 한 번의 실패를 경험한 사람에게 두 번, 세 번 투자해 줄 만한 기업이나 은행, 투자자가 미국이나 유럽에 비해 현저히 낮았다. 실패를 한 사람은 개인적으로, 사회적으로 무거운 낙인이 찍혀버리는 것이다. 절망 속에서 허우적거리다가 오랜 시간 밤잠을 설쳐가면서 이루어 놓은 모든 것들을 한순간에 놓아버리기 십상이다.

반면 미국의 경우 소규모의 창업자는 자신의 실패를 단순한 과정으로 여길 뿐만 아니라 투자기관 역시 그것을 크게 문제 삼지 않는다. 서너 번의 실패에도 불구하고 창업에 성공한 사례가 많은 이유다.

이렇듯 창업 실패를 하나의 과정으로 여기는 풍토는 정말 중요하다. 창업자나 투자자 모두 이런 유연한 생각을 가져야 한다. 실패로 인한 사회적 비난과 냉대는 모든 의지와 아이디어를 꺾어버리는 독이다. 만약 실패가 끝이라는 시선이 계속 존재하는 한 우리 사회의 건강한 도전은 다시 태어나지 않을 것이다.

걸음마를 걷다가 넘어진 아기를 우리는 어떻게 대하는가? 안타까워하다가 어서 일어나라고 격려하고 박수를 쳐준다. 고무된 아기는 억지로라도 일어나려고 버둥거린다. 도와주려고 해도 싫어한다. 다시 걸을 수 있도록 도와주는 부모처럼 우리 사회도 실패한 사람에게 보다 더 너그러워질 필요가 있다.

'구루(Guru)'라는 말이 있다. 불교나 힌두교에서 스승을 일컫는 말인데 원래는 '무겁다.'라는 의미의 산스크리트어 형용사라고 한다. 많은 것은 담고 있어 무겁다는 의미인지는 모르겠지만 나 나름대로 '많은 경험을 갖고 있어 존경을 받아야 마땅한 사람'을 가리키는 말로 받아들이고 있다.

경험은 말할 것도 없이 이 세상을 조금 쉽게 살아갈 수 있는 윤활유 같은 자산이 된다. 그런데 인간은 성공 경험만 갖고 있는 것은 아니다. 그렇다면 실패하거나 좌절한 경험은 마땅히 버리고 성공한 경험만 취해야 하는 것일까? 아니라고 본다. 인간이 겪은 시행착오의 경험과 노하우 역시 엄청난 자산이 된다.

나는 텔콤의 전 직원들이 서로의 경험을 공유하는 문화를 만들어나가기 위해 노력하고 있다. 그중에서도 적극적으로 새로운 도전을 하다가 실패를 한 직원들의 경험담을 매우 소중히 여긴다. 그리고 그런 직원에게 많은 신뢰를 보내는 편이다. 절대로 열심히 한 것에 대해서는 나무라지 않는다. 하지만 당연한 일을 실수하였거나 충분히 실천 가능한 작은 일을 소홀히 하여 실패했을 때는 따끔하게 야단친다.

실패는 최고의 교재다. 끝까지 믿고 맡기면 결과로 보답한다. 그러나 자꾸 반복되는 실패라면 제동을 걸어주는 것도 리더의 역할이다. 이미 실패의 관성에 빠진 사람에게는 다른 방법을 알려줘야 하는 것이 리더가 해야 하는 일이다. 그렇게 야단을 친 뒤에 나는 꼭 이 말을 덧붙여 물어본다.

"이번 일로 자네 공부 많이 하게 됐지?"

사소한 실패가 자주 반복되는 것은 가차 없어야 하지만 위대한 실패에 대해서는 관대해야 한다. 실패를 통해 뭔가가 도출될 수 있기 때문이다. 실패가 두려워 쉬운 것과 남들이 보는 것만 하려 해서는 절대 안 된다. 진정한 프로가 된다는 것은 도전할 만한 어려운 것도 과감히 도전해 보는 것이고, 남들에게는 보이지 않는 것에도 자신의 역량을 실험하는 것이다.

똑똑한 사람이 프로가 더 잘되는 것도 아니다. 자신의 생각을 끊임없이 확장시키고 설령 실패하더라도 책임지고 뚝심 있게 해결하려는 습관을 들인 사람만이 프로가 될 수 있다. 그렇게 도전하는 사람만이 결국 성공 신화를 만드는 법이다.

　실패가 좌절과 낙심의 씨앗만 뿌리는 것은 아니다. 한번 해 보았다는 자신감과 다음에는 되지 않을까라는 기대감과 조금만 더 노력하면 성공할 것이라는 희망의 씨앗까지도 뿌리는 것이다. 이렇게 때문에 조직은 실패를 공유해야 하는 것이다. 실패는 믿어주고 잘 활용하면 언젠가는 성공으로 보답하는 효자다.

행복과 성공을 결정하는 것은 역경이 아니라 대응 방식이다. 우리는 잘 안다. 위기에 대처하는 태도가 낙관적이고 실천이 뒤따를수록 우리들의 삶은 분명 앞으로 더 나아간다. 걸림돌을 어떻게 사용하느냐에 따라 디딤돌로 바뀔 수 있다.

현대 세계시장은 첨단기술의 시대로 기술, 가격, 품질, 납기 등 모든 분야에서 치열한 경쟁과 변화를 요구한다. 도전자에게는 기회를, 방어자에게는 불안을 주는 불확실성의 시기에 살고 있는 것이다. 무수한 '걸림돌'이 여기저기 놓여있는 형국이다. 이 치열한 경쟁 속에서 살아남기 위해서는 자원과 시간을 잘 배분하고 운영해야 한다. 하지만 더 중요한 것은 우리 자신이 스스로 마음을 움직여 기꺼이 그 일을 하는 것이다.

모든 상황이 어렵다고 확 움츠리고 있으면 높이 도약할 수 없다. 추운 겨울 개구리가 가만히 엎드려만 있으면 딱 얼어 죽기 십상이다. 비록 지금의 상황이 여의치 않아도 언제든 반등할 수 있다는 기대감을 품고 살짝 무릎을 들고 있어야 한다. 기회가 왔을 때 펄쩍 뛰어야 하는데 오랫동안 구부리고 있던 다리에 쥐가 나서 풀썩 넘어져 허무하게 기회가 날아가는 꼴을 바라봐서는 안 된다. 성공을 위해서는 늘 워밍업 상태를 유지해야 한다. 자기 몸을 움직이지 않고서 되는 일은 없다.

선두가 아니면 절대 살아남지 못한다. 불황 뒤에 더 큰 것을 얻기 위해서는 현재보다 더 많이 움직여야 한다.

우리는 스스로 작전을 세워 공격과 방어를 해야 한다. 잠시 소홀히 하여 안일한 생각과 정신으로 있다가 나중에 잘못되어 서러움의 눈물을 흘릴 수 있다. 어려운 시기에 현재 상황을 잘 활용하여 기쁨과 환희의 맛을 볼 수 있게 다 같이 힘을 모아 스스로를 지켜나가야 한다.

기존의 가전 전문 메이커들이 이미 성숙 시장으로 간주하고 있는 냉장고 시장에서 완전히 새로운 시장인 김치냉장고라는 좋은 기회를 포착한 위니아 만도는 위기를 기회로 바꾼 좋은 사례다. 그것은 고정관념을 벗어나 예리한 관찰력과 호기심으로 새로운 시장을 찾아보려는 열의가 있었기 때문에 가능했다.

"냉장고 전문업체가 아니다."

"기존 냉장고 시장은 포화상태다."

"김치냉장고에 대한 소비자의 니즈가 검증되지 않았다."

이런 '걸림돌'들이 여기저기 많았음에도 불구하고 여러번의 고민과 실수, 좌절 끝에 나온 아이디어가 바로 김치냉장고 시장의 개척이었다. 이러한 성공은 실수나 실패를 용인하지 않았다면 결코 나올 수 없었을 것이다. 이미 존재하는 지식을 응용해서 소비자의 숨겨진 욕구까지 찾아내어 오히려 소비자에게 니즈를 만들어준 성공 사례다.

텔콤 역시 지금까지 어떤 변화에도 신속하고 유연하게 대응할 수 있는 체질을 만들기 위해 노력해 왔다. 축적된 우리 역량이라면 충분히 경쟁자들과 치열한 경쟁에서 이길 수 있다. 개방적인 내부 혁신과 창조를 기반으로 개방적이고 유연한 조직문화와 구조를 이뤄 외부 위기에 스피디하게 대응하는 기틀을 만드는 것이 내가 요즘 고심하는 부분이다.

걸림돌에 걸려 실패할 수도 있다. 하지만 좌절만 해서는 안 된다. 실패로 인해 사회에서 주변 사람들이 주는 페널티 역시 과감하게 디딤돌로 삼아야 한다. 실패조차도 하나의 자산이 될 수 있다는 가능성을 그들에게 보여주는 길만이 그 낙인을 지울 수 있는 유일한 방법이다.

세상에 완벽한 준비란 없다. 산다는 것은 어차피 모험이고 그 모험을 통해 인간은 생을 영위하게끔 되어 있다. 실패한다고 해도 좌절하지 말고 경험 삼아 다시 일어날 수 있어야 한다. 누구누구처럼 되기 위해 살지 말고 나만의 아름다운 색깔과 열정을 갖고 나를 만족시키는 인생을 살아야 한다. 이루고 싶은 목표를 세워 바로 시작해야만 한다.

나는 매일 새로운 일을 배운다는 자체가 재미있다. 새로움은 일종의 색다른 스트레스인 셈이다. 하지만 스트레스 없는 인생이 어디 있을까? 적당한 스트레스가 오히려 건강에 도움이 된다고 의학적으로도 알려져 있다.

우리나라에서는 나이 쉰만 돼도 확 늙어 버린다. 예순, 칠순이 훌쩍 넘어도 멋진 해리슨 포드나 숀 코넬리 같은 인물은 거의 없다. 문제는 육체의 노화보다 더 빨리 노쇠해진 머리와 정신 쪽이 더 심각하다는 것이다. 배우려고도 안 하고 호기심도 없고 긍정적인 변화를 위해 싸우려는 욕구도 없다. 그래서 빨리 은퇴한다. 지적 능력과 에너지를 높은 수준으로 계속 유지하려는 사람에겐 나이는 그다지 중요치 않다.

그런 사람이 왜 은퇴하겠는가?

나도 환갑을 넘었지만 아직도 꿈이 있다. 내 일은 아직 안 끝났다. 아직도 나를 흥분시킬 일들이 많다. 바로 텔콤을 이 분야에서 최고로 만드는 것이다. 하지만 이 일을 혼자서는 하지 못한다. '텔콤'이라는 기업을 지키는 것은 다른 사람이 아니고 우리 텔콤인 한 사람 한 사람의 의무다. 각자 자기가 맡은 포지션에서 열정을 다해 최상의 능력을 발휘하기 위해 고군분투해야 우리가 쌓은 견고한 성을 지킬 수 있다.

수성만 하는 게 아니라 공세적으로 확장할 수도 있다. '나 하나쯤이야…….'라는 마인드는 이럴 때 커다란 걸림돌이 된다. 무책임하고 안일한 그 생각들을 가진 한 명의 구성원 때문에 단단한 철옹성도 무너질 수 있는 법이다. 실패라는 것을 디딤돌로 활용하기 위해서는 실패 자체가 좋아야 한다.

그렇다면 무엇이 나쁜 실패일까? 계속 이어지는 나쁜 습관 속에서는 자라나는 실패는 '나쁜 실패'다. 모험을 하지 않으려는 것 역시 매우 고약한 나쁜 습관이다. 모험을 하지 않는다는 것은 익숙한 것만 답습한다는 뜻이다. 이미 그 세계를 둘러싸고 있는 주변 환경은 격렬하게 변하는데 그것을 모른다면 마치 천천히 끓이는 물속에서 익어가는 개구리처럼 몸 한 번 뒤척이지 못한 채 죽을 수밖에 없다.

혁신 요구나 시대의 변화에도 불구하고 자기 입장만 고수하는 것도 실패를 자초하는 나쁜 습관이다. 다른 두 개의 입장이 극렬하게 부딪혔을 때 나올 수 있는 정반합의 묘미를 모르는 사람은 '다름'에 대한 배려가 없어 비난도 쉽게 받는다. 고집이나 뚝심이 아니라 망집이나 집착이다.

'자기 자신을 세계에서 격리시키는 행위'도 나쁜 실패 습관이다. 세상은 혼자만 사는 것이 아니다. 앞으로 도래하는 연결과 확산의 시대에는 나 혼자만의 지식이나 재능, 기술은 가치를 갖지 못한다. 자기만족만 줄 뿐이다. 미약하게나마 내가 가진 것들을 필요한 누군가와 나누는 공생이 이뤄지지 않으면 결국 모두 사라지는 공멸 밖에 없을 것이다.

'한 치의 오류도 없는 사람인 척하는 것'도 나쁜 실패 습관이다. 실패나 실수를 인정하지 않는다면 아무도 당신을 도와주지 않게 될 것이다. 게다가 남들은 감추려 해도 이미 당신의 실패와 실수를 잘 알고 있다. 당신이 감추는 과오와 비윤리성은 더 큰 부메랑이 되어 당신을 때릴 것이다.

'법을 적당히 지키는 것'도 나쁜 실패 습관이다. 사회의 규범과 상식을 벗어나는 성공은 지탄받는 세상이 되었다. 아프리카 어린이들의 가혹한 노동력 착취로 만든 나이키 축구공의 이미지 하락 사례를 보면 이해가 쉬울 것이다.

'생각을 하지 않는 것'은 나쁜 실패 습관이다. 실패에 대해 곱씹고 반성의 시간을 갖지 않는다면 또다시 오류를 저지를 수 있는 가능성이 농후해지는 것이다. 이는 사회적 낭비를 부른다.

'관료주의' 역시 나쁜 실패 습관이다. 창의성이 중요한 21세기 시대에 관료주의를 버리지 않으면 아무도 당신과 당신의 조직을 위해 그 뜨겁고 뛰어난 아이디어를 내놓지 않는다.

'헷갈리는 메시지'도 나쁜 실패 습관이다. 리더가 제공하는 각종 경영 지표나 기업 이념들이 혼란스럽고 통일되지 않으면 경영의 틈이 생기고 핵심 자원의 누수가 생기게 된다.

'미래에 대한 두려움'도 나쁜 실패 습관이다. 사람이 너무 놀랐을 때 행하는 모습을 떠올려보라. 정말 공포에 질리게 되면 도망가거나 대적하는 등의 행동 자체를 전혀 할 수가 없다. 망연자실 굳어버린 채 우뚝 서 있을 뿐이다. 미래를 너무 두려워하면 열정을 상실할 수 있다. 새롭고 창의적인 것들을 할 엄두를 감히 내지 못한다.

멋지게 비즈니스를 수행하기 위해서 거창한 마인드를 가져야 하는 것은 절대 아니다. '무엇 무엇 때문에…….'라는 것보다는 '무엇 무엇에도 불구하고…….'라는 문장으로 과감히 도전하여 작은 혁신과 변화를 이루면 충분히 가능하다.

"호랑이인 줄 알고 온 마음을 모으고 쏘면 바윗돌도 화살로 뚫을 수 있다."는 말도 있다. 실제로는 전혀 출혈 부위가 없었는데도 자신이 지금 피를 흘리며 죽어간다고 믿은 사람이 결국 혼수상태에 빠졌다는 놀라운 이야기도 있다.

모든 일은 마음먹기 나름이다. 마음을 다하여 만들어진 기적은 세상에 정말 많다.

성공은 그릇이 가득 차는 것이고, 실패는 그릇을 쏟는 것이다. 그러나 한편으로 생각하면 성공은 가득히 넘치는 물을 즐기는 도취임에 반하여, 실패는 빈 그릇 자체에 대한 냉철한 성찰이다. 성공에 의해서는 대개 그 지위가 커지고, 실패에 의해서는 자주 그 사람이 커진다는 역설을 믿고 싶다.

— 신영복 교수

하지만 그 촉은 계속 현장에서 여러 문제와 씨름하면서
공부하고 노력하고 고민하고 다양한 경험을 할 때 오는 선물이다.
직감은 그 분야에서 오랫동안 관심을 갖고 노력한 사람만이 가질 수 있다.

경영자라면 남들이 보지 못하는 것을 보고, 듣지 못하는 것을 듣고,
예측하지 못하는 것을 감지하는 촉이 발달해야 한다.
하지만 그 촉은 계속 현장에서 여러 문제와 씨름하면서
공부하고 노력하고 고민하고 다양한 경험을 할 때 오는 선물이다.
직감은 그 분야에서 오랫동안 관심을 갖고 노력한 사람만이 가질 수 있다.

이기는
경영을 위해서

　승부욕이 강하고 매사 의욕적인 나를 가리켜 직원들은 '열정적인 승부사'라는 별명을 지어 주었다. 젊은 직원들과 족구를 하더라도 웬만해서는 지지 않기 위해 정말 숨 막히도록 뛰곤 한다.

　사실 승부를 떠나 난 내가 뭔가를 맡으면 그것에 대해 깊이 몰입하는 성격이다. 남들은 상당히 어렵다고 하는 일들에 과감성 있게 도전하는 편이기도 하다. 호불호와 가불가를 단호하게 판단하는 성격이다. 하지만 그 열정적인 이면에는 나름 나도 매사 신중하고, 섬세한 면도 갖고 있다. 정보 하나가 내게 들어오면 엄청 디테일하게 분석을 해야 직성이 풀리는 타입이다.

　"직원이 아무리 많아도 기업 실적은 결국 CEO의 자질에 의해 좌우된다."는 피터 드러커의 말을 굳이 인용하지 않더라도 CEO의 역할은 매우 크다. 사업은 종합예술이다. 따라서 나는 이보다 더 아름다운 것을 알지 못했고, 생각하지도 않았다. 이 경영 안에는 수많은 드라마가 있다. 사랑과 우정도 있고, 위기와 갈등도 있고, 클라이맥스와 감동도 있다.

성공한 CEO들은 저마다 다른 성공의 DNA를 갖고 있다. 대범해서, 꼼꼼해서, 미래를 잘 읽어서, 과거를 잘 분석해서, 탁월한 조직 능력을 발휘해서, 강력한 카리스마로 지도력을 행사해서, 부드럽게 소통하고 감성적으로 터치를 해서…….

'그렇다면 나는 어떤 성공 유전자를 갖고 있을까?'

어느 날 곰곰이 생각해 본 적이 있었다. 별로 내세울 만한 성공 유전자가 쉽게 안 떠올랐다. 늘 나는 나 자신을 충족 시켜야 한다는 갈증에 시달렸고 그런 갈증이 불안할 때면 무작정 고객을 찾아다니고 그들과 소통했다는 점이 생각났다. 그러다가 아하! 하고 내 자신의 성공 DNA를 찾아낼 수 있었다.

"Connecter." 나는 늘 고객과 연결되고 있었다. 경험을 바탕으로, 과거와 현재 그리고 미래를, 내부와 외부 고객과의 접점에 대해 고민하고 끊임없이 생각했던 것 같다.

뭐가 더 있을까? 나보다 나를 더 잘 알고 있을 직원들한테 내 특징을 말하라고 했더니 '승부사 기질'에 대해서 많이들 말했다. 곰곰이 생각하니 맞는 것 같다. 나는 갓 입사한 신입사원들한테도 "절대 안 된다는 보고서 쓰는 습관은 없애라!"라는 말을 입에 담았던 것 같다. 세일즈의 세계에서는 2등은 아무 소용이 없다. 오로지 1등이 되어 이기는 세일즈만을 하려는 내 모습에서 승부사 기질을 떠올렸을 것이다.

이기는 경영을 하기 위해서 나는 그토록 현장에 집착했는지 모른다. LTE급 속도전이 펼쳐지는 정보통신 시장에서는 강한 자가 이기는 게 아니라 빠른 자가 이기게 되어 있다. 텔콤의 조건으로 새로운 것에 대한 모험심, 모험에 대한 책임감, 조직에 대한 충성도, 디테일에 대한 집착, 빠른 피드백을 요구한다.

이렇듯 나는 이왕 경영을 할 거면 지지 않는 경영을 해야 한다고 생각했고 이는 전혀 불가능한 일이 아니다. 나는 고집이 센 편이다. 한번 한다고 하면 하는 스타일이다. 어느 날부터 "나 담배 끊을 거야!" 하고 외친 이후 담배를 끊었고 직원들한테도 금연을 강조한다. 이런 나를 보고 직원들은 독종이라 불렀다.

경영에서도 독하게 이기고 싶다. 이기는 경영을 하기 위해서는 목표를 실천 가능하되 되도록 원대한 것으로 잡는 것이 좋다. 다른 건 몰라도 내게는 사람 보는 눈과 비즈니스적인 먹이를 보는 눈이 남과 다른 촉을 가지고 있는 것 같다. 하지만 감지만 잘할 뿐, 부지런히 사냥하지 않는다면 아무런 필요가 없는 것이 경영이다.

세 명으로 사업을 시작하여 지금 60여 명이 넘는 인원의 회사로 키워올 때까지 어려움이 없었다면 거짓말이다. 하지만 지금까지를 돌아보면 내가 그렇게 실패했던 적은 별로 없는 것 같다. 자랑이 아니라 무모한 몰판이나 올인을 하지 않는 태도로 내가 이길 수 있는 수준까지 노력하여 항상 사업에 몰입을 하였던 것 같다.

손자병법에 '선승구전(先勝求戰)'이라는 말이 있다. 전쟁은 싸워서 이기러 들어가는 것이 아니라 먼저 승리를 확보한 후에 승리를 확인하러 들어가는 것이라는 뜻이다. 승산 없는 싸움은 패망한다는 것이다. 손자병법에서 말한 승산 있는 군대의 유형 중에 상하가 같은 꿈을 가지고 있으면 승리한다고 했다. 우리 텔콤인도 한 가지 목적을 가지고 하나의 꿈을 꾸면 계속 승전보를 울릴 수 있다.

직원들로부터 가끔 나는 "신중한 듯하면서도 일을 잘 저지른다."라는 평을 듣는다. 전형적인 승부사 스타일이라는 소리인데 나는 일을 시작하기 전에 혼자 생각을 하고 타당성이 있다고 생각이 들면 직원들과 상의를 하여 한 일들이 대부분이기 때문에 사실 난 별로 수긍하는 말이 아니다. 일을 저지르기 전에 이미 깊이 생각을 한 이후에 돌입한 경우가 대부분이기 때문이다.

프로는 일이 익숙해지고 편해지면 새로운 일을 찾아 도전하고 아마추어는 익숙함을 즐기고 거기 계속 머물려고 한다. 하지만 인간에게 호기심이 사라지게 되면 그때부터 도태되기 시작하는 것이다.

나는 식사 장소를 정할 때도 상대방의 배려하는 뜻도 있지만 가능하면 상대가 약속 장소를 정하도록 하는 편이다. 그래야 새로운 곳을 가볼 수 있다. 인생에서 가장 큰 위험은 아무것도 감수하지 않는 일이다. 낯선 것도 도전해야 새로운 것도 맛볼 수 있는 것이다. 만약 내가 사장이라는 직함만 내걸고 나 스스로 먼저 하는 모습을 보이지 않는다면 아무것도 이끌 수 없을지 모른다.

"불가능은 없다. 도전히리!"

새로운 도전으로 불가능할 것 같은 일들도 가능으로 바꾸는 마술을 사장인 내가 먼저 보이면 직원들도 그렇게 보여줄 것이라고 믿으며 열심히 뛰어다닌다. 도전조차 하지 않고 가능인지 불가능인지를 입에 먼저 올리는 사람들을 나는 제일 싫어한다. 나는 "못하는 것이 아니라 하지 않기 때문에 못 하는 것이다."라는 말을 늘 달고 다니는 사장이다.

남에게 지는 것을 싫어하는 탓에 승부가 명확한 스포츠를 좋아하는 편이다. 암벽등반도 하고 골프도 치열하게 하는 편이다. 시키면 뭐든지 한다. 아니 시키기도 전에 먼저 솔선해서 한다.

지금은 건강을 위해 술을 많이 마시지 않지만 한때는 거래처 고객과의 접대에는 지치지도 않고 온몸을 불사르곤 했다. 일에 대한 열정으로 술도 잘 들이켰던 것이다. 지금도 가끔 망가지는 모습을 보여 줘야 직원들과 거리감을 해소할 수 있다하여 뒤풀이로 노래방에 가서 못하는 노래지만 나는 기꺼이 망가지는 CEO를 자처한다.

사람에 대해서도 유독 고집스러운 편이다. '한번 내 사람이면 끝까지 내 사람이다.'라는 생각으로 보듬으려 노력한다. 생각보다 이 말은 어렵고 지키기 힘든 말일지도 모른다. 조변석개의 인심처럼 인간관계 역시 변화무쌍해진 세상이다. 하지만 나는 내 사람에 대한 집착을 버리지 않는다.

회사에서 가장 바쁘고 동분서주해야 하는 사람은 바로 나라는 생각으로 아직도 뛴다. 현역이라는 필드에서 아직 몸을 굴릴 수 있다는 것이 얼마나 축복인가? 몸 안 아프고 아직 살아있다는 것 자체가 나이 든 자의 행복이 될 수 없다.

그래도 그나마 나이 들면서 조금은 몰아붙이는 성격도, 내게 더 엄격한 잣대를 들이대던 태도도 유해지기는 했다. 전에는 촘촘하게 계획을 짰지만 이제는 약간은 여유 있게 계획을 짜는 편이다. 약속과 약속 사이에 빈틈을 많이 둔다. 그 속의 여유에서 많은 생각을 하려고 노력한다.

일하고 운동하고 가족들과 시간도 많이 보내려고 한다. 저녁 약속은 되도록 피하고 대신에 점심 약속을 한다. 일단 생각을 명확하게 하고 단순하게 하려 하고 복잡한 문제를 간단하게 풀려고 한다. 단순해야 오히려 더 지혜로워질 수 있고, 집중할 수 있다는 것도 요즘 깨닫게 된 마음의 재산이다.

그럼에도 불구하고 여전히 나는 '변화를 즐기는 사람'이다. 예순이 넘어도 내 호기심은 마르지 않는다. 해외 출장을 가면 어찌나 내 눈에 들어오는 신기한 것들이 많은지 쉽게 눈을 감을 수 없다. 엑스포만 보지 않는다. 틈틈이 새로운 관광지로 직원들을 이끌기도 하고 새로운 음식을 맛보는 것도 시도한다. 내가 생각해도 '변화'에는 좀처럼 점잔을 빼지 않는 사람이다.

텔콤은 상당히 변화가 빠른 기업이다. 예전보다 인원은 훨씬 많아졌지만 아직도 몸이 가볍고 변화와 확장에 두려움이 적다. 임직원 간의 믿음이 없다면 불가능한 일이다. 그런 다양한 세대의 의견을 통합하여 조율하는 것도 CEO인 나의 몫이라 생각한다.

날로 새로워지기 위해서 나는 늘 고민하고 있다. 매일 '사업을 어떻게 바꿀 것인가?', '사람을 어떻게 바꿀 것인가?'라는 고민 자체를 즐겁게 하고 있다. 어려움을 즐기고 스트레스를 즐기고 일 자체를 즐기기 위해서는 직원과의 화합은 기본이다. 그들과 눈높이를 같이하면서 이야기를 나누면 나이들 짬이 없다. 여러 가지 교육과 시스템 구축, 새로운 사업 육성 등 미래를 대비한 신 성장 동력에 대한 구상안이 직원들과의 대화에서 찾아지는 경우가 많아서 그들과의 소통을 즐기는 편이다.

하지만 결국 텔콤의 시간과 자원을 전략적으로 경영하고 결정하는 것은 리더인 내 몫이라는 생각을 아직 버리지 않는다. 또한 내가 하는 일의 완성도를 평가하는 사람 역시 바로 나 자신이다. CEO가 조직에 투혼을 불어넣어 주는 존재라는 생각도 여전하다. 텔콤인 모두가 저마다 가진 꿈을 성취하는 날까지 나는 열정과 도전 의식을 장착하고 그들 사이를 누비며 격려와 응원을 보낼 것이다. 신은 그 누구에게나 자신이 잘하는 것 하나쯤은 갖추게끔 했다고 하지 않는가. 될 거라고 생각하고 시작한 일도 성공할 확률이 10%가 안 된다는데, 안 된다고 생각하고 시작하면 그 어떤 일이든 100% 실패할 따름이다. 인생의 목표를 명확히 세우고 도전을 시작할 때 가장 필요한 것은 자기 자신에 대한 확신. 그러한 의지와 용기를 마음에 품고 늘 노력하는 사람들에게 나는 힘이 닿는 한 최고의 지지자이자 동반자가 될 것이다. 거침없는 도전을 지금 당장 시작해 보자.

'불광불급(不狂不及)'
미치지 않으면 미치지 못한다. 광적으로 덤벼들어야 무언가를 이룰 수 있다.

육상의 달리기, 스피드스케이팅, 쇼트트랙에서 주로 순위가 바뀌는 때는 코너링을 할 때다. 코너를 어떻게 도느냐에 따라 선두가 뒤로 처지기도 하고 뒤에서 달리던 선수가 앞으로 치고 나오기도 한다.

방향을 틀어야 할 때 얼마나 빨리 방향전환을 하느냐가 승부를 가른다. 전력으로 질주하던 속도 그대로 방향을 틀면 관성 때문에 넘어질 위험이 크다. 속도를 너무 낮춰 안정적으로 코너를 돌면 앞서가는 경쟁자들과 차이가 벌어진다. 방향전환 시기를 놓치면 트랙을 벗어나 실격할 수 있다. 속도를 조절하는 것이 좋은 성적을 내는 선수의 능력이다.

시장이 변하면 대다수 관련 사업의 경영자나 직원들은 위기에 처하게 된다. 지금까지 익숙하던 방식을 버리고 새로운 흐름을 받아들여야 한다. 어떻게 대처할지 결단을 내릴 때는 초를 다툰다. 리더의 역할은 위기상황을 진단하고 변화의 시기를 포착하는 것이다. 다들 전환점을 도는데 나만 달리던 방향으로 계속 달리면 목표는 저만큼 멀어진다. 경쟁에서 살아남지 못한다.

경영자라면 남들이 보지 못하는 것을 보고 듣지 못하는 것을 듣고 예측하지 못하는 것을 감지하는 촉이 발달해야 한다. 하지만 그 촉은 계속 현장에서 여러 문제와 씨름하면서 공부하고 노력하고 고민하고 다양한 경험을 할 때 오는 선물이다. 직감은 그 분야에서 오랫동안 관심을 갖고 노력한 사람만이 가질 수 있다.

언젠가는 코너를 돈다!

카레이스에서도 승부는 코너링에서 이뤄지는 법이다. 코너를 도는 것, 즉 어떤 변화를 겪는 변곡점에서 기업이 어떻게 선택하느냐에 따라 미래가 결정되는 경우가 많다. 동시다발적인 역풍에서 벗어나 큰 성장을 맞이할 수도, 더 큰 악재로 뒤덮일 수도 있다.

모든 기업이 그렇지만 텔콤의 변곡점 역시 IMF 금융위기였다. 하지만 대부분의 기업들과 같이 악재가 아니라 호재를 맞이했던 시기였다. 운이 좋았다. 정부가 정보통신 분야에 투자를 많이 했다. 기업들이 줄줄이 도산을 하던 시기에 우리는 오히려 매출이 증가했다. 다른 이들은 내게 업종과 아이템 선정이 탁월했다고 칭찬했다.

기업은 매일 전쟁을 치르는 격전장이다. 매일 뭔가를 결정해야 한다. 오늘 성공을 했다 하더라도 내일의 성공을 확신할 수 없어 또다시 불안에 시달려야 하고, 늘 실패에 대한 위기의식과 공포감을 느껴야 한다. 이럴 때 기회를 포착하는 주체적인 혜안이 중요하다. 성공 기회가 있는 시장을 정확하게 포착해 남들과 다르게 결단하고 실행하면서 이를 바탕으로 우리에게 맞는 반복 가능한 성공 공식을 구축해 나가야 한다.

어느 수준에 도달했다고 해서 늘 그 수준을 유지할 수 있다는 생각 자체가 망상이 되어 버린지 오래다. '현상 유지만 하는 것도 어디야?'라는 생각을 품는 순간 이미 그 기업은 쇠락의 길로 접어드는 것이다. 세계 1위 기업들이 흔들리고 무너지는 것은 그 조직원들이 게을렀기 때문이 아니라 변화에 따라 경영 패러다임을 변화시키지 못했기 때문이다.

고대 지중해 무역을 장악했던 페니키아의 노련한 선원들은 거대한 폭풍이 밀려오는 바다를 결코 두려워하지 않았다. 두려움 때문에 파도와 반대 방향으로 뱃머리를 돌리면 더 큰 위험에 처한다는 걸 오랜 경험을 통해 터득했다. 그들은 파도의 변화와 흐름에 배를 맡기고 언제나 도전을 시도한 결과 지중해의 승자가 될 수 있었다.

세상이 빠르게 변하는 가운데 기업 환경은 점점 거칠어지고 있다. 폭풍우 치는 바다에서 항해하는 것처럼 잠시라도 한눈을 팔면 새로운 기술과 경쟁적인 환경에 적응하지 못하고 좌초될 수 있다. 기업 환경의 변화라는 파도에 흔들리는 글로벌 기업들은 무거운 짐을 싣고 항해하는 배와 같다.

우리에게도 변화의 순간은 많다. "지금 다니는 직장을 옮겨야 할까?"라는 사적인 변곡점도 있을 수 있다. 경영자로서 나는 "다른 기업과의 경쟁에서 살아남는 법은 무엇일까?"라는 생각으로 변화를 준비한다. 하지만 '변화'는 여전히 어렵고 부담스러운 숙제이다. 루이 파스퇴르는 "변화는 준비된 정신을 원한다."고 말했다. 변화는 고통뿐 아니라 예기치 않은 즐거움도 가져다주는 인생의 재미있는 부분이다. 우리가 리더로서, 개인으로서 변화를 잘 헤쳐 나가는 비결의 하나는 우리의 대응 방식에 달려있다.

그러나 가끔 조직의 관성이 변화를 가로막는다. 이는 조직 속에 오랫동안 내재된 조직 문화에 기인한다. 통제하기 어려운 외부 환경의 힘도 기업을 절망의 암초에 부딪혀 좌초하게 만든다. 경영진의 형편없는 전략 리더십과 부족한 환경 탐색은 조직을 거대한 소용돌이로 몰아넣을 수 있다.

애플과 노키아는 변화 대응 방식이 기업에 어떤 결과를 가져오는지 극명하게 보여준다. 두 회사의 차이는 무엇일까? 전 세계 휴대폰 시장에 최강자였던 공룡기업 노키아는 휴대폰 시장이 스마트폰으로 바뀌고 있는 환경의 흐름을 파악하지 못하고 지금 1등을 하고 있는 일반폰(피처폰)에만 열중하며 결국 스마트폰 시장의 흐름에서 밀려나게 됐다.

반면 변화의 시점에서 전 세계 휴대폰 시장의 새로운 전환점을 만들어낸 애플은 변화의 흐름을 예측하고 새롭고 혁신적인 마케팅 전략과 스마트폰 시장에 집중 투자, 개발을 하여 지금의 성장을 거둘 수 있었다.

노키아는 외부 환경의 변화를 읽지 못한 채 조직 내부의 역량을 바꾸지 못하고 변화를 두려워하는 리더십을 가지고 있었다. 반면 애플은 조직에 변화의 활력을 불어넣는 리더와 위험을 두려워하지 않는 문화, 탄력적이고 느슨한 조직 구조를 가지고 있었다. 이런 차이가 두 회사의 운명을 가른 것이다.

변화는 늘 존재한다. 변화는 여러 모습을 하고 찾아온다. 거대한 조직뿐 아니라 평범한 삶에서조차 위기는 늘 다가온다. 자신이 원하든 원치 아니하든 변화는 일어난다. 문제는 대응 방식의 차이이고, 조직의 개인이나 리더가 그 도전에 맞설 준비가 되어 있느냐에 따라 전혀 다른 결과로 나타난다.

변화를 잘하는 집단이 성공하는 것은 자명하다. 그들은 무언가가 다르다. 그들은 결심하면 결심대로 이루어진다. 그들은 대체로 현실에 맞는 목표를 세우고 매일 조금씩 하고 개인적으로 동기를 부여받으며, 일을 용이하게 해주는 업무 구조를 만들었다.

거부할 수 없다면 즐기라는 말이 있듯이 변화나 위기의 시기에 대비해서 늘 변할 준비를 하고 있다면 위기를 기회로 만드는 것 또한 어렵지 않다.

'변화' 만큼 '균형'도 중요하다

변화만큼 또 중요한 것은 '균형'을 잃지 않는 것이다. 코너링을 할 때 몸은 한쪽으로 쏠릴 수 있다. 그때 균형을 잡지 못하면 트랙안으로 들어가 경기에 실격될 수 있고 잘못 균형을 잡아서 트랙 바깥으로 도 튕겨 나갈수 있다.

서양 속담에 "구덩이에 빠졌다고 생각되면 나와라, 더 파지 말고!"라는 말이 있다. 경영자라면 잘 알고 있다. 자신의 사업이 지금 어떤 상태인지를 위험성이 감지되면 절대 옹고집을 부려서는 안 된다. 리스크에 크게 영향을 받지 않겠다는 확실한 예측이 가능하다면 어느 정도의 모험은 가능하다.

"큰 지혜는 오히려 어리석게 보인다."라는 말이 있다. 핵심 인재나 리더의 통 큰 판단이 오히려 기업 경영의 방향을 잘못된 곳으로 이끌 때도 있는 것이다. 소위 말하는 몰판, 올인하는 문화가 기업이 그동안 구축한 모든 것을 무너뜨릴 수도 있는 것이다. 그래서 나는 몰판을 절대 하지 않는다. 물론 지나친 신중함으로 일을 그르치면 안 될 말이다.

기업환경이 빠르게 변화하는 요즘, '제때'와 '제대로'를 결정해야 한다. 과감해져야 할 때는 과감해져야만 한다.

현재 포화상태인 부품유통 산업을 유지한 채 새로운 분야를 개척해야 텔콤이 밝은 미래를 가질 수 있다. 게다가 외적 성장에 걸맞은 내적 성장을 이루는 것도 중요하다. 조직 내부의 체계도 개선하고, 경영의 질을 높일 수 있는 마케팅과 영업을 강화하는 부분에 대해서도 좀 더 심도 깊은 고민이 필요하다.

사장은 하이테크한 사람이 되어야 한다. 유연성을 갖고 분권화를 하여야 한다. 또한 사람이 복제할 수 없는 것을 만들어야 한다. 제품 대신 자기 스스로와 시간도 팔아야 하지 않을까?

내가 하는 일의 미래는 어떻게 고객에게 서비스하느냐에 따라 달려 있다고 생각한다. 모든 산업은 제조업이든 유통업이든 무엇이든 모든 것이 디지털화가 될 것이니까 소프트웨어 회사로 바뀔 수밖에 없다. 제품 서비스에서 초점을 바꾸어 개인의 시간과 신용을 파는 시대도 도래한다. 차별화된 기술과 비즈니스 모델은 당연한 옵션이다.

점점 속도가 빨라지고 있고 이 변화의 흐름은 좋든 싫든 변화가 요구하는 것을 수용하고 적극적으로 이에 대처할 생존 기술을 익혀야만 하는 상황이 도래했다. 도전을 두려워하지 않는 헝그리 정신이 필요하다. 적자의 원인은 불황도 침체된 업계 탓도 아니다. 바로 나를 비롯한 직원들의 무능력한 대응 때문이라는 생각을 가져야 한다. '언젠가는 좋아지겠지?' 하는 막연한 생각을 버리지 않으면 닥쳐오는 우리의 추락을 고스란히 지켜보게 될 것이다.

오르막에서 지친 몸이 내리막의 바람 속에서 다시 살아나 또 다른 오르막을 오른다. 경영에서도 유연하게 코너링을 잘 돌면 기분 좋게 풍광을 즐기면서 일등으로도 도착을 할수 있을 것이다.

'레밍' 이른바 '나그네 쥐'는 봄이나 가을 밤 먹이를 찾아 집단으로 이동하다 벼랑에 다다르면 바다로 뛰어드는 습성을 갖고 있다. 레밍의 선두가 떨어지면 뒤따라오는 레밍도 뛰어내려 죽음을 맞이한다. 잘못된 선두 하나 때문에 모두가 위기에 처할 수 있다.

펭귄은 먹잇감을 구하기 위해 바다로 뛰어들어야 한다. 그러나 바다에는 천적이 많다. 펭귄에게 바다는 먹잇감을 구할 수 있는 기회의 터전이자, 잡아먹힐 수도 있는 공포의 장소다. 이 때문에 펭귄 무리는 바다에 들어가는 걸 주저한다.

이럴 때 한 마리가 먼저 뛰어들면 다른 펭귄들도 두려움을 이기고 따른다. 무리를 이끄는 선구자를 '퍼스트 펭귄'이라고 한다. 첫 번째 펭귄이 없다면 해당 무리는 먹잇감을 구하지 못해 굶어 죽을수도 있다.

B2B 업계에서 우리 텔콤도 '퍼스트 펭귄'과 같은 도전을 해야 독점적인 1등의 지위를 누릴 수 있을 것이다. 그러기 위해서는 변화에 대한 두려움과 저항 사이의 고민은 될 수 있으면 짧아야 한다.

B2B를 이해하라!

B2B는 일반개인이 아닌 제조업체, 유통업체, 정부기관, 비영리단체, 교육기관 등 회사(조직구매자)를 대상으로 세일즈를 한다. B2B는 고객이 기업이기 때문에 개인 소비자에 비해 수도 적고 하나의 고객이 차지하는 매출 비중도 크다.

기술의 중요성이 매우 크고 장기적 관계로 가지고 가야 한다. 고객 하나가 차지하는 비중이 상대적으로 크기 때문에 전환비용, 즉 구매업체를 바꾸면 발생하는 비용과 절차가 커지도록 만드는 것이 필요하다.

제품 업그레이드나 지속적 부품 공급을 제공하여 우리에 대한 의존성을 높여 나가는 관리가 필요하다. B2B는 영업사원이 직접 구매자를 만나 설득 하는 게 가장 효과적인 수단 이어서 B2C에서 중시하는 시장 세분화나 브랜드, 광고 등이 상대적으로 덜 중요하게 느껴진다.

B2B 시장에서는 구매결정 과정에 많은 부서가 관여하여 매우 복잡하다. 산업재에 대한 수요는 최종 소비재 수요 영향을 받는다. 즉 자동차를 만드는데 들어가는 부품은 결국 자동차가 얼마나 많이 팔리느냐에 따라 거래량이 달라지는 것과 같은 이치다. 그렇다면 우리 역시 최종 소비재에 대한 공부도 부지런히 해야 한다.

'토털 솔루션'을 팔아라!

B2B(기업 대 기업고객) 시장의 경쟁은 점점 치열해지고 있다. 이제는 대기업까지 B2B 시장에 나서고 있는 현실이다. 차별화된 가치를 주지 못하면 생존할 수 없다. 이런 의미에서 브랜드 마케팅에 대한 철저한 전략을 세워야 하고, 영업을 하는 사람들 자체가 브랜드 전도사가 되도록 육성해야 한다.

B2B산업의 환경이 급변했음에도 대부분의 B2B기업들은 과거의 세일즈 관행에서 아직도 벗어나지 못하고 있다. 예전에는 B2C보다 B2B

기업들이 마케팅에 대해서 고민할 필요가 없었다. '중간재 시장에서 세일즈는 있어도 마케팅은 없다'라고 할 정도로 서로 필요에 의해서 접촉하는 면이 많았던 덕분이다. 구매부서 담당자끼리 인간적인 거래만 잘 닦아놓으면 된다는 인식도 적지 않았다. 하지만 글로벌 경쟁이 심해지면서 그런 주먹구구식의 마인드와 전략은 이제 통하지 않게 되었다. 중간재 시장도 경쟁이 치열해지면서 경쟁자와는 다른 차별화된 가치를 주지 않으면 살아남지 못하는 환경이 되었다.

B2B 기업은 B2B 산업의 특성을 살리기 위해 세일즈조직에서 마케팅조직으로 변해야 한다. B2B시장에서 고객과 공급자는 장기적인 관계를 형성한다. 후발 주자가 고객을 뺏기 어려운 구조다. 구매 과정에는 다양한 의사결정자가 참여하며 이들은 각자의 업무적, 개인적 리스크를 안고 있다. 특히 고객사 입장에서는 거래경험이 없는 기업과 신규 거래를 할 때 더 많은 의사결정자가 참여해야 하며, 의사결정의 구조도 복잡해진다.

공급자(B2B 납품기업)는 기술적 문제와 생산설비 호환성 등 다양한 리스크를 제거해야 하는데, 그 과정이 길고 어렵다. 이 같은 이유들 때문에 선발기업은 '선도자 우위'를 지키게 된다. 마케팅 활동을 통한 고객가치 창출과 전달은 이런 선도자 우위를 확보하기 위해서다. 영리한 B2B 기업은 자사와 고객사의 가치사슬 통합을 통해 고객의 연구·개발(R&D)과 구매, 생산 등의 자산을 선제적으로 확보, 공급 파트너를 쉽게 바꾸기 힘들게 만든다.

기업은 제품을 팔지만 소비자는 브랜드를 산다. 이것은 개인 소비자가 그렇듯이 기업도 마찬가지다. B2B 영업에서도 다른 곳과 같은 방법으로 하여서는 경쟁자를 영원히 이길 수 없다. 그래서 이제는 '브랜드'에도 신경을 써야 한다. 개인고객을 대상(B2C)으로 한 브랜딩 전략을 이제 기업고객을 대상(B2B)으로 하는 기업에서도 채택하고 있다. B2B 시장에서도 이제 '브랜드 마케팅'을 신경 써야 하는 시대가 되었다.

그런데 브랜드 밸류 자체도 사람이 만들고, 사람에 의해서 좌우되는 것이다. 기술적이거나 경제적인 데이터와 다르게 브랜드는 품질에 대한 신뢰와 지속적으로 우리에게 안정된 거래를 해줄 수 있는 업체라는 신용 같은 감정적인 부분과 연관성이 크다.

이제는 생산자나 영업 위주로 소비자를 생각하는 것이 아니라 소비자의 입장을 먼저 생각해야 한다. 생산자, 유통, 소비자 그리고 차후 서비스까지 책임지는 토털 솔루션 거래가 이뤄지는 영업이어야 고객이 만족하고 감동한다.

우리 회사의 경우 단순 영업 인력이 아니라 각 분야별로 전문 기술영업 인력을 확보하고 있다. 우리 회사에서는 누구든지 새로운 지식 습득을 위해 자기가 맡은 분야는 물론 외적인 분야에서의 교육에도 끊임없이 많은 시간을 투자한다. 그리고 어떤 형태의 기술이라도 "고객이 원하면 무엇이든 할 수 있다."라는 토털 솔루션 영업을 추진하고 있다.

'마케팅', '세일즈', '기술개발' 등 모든 파트에서 고객의 소리를 크게 듣고 직원의 소리에 귀 기울이는 지식경영 체계를 마련한 것도 이런 토털 솔루션 영업에 발맞추어 통섭적인 기반을 마련하기 위해서다. 텔콤의 지식경영을 필두로 차별화된 전략으로 B2B 시장의 새 강자가 되기 위해 열심히 뛰어다니고 있다.

올림픽 경기에서는 2등, 3등을 해도 은메달과 동메달을 주지만 비즈니스의 세계에서는 아무것도 받지 못한다. 비즈니스에는 1등이 아니면 꼴찌인 것이다. 1등만 살 수 있는 비즈니스 세계의 냉정함에 오래오래 치를 떨 필요는 없다. 언제라도 충분히 역전이 가능한 것이 또 이 세계의 '룰'이니까.

"우리는 주니어가 아니라 프로입니다."

"고객이 원하면 무엇이든 공급할 수 있습니다."

"상품에 기쁨과 행복이라는 덤도 제공합니다."

B2B 시장은 오래된 프리미엄 브랜드들이 대거 선점하고 있어 진입 장벽이 높다는 단점도 있지만 성공만 한다면 수익이 B2C의 2배~3배 이상도 보장받는다. 하지만 더욱 더 혁신하고 차별화하지 않으면 중소기업의 설 자리가 없어질 지도 모른다. 다양한 소프트웨어와 솔루션 시장을 개척해야 할 필요성이 증가한 이유다.

시장 잠재력이 큰 B2B 시장을 회사의 미래 신 성장 동력으로 보고 있는 대기업과 승부를 내기 위해서는 어떻게 해야 할까? 특화된 기술과 가치로 더욱 무장해야 한다. 또한 자부심과 전문성을 갖추고 세일즈에 임해야 한다.

B2B 영업은 확실히 B2C 영업과 그 방식이 다르다. B2C 영업에서 이름을 날리던 영업의 달인마저도 B2B 영업을 맡으라는 주문을 받으면 '주니어'가 될 수밖에 없는 이유다. 불특정 다수를 상대로 접근해가는 B2C 영업이 흔히 불굴의 의지와 끝없는 노력, 다양한 인맥 맺기를

통해 성공했다면 특정 고객에게 반복적으로 영업을 하는 B2B 영업은 고객이 맞닥뜨린 문제를 해결해주는 주치의나 컨설턴트가 될 때에만 성공할 수 있다.

B2B 메시지

"텔콤이 소개하는 제품이어야 명품을 만드실 수 있습니다."

우리도 영업을 이제 좀 더 전략적으로 해야 한다. 비즈니스 회의나 협상에 들어갔을 때 우리 텔콤이 일관적으로 줄 수 있는 메시지를 개발하고 들어가야 한다.

조직원들에게 우리가 제공하는 제품 정보와 제품의 브랜드 전략을 잘 이해시키는 게 필수적이다. 자사 고객의 기대치를 이해하고 '우리 회사가 제공하는 제품이나 서비스는 이런 게 특징이니까 거기에 맞게 나도 행동을 해야 한다.'는 인식이 있어야 시너지가 있다.

독일 운송업체인 DHL은 조직원들이 '고객의 이메일, 편지, 전화에 24시간 내에 대응하는 것을 원칙으로 한다.'는 행동 강령을 실행하고 있다. 회사의 핵심 브랜드인 개인적인 헌신이라는 이미지를 전달하기 위해서다. 그러기 위해서는 우리 직원들 스스로 먼저 세일즈하는 제품에 대해 자부심과 전문성을 갖고 있어야 한다.

B2B 시장에서도 브랜드 마케팅에 대해 관심이 커지고 있다. 브랜드가 신뢰를 받으면 불황기에도 굳이 가격을 내릴 필요가 없다. 오히려 위기일수록 기업들은 확실한 브랜드를 찾기 마련인 법이다.

B2B 브랜드는 그 명성 자체가 기업 고객에게 주는 신뢰가 크기 때문에 구매 과정을 단축시키는 경향이 있다. 한마디로 믿고 사는 성향이 강하다. 기업 고객이 사는 물품이나 서비스는 장기간 써야 하고 물량이 많아 구매 비용이 매우 많이 들고 이에 따른 위험 부담이 크다. 기업 고객은 잘 알려진 브랜드를 더 신뢰하여 더 높은 가격을 지불하는 데에도 주저하지 않는다. 나는 우리 고객들이 "텔콤이 소개하는 부품이어야만 명품을 만들 수 있다!"는 메시지를 심어주기 위해 노력하고 있다.

제품에 대해서 전문가가 되어라!

우선 제품지식을 많이 알고 있어야 한다. B2B 거래에서는 단순히 고객만 상대해야 하는 것이 아니라 개발부서 구매부서, 유통부서, 최종소비자 모두를 염두하고 영업을 해야 한다.

브랜드 활동의 목표가 소비자인 B2C 기업과 달리 B2B 브랜드는 B2C보다 가격이 비싸기 때문에 고객 기업 입장에선 구매를 결정하는 데 시간이 많이 걸리고 그 과정도 복잡하다. 따라서 B2B 브랜드를 팔아야 하는 기업은 거래 기업의 구매 담당자는 물론 물품이나 서비스를 사용하는 현장 인력 등 많은 이해 관계자를 공략해야 한다.

그러기 위해서는 제품에 대해 누굴 만나더라도 술술 읊조릴 정도는 돼야 한다. 고객 기업의 이해 관계자들에게 일관성 있게 브랜드를 알리는 게 핵심이며, 이는 단지 마케팅 부서뿐만 아니라 전사적인 노력을 통해 달성해야 한다.

기성품을 판매하는 경우와 제안을 통해 사양을 결정하여 생산, 판매하는 맞춤품의 경우에도 판매 전략을 달리해야 한다. 기성품의 경우는 사업기회 포착 후 견적, 입찰 및 협상을 통해 수주를 달성하는 반면, 맞춤형 상품의 경우는 사업 기회 포착 후 지속적인 고객접촉을 통해 제품 사양을 자사에 유리하게 끌어내야 할 뿐 아니라 생산 부문과도 생산 가능성에 대해 지속적으로 의견을 교환해야 적기에 납품할 수 있다.

자사 제품뿐만 아니라 고객사의 제품에 대해서도 꿰뚫고 있는 전문가가 되어야 한다. 그래야 고객사가 모르는 니즈를 이끌어내어 굳이 없어도 되는 수요까지 만들어 개발제안을 할 수 있을 정도가 되어야 한다.

고객사의 목소리를 들어라!

B2B 기업환경도 많이 변하고 있다. 기업 고객과의 소통도 B2C만큼 중요해지고 있다.

B2B는 B2C와 달리 소수의 고객을 대상으로 하기 때문에 오히려 개별 고객의 니즈를 정확히 파악하는 것이 중요하다. 이를 파악하기 위한 가장 좋은 방법은 고객사로부터 직접 듣는 것이다. 끊임없이 고객과 소통하고 그들과 상호 피드백 하는 시스템을 구축해야 한다.

유저로부터 요청받은 사항은 즉시 영업 담당한테 이야기한 후 최소한 하루 뒤에 제조사로부터 답변이 안 들어오면 안 들어왔다고 유저

담당한테 피드백해야 한다. 각 팀에도 이 상황을 전파해야 한다. 답변이 안 들어왔다는 이유로 하루가 지났음에도 불구하고 유저 쪽에 연락을 안 해주면 어떻게 될까? 바로 신뢰는 땅바닥에 추락하는 꼴이 될 수밖에 없다. 유저에게 우리 회사가 대응력이 나쁘다는 평을 받음과 더불어 내부에서조차 커뮤니케이션이 안 되는데 어떻게 자기들과 소통이 되겠냐는 의심을 사게 된다. 이는 겨우 구축한 좋은 회사 이미지를 일거에 와르르 무너뜨리는 꼴이다. 답변은 신속하게 처리하고 반드시 담당자한테 끝까지 전달하여 처리케 해야 한다. 조그만 쥐구멍이 둑을 무너뜨리는 법이다.

우리는 우리가 제공하는 제품이 왜 상대 기업에게 필요한지 그것부터 인식을 심어주어야 한다. 제품 스펙을 맞춤형으로 제작해 주어 결정에 도움이 되도록 해야 한다. 그러기 위해 매력적으로 제안서를 제공할 줄 알아야 한다. 하지만 구매만으로 상대 기업과의 관계가 끝나는 것이 아니다. 구매 후에도 계속 관리를 해주어 비즈니스 의존성을 높이는 전략을 구사해야 한다.

제품을 빠르게 출시하고 우수한 제품을 저렴한 가격에 공급하는데도 경쟁에서 밀리는 것은 B2B 세일즈의 현장에서 흔히 일어나는 일이다. 그렇다면 도대체 무엇으로 경쟁해야 할까?

대부분의 영업하는 사람들은 자사가 제시하는 가격과 실제 판매 가격의 차이를 강조하곤 한다. 이는 미숙한 방법이다. 고객사는 지금 '어떻게 하면 싼값에 제품을 사서 비싸게 팔아 마진을 남길까' 하는 문제보다 '어떻게 하면 지속적으로 매출을 성장시키고 현금 유동성을 확보할 수 있는가'를 고민하고 있다. 모든 기업이 가격 절감도 중요하지만 지속적으로 수익과 매출을 창출하는 데 관심을 두고 있다는 것을 알고 있어야 한다.

이제는 고객에게 무엇을 팔지 생각하지 말고 어떻게 이익을 줄지 생각해야만 한다. 가격이 더 이상 경쟁력이 될 수 없는 시대가 된 것이다. 가격 대신 고객에게 우리 회사가 제공하는 제품과 서비스가 지닌 '가치'를 무기 삼아야 한다. 이 가치는 고객에게 제품과 함께 문제를 해결해줄 솔루션을 제공하는 것을 말한다.

'가치경쟁'은 단순히 물건이나 서비스를 판매하는 대신 고객의 문제에 관심을 가지는 데서 시작된다. 고객사의 고객, 가치, 목표에 대한 심도 있는 지식이 창의적인 아이디어를 만들어, 고객사의 문제 해결로 이어지는 것이다. 이는 B2B 시장에서 보면 고객사의 고객, 즉 최종 소비자를 만족시키는 문제와 연결되기도 한다. 최종 소비자가 만족해 고객사의 이미지가 쇄신되고 제품이 더욱 잘 팔리는 결과로 이어진다면 고객사는 결국 공급사를 신뢰하게 되고 공급사는 프리미엄 가격을 따내게 된다.

가치 있는 기술, 나를 대체할 만한 小 리더 격 직원들, 우리의 제품의 가치를 알아봐주는 고객들이 마치 하나의 유기체처럼 끊임없이 피드백을 주고받으며 서로를 진화시켜주는 텔콤이라면 이 냉혹한 B2B 정글 속에서도 영속적인 생명력을 지켜낼 것이다.

몸집이 작아 의사결정 과정이 그나마 간소하고 가볍기 때문에 속도전이 생명인 B2B 시장에서 경쟁력 있게 잘 살아남는 기업이 될 수 있다. 대기업에서 놓치고 있는 틈새를 파악하자! 그런 다음 선방을 날리는 거다.

벌은 꽃에서 꿀을 얻지만 꽃에 상처를 남기지 않고 꽃이 더 화려한 열매를 맺을 수 있도록 도와준다.

벌은 꽃에서 꿀을 얻지만 꽃에 상처를 남기지 않고 꽃이 더 화려한 열매를 맺을 수 있도록 도와준다.

몇 해 전 지방 출장을 갔다 퇴근시간이 조금 넘어 직원들과 저녁을 같이 먹을까 하고 다시 회사로 들어온 적이 있었다. 언제 퇴근을 했는지 사무실에는 조용한 정적만 흘렀다. 그때 나는 잠시 잠깐 외로움을 느꼈다.

'사장인 나 혼자만 뛰고 있는 건가?'

어떻게든 함께하려고 하는 나와는 다르게 직원들의 마음이 리더의 마음과 같지 않다는 자각은 매우 씁쓸했다. 회사가 돌아가는 사정이 빤한데 일찍 퇴근을 해버린 직원들의 모습이 나 몰라라 뒷짐 진다는 생각이 들어 야속하기까지 했다. 물론 이 서운함은 열심히 일하는 직원들의 모습으로 금세 날려버릴 수 있었지만 말이다.

한국을 찾는 외국인들은 한결같이 한국인의 성실함을 이야기하지만 내가 보기에는 업무의 효율성이 떨어지는 것처럼 보일 때가 있다. 인터넷 서핑을 하고 지인들과 개인적인 통화를 하고 담배, 커피, 잡담 등으로 시간을 소일하는 모습을 보면 그들이 자신의 일을 그냥 '직'으로만 대하고 '업'으로 대하지는 않는 것 같다.

'업'은 소명의식이 중요하다. 자신의 일에 진심을 다하지 않으니까 나쁜 관습과 무능과 방관이 생기는 것이고 대형 사고들이 터지는 것이다. 나쁜 기업을 좋은 기업으로 만들기 위해서는 이런 나쁜 관행과 업무 문화를 고쳐야 한다. 지금 살아가는 이 시대는 대충대충 빨리빨리보다는 차근차근 세밀하고 정확하게 전문성을 갖고 정직하게 경영하는 것이 필요하다.

많은 사람들은 직업을 단지 돈을 버는 수단으로만 여기며 어떤 직업이라도 관계없다는 듯이 생각 없이 일을 한다. 직업은 생계만을 위한 것이 아니다. 노동의 기쁨이 없다면 인생의 삼분의 일이 사라지고 만다.

일할 시간에 다른 생각을 하면서 일한다면 '누락(Leakage)'이 생길 수밖에 없다. 이런 손실은 다른 사람이 보충하여 줄 수는 없다. 사람의 행복은 목표를 달성하는 것도 중요 하지만 목표를 이루는 과정도 중요하다.모든 사람들은 오늘 이룬 것을 내일 어떻게 더 좋게 만들지를 자기 자신에게 꾸준히 끊임없이 물어야 한다. 할 수 있는 일을 모두 다 했다고 믿는 연금 수령자는 금세 시들어 버린다. 목표에 도달했다고 믿는 기업은 순식간에 정체에 빠지고 생명력을 잃어버리게 마련이다.

다행히 텔콤은 그럴 일이 없다. 아직 해야 할 일이 많기 때문이다. 우리 앞에 놓인 놀라운 미래로 가는 길이 저 앞에 이어져 있다. 그리고 끝은 아직 보이지 않는다. 내 가치를 끊임없이 업그레이드하는 샐리던트(샐러리맨+스튜던트)가 늘어나고 있다. 나를 업그레이드하는 공부는 평생에 걸친 프로젝트다. B2B 기업에서 직원이 바로 브랜드가 될 수 있다. 좋은 영업 직원은 B2B 회사의 엄청난 자산이다.

영업 직원은 신뢰성이 높은 사람이어야 한다. B2B는 상품 값이 비싸 믿는 기업만 찾는 경향이 강하다. 아무리 기업간의 거래라 하더라도 어차피 일을 하는 것은 휴먼 파워에 의한 것이 많다. 담당자부터 현장인력 등 다양한 이해관계자를 만나고 설득하는 좋은 영업사원과 자기가 맡은 제품에 대해 박식해 홍보도 잘하는 영업사원은 기업의 엄청난 자산이다.

'내가 파는 상품에 대해 만든 사람만큼 알고 있는가?', '자유자재로 사용할 수 있나?', '제반 지식과 정보를 습득하기 위해 얼마나 시간을 투자하는가?' 한 번 생각해 볼 일이다.

저마다 영업 분야에서 일하게 된 계기는 다르다. 적성에 맞을 수도 안 맞을 수도 있다. 그러나 중요한 건 내가 현재 이 일에 몸담고 있다는 것이며 내가 이 일을 왜 하고 있고 어떠한 마음자세로 하느냐는 점이다.

일로써 자신의 가치를 입증하려면 '직(職)'이 아닌 '업(業)'을 추구해야 한다.

사람들은 대개 '직'에만 관심을 갖고 '업'은 뒷전이다. 그렇게 '직'을 추구하다가 어느 순간 '업'을 잃는다. 그러나 '업'을 추구한 사람은 '직'이 저절로 따라온다. '직'은 사람을 안주시킨다. 절박하지 않고 편하다 보니 일을 대충 하기 쉽다. 자리를 잃지 않을 만큼만 일하니 경쟁력이 떨어질 수밖에 없다. 그러나 '업'은 사람을 성장시킨다. 늘 새로운 도전과 모험을 하게 되니 일에 대한 절박함이 있다. 수많은 시행착오를 거쳐서 자신만의 경쟁력이 쌓이게 된다.

'직'을 '업'으로 승화시키기 위해 필요한 것은 무엇일까? 일에 대한 통념을 버리고 '업의 개념'을 새롭게 정의해야 한다. 다른 사람들이 '커피를 많이 팔기 위한 일'에 매달릴 때, 스타벅스를 글로벌 기업으로 키워낸 하워드 슐츠는 '사무실과 거실을 넘어선 제3의 공간을 제공하는 일'로 '업의 개념'을 새롭게 정의 내렸다. 이렇게 업의 개념을 새롭게 정의하면 일하는 방식과 결과가 완연히 달라진다.

'업'을 추구하기 위해서는 자율적이어야 한다. 예술가들이 스스로 창조성을 발휘해 작업을 하는 것처럼 자신의 일에서 자율성을 발휘한다면, 일은 더 이상 고된 노동이 아닌 흥미진진한 놀이가 된다. 일이 놀이처럼 재미있을 때 최고의 창조성이 발휘될 수 있다.

자신이 하는 일의 의미를 새롭게 발견해야 한다. 호텔 벨보이로 시작해 미국에서 가장 큰 호텔 주인이 되겠다는 꿈을 실현시킨 호텔왕 콘래드 힐튼은 자신에게 주어진 사소한 일에도 의미를 부여해 최선을 다했다. 자신의 일에서 의미를 찾고 열정을 발휘하며 조직에 공헌할 때, 자신만의 '업'이 오래 묵은 장처럼 숙성되고 성장하여 제대로 된 맛을 내게 된다.

평균수명 100세 시대를 맞아 누구나 70세까지 자발적으로 일하기를 꿈꾼다. 당신이 평생 현역으로 일하고 싶다면 '직'을 '업'으로 승화시켜야 한다. 이것이 가장 확실한 노후대책이다. '요직'에 밀려 '요업'이 사라지면 안 된다.

'업'보다 '직'을 중시하니 '자리', '권력', '대우' 등에 더 관심을 갖는다. 자연히 반짝거리는 열정과 창의성, 불끈 솟는 동력은 사그라질 수밖에 없다. 안전이나 인간에 대한 배려 같은 소중한 가치도 버려지게 되는 것이다.

‘무엇이 되느냐(What to be)’보다는 ‘무엇을 하느냐(What to do)’를 더
중요하게 여기는 것에서부터 성공은 자연히 뒤따르게 된다.

성공적인 경영을 위해서 리더는 명령을 내리는 방식에서 탈피하여 3C를 챙길 필요가 있다.

3C는 'Connect(긴밀한 정보 교환)', 'Collaborate(신뢰기반한 협력)', 'Coordinate(역할 조율)'를 가리킨다.

'Connect'는 새로운 트렌드와 이슈 분석, 정보 교환을 통해 업계 발전을 도모하는 것이다. 제아무리 우수한 품종의 나무라도 숲이 없어 토양이 척박해지면 살 수 없듯 업계가 크지 않으면 개별회사가 아무리 애를 써도 성장하는 데 한계가 있을 수밖에 없다.

'Collaborate'는 위계서열식 조직구조를 가진 무한경쟁의 산업시대에서 상생공존의 시대로 접어든 세계 경제의 패러다임에 적응하기 위해서는 조직의 구조 역시 수평적으로 바뀌었고, 인터넷 발달을 통한 동시 다발적으로 소통할 수 있는 기술이 발달하면서 소통이 그만큼 중요해졌다. 자동차 디자이너가 유모차를 디자인하는 시대가 되었다. 건강한 경쟁유도를 위해 대기업들이 인센티브 격차를 줄이고 Profit Sharing을 하는 이유도 이와 같은 맥락이다.

'Coordinate'는 각 부서, 직원 간의 역할을 잘 조율하는 것을 말하는 것이다. 나는 오케스트라 지휘자와 같은 역할을 할 뿐이다. 연주는 직원이 직접 해야 한다. 내 역할은 조율자다. 모든 일들의 추진은 직원들이 훨씬 더 잘 알고 있다.

스몰 자이언츠(Small Giants)란 작지만 강한(Small and Strong) 강소기업을 말한다. 부족한 자금과 인력으로 출발했지만 그 강소기업들은 '좁고 깊게'라는 모토로 제품 경쟁력을 키워 오랫동안 시장을 지배해왔다. 자신만의 분명한 차별화 전략을 가지고 국내시장을 장악하거나, 일찍부터 해외에 진출하여 탄탄한 생존 기반을 구축하는 강소기업은 모든 중소기업의 꿈이다. 성공한 강소기업은 창업 과정에 흔들림 없는 동기와 철저한 준비가 있었고, 남들과 스스로를 차별화하는 내적 요소를 갖고 있다. 기업은 아무 준비 없이 갑자기 탄생하지는 않는다.

이제 우리 같은 중소기업도 글로벌 시대에 맞는 전략과 비전을 갖추고 있어야 한다. 스스로가 문제의 중심이 되어 조직의 체계를 정비하고, 외부 환경에 맞서 나가는 직원들을 보유하고 있어야 한다. 이제 전 세계 경제는 개별 기업 간의 경쟁이 아니라 기업 생태계 간의 경쟁이다. 국내 시장에만 머문다면 더 이상 기업 발전도, 더 이상 한국 경제의 발전도 기대하기 어렵다.

세계에서 활동하는 강소기업 중 처음부터 탄탄대로를 걸은 곳은 한 곳도 없다. 이루 헤아릴 수 없는 땀과 눈물, 좌절과 극복, 실패와 성공으로 점철된 역사를 갖고 있다. 마침내 강소기업으로 우뚝 선 이유는 성공할 수 있는 유전자가 아니라 인내하고 도전하는 유전자를 가졌기 때문이다.

전기압력밥솥 시장에서 인기 있는 제품은 삼성전자의 제품도 LG전자의 제품도 아닌, 바로 밥솥 전문 회사 '쿠쿠전자'이다. 최근 쿠쿠전자가 현재까진 성공적으로 증권시장에 상장(上場)을 하였다. 너도 나도 광고비를 축소하던 IMF 시기에 중소기업으로서는 보기 드물게 TV광고를 해가면서 공격적인 '역발상' 광고 영업을 감행하고 타사와는 극명하게 비교되는 A/S로 고객에게 감동을 주었던 것 같다.

이렇듯 성공하는 강소기업이 되기 위해서는 '나만의 色'을 가져야 한다. 그래야만 경쟁력을 갖출 수 있고 '틈새'를 공략할 수 있다.

우리는 초경쟁 시대에 살고 있다. 무경계의 시대, 속도의 시대, 승자독식의 시대에 차별화는 능력의 문제가 아니라 마음가짐인 것 같다. 기존 경계를 뛰어 넘을 수 있는 것은 '잘하고 있는 것', '자신 있는 것'을 하면서 극대화하여 고객이 우리를 찾으면 해결을 하여 줄 수 있는 '우리만이 할 수 있는 능력'을 갖추는 것이다.

요즘은 중소기업 중에서도 OEM(주문자상표부착방식) 납품보다는 자체적인 브랜드를 만들고 이를 통해 직접 소비자들을 공략하는 기업들이 늘고 있다. 독자 브랜드 경영은 제품 개발은 물론, 특히 마케팅에서 많은 노하우와 비용이 소요된다. 자사 제품에 대한 자신이 없으면 설불리 나설 수 없는 것이 독자 브랜드 사업이다. 이들 기업들은 자사의 브랜드를 새긴 제품을 국내는 물론 전 세계 시장에 공급하며 글로벌 기업으로의 부상을 꿈꾸고 있다. 또한 한국 기업의 제품력을 세계 곳곳에 알리며 '메이드 인 코리아'의 신뢰도를 과시하고 있다.

텔콤 역시 이런 독자 브랜드 사업을 하나씩 구축하려고 한다. 대기업에는 못 미치겠지만 차별화된 영업 전략으로 다른 사람이 미처 진출하지 않는 틈새시장을 공략할 것이다. 대기업 제품과 차별화 된, 그러면서도 가격 경쟁력을 갖춘 제품이 성공한다는 것은 자명하다. 다만 강소기업들이 만들어 놓은 시장 카테고리에 대기업들이 슬그머니 진출하는 비양심적인 일들은 대기업이 저지르지 말아야 한다는 전제가 있어야 한다.

강소기업을 많이 키워 다양한 분야의 기업생태계를 육성되어야 우리나라 산업이 해외 시장에서 경쟁력을 가질 수 있다. 장기적인 전망 중시, 지속가능한 경영, 독보적인 기술, 훌륭한 인재와 기업문화 등은 성공을 부르는 강소기업 유전자들이다. 그중에서도 텔콤이 가진 대표적인 '작지만 강한' 성공 DNA는 바로 '자율성'이다.

직원들 각자가 자기 맡은 일에 대해 다른 사람의 강압이나 간섭 없이 본인 책임 하에 자율적으로 한다. 일개 사원(팀원)이라 할지라도 자기 맡은 일에 대한 자부심과 책임감이 매우 강하다. 이것이 매년 텔콤이 성장할 수 있는 원동력이다. 망하지 않는 기업을 만들기 위해서 365일 노력해야 한다는 것이 내 비전이다. 이 비전을 직원 모두 공유하고 있다. 직원 대부분이 입사할 때의 초심을 잃지 않고 일하고 있다.

텔콤은 명령과 통제가 아니라 스스로가 자신의 능력을 충분히 발휘하며 일할 수 있는 곳이라는 인식이 강해 업계에서도 부러움을 사고 있다. 상명하달식의 강압적인 직장 문화는 전혀 없다. 텔콤에서는 업무적인 일조차 거의 지시하는 일이 없다. 서로 의논하며 각자 스스로 찾아서 하고 있기 때문에 어떻게 보면 매우 창의적으로 업무가 이뤄진다.

근무 분위기도 자유롭다. 인턴에서부터 신입사원, 시니어 급에 이르기까지 권한과 권리를 최대한 보장하는 대신 그만큼 자기가 맡은 일에 대한 책임도 막중하다. 그래서인지 텔콤은 장기 근속자가 많다. 직원들은 회사를 또 하나의 집으로 여길 정도다.

60여 명의 직원규모를 가진 크지 않은 유통회사이지만 세계 유수의 메이커들의 대리점으로서 인정받고 있다. 구로, 부산, 천안 3개 지점을 운영하여 언제든지 유저들이 쉽게 접촉할 수 있도록 돕고 있다는 점도 다른 회사와 비교되는 차별화 포인트다.

텔콤 빌딩의 각 층마다 3개의 법인으로 분리되었지만 모두 한 가족처럼 지내고 있다. 직원간의 화합이 뛰어나 업무를 떠나서도 친구처럼 서로 어울릴 수 있을 정도다. 하루에 한 번도 서로 마주치지 않을 때도 있지만 그룹웨어를 통해서라도 서로 안부를 묻고 가족처럼 챙겨주는 것이 자연스럽다. 직원들이 직접 이메일 시스템을 변경했다. 몇 달 동안 자료 조사하고 직원들의 협업을 가장 이끌어낼 수 있는 형태를 청취하여 지금의 시스템을 도입했다. 처음 몇 달 동안은 익숙지 않은 사용방법 때문에 모두 불편해했지만 지금은 직원들의 소통에 크게 기여하고 있다. 각 사 그리고 본사와 지점은 업무적으로 적극 지원도 하며 업무 외적으로는 동아리 모임을 자율적으로 결성하여 함께 하는 시간을 많이 만들려고 한다.

내가 생각하기에 회사의 발전은 서로 간의 정보가 교류 되면서 시작한다. 자신과 어울리지 않는다고 다른 조직원과 협력하지 않으면 점점 서로에 대한 이해와 존경심이 감소하게 된다. 둘만 사이가 나빠지는 것이 문제가 아니다. 결국 고객과 시장과 같은 외부 요인에게까지 시야가 좁아져 회사의 발전에 큰 악영향을 끼친다.

나 역시 직원에게 튀지 않게 다가간다. '무위자연.' 내가 직원들과 소통하거나 인연을 맺는 방식이다. 슬며시 곁에 다가가 말을 걸어도 직원들이 나를 편하게 대해 준다.

매년 전 직원들과 함께 해외로 워크숍을 가고, 결혼기념일에 출근하지 않고 집에서 쉬는 휴가제를 실시한다. 연말에는 직원 가족들을 모두 초청해 신나는 송년회 모임을 기획해서 매년 실시하고 있다. 이런 복지제도를 온전히 즐겁게 누리기 위해서는 지금, 여기의 업무에 몰입하는 자세가 필요하다는 것을 직원들은 잘 알고 있다.

텔콤인은 모두 위기 극복의 달인이다. 차돌처럼 뭉쳐서 두꺼운 고난의 장막을 함께 뚫었다. 회사가 매년 지속성장선을 그리고 있다. 강소기업의 성공 DNA를 엿보고 우수한 젊은이들이 점점 많이 입사하고 있어서 리더로서 매우 즐겁다. 고민스럽기도 하다. 그들에게 '넓고, 긴' 안목으로 다른 성장 DNA를 부지런히 찾아내어 심어주어야 한다는 의무감 때문이다. 하지만 난 그 고민조차 매우 행복하다.

1. 리더에게는 원칙이 있다.

   늘 정의를 꿈꾸고, 자기 자신을 넘어서서 더 원대한 가치를 구현하길 원한다.

2. 리더는 단순히 보스처럼 굴지 않는다.

   평소 침착하게 보여도 실적과 사기를 저해하는 불량직원은 절대 용납하지 않는다.

3. 리더는 분명하고 솔직하다. 단도직입적으로 소통하지만 남의 말을 경청할 줄도 안다.

4. 리더는 체질부터가 다르다. 그들의 열정은 건실한 기업문화로 승화된다.

5. 리더는 부하 직원들을 공적인 일뿐 아니라 사적으로도 도와주고 아낀다.

6. 리더는 물러서야 할 때를 안다.

7. 리더는 성공을 위해 왜 인격과 성실성이 필요한지를 안다.

8. 리더에게는 '접근성'이 있어야 한다. 진정한 리더들은 겸손하기에, 다가가기 어렵지 않다.

– 성공한 리더들의 리더십 8계명

나는 영업 활동에 있어서 영업사원들이 자발적이고 자유롭기를 바란다. 하지만 적어도 우리가 판매하는 제품에 대해 책임과 소명을 갖고 일해야 한다고 생각한다. 그렇지 않으면 도태되고 만다.

영업만큼 자기 실력을 발휘할 수 있는 직업은 없다. 영업은 낚시가 아니라 사냥이다. 고객에 둘도 없는 파트너가 될 것인지, 아니면 여러 공급자 중 하나가 될 것인지는 세일즈하는 직원 하기에 달렸다. 경쟁이 적은 직업은 프로가 될 확률이 적다.

학교 교사와 학원 교사 중 누가 더 치열하게 공부할까 생각해 보면 자명하다. 안정된 직장에서 별다른 고민 없이 지낸다면 프로가 되기 어렵다. 그런 의미에서 기업의 영업사원은 매우 중요한 존재다. 영업사원이 움직이지 않으면 아무리 좋은 제품도 회사 성장에 도움을 줄 수 없다. 또 끊임없이 사람을 만나고 상대하니 대인관계, 커뮤니케이션 능력이 하루하루 커 가고 있다는 느낌을 들 것이다. 기업 CEO들 중에 세일즈 출신이 많다. 영업을 통해 경영자, 즉 제너럴리스트의 자질을 잘 갖출 수 있다는 뜻이다.

리더십으로 무장한 세일즈 리더들은 전문성을 인정받는 사람들로, 고객의 고통에 제대로 집중하고, 솔루션을 제시할 줄 아는 능력이 탁월하다. 이렇게 비즈니스를 하다 보면 자연히 승진의 기회도 많아지고 아울러 창업 기회도 생긴다. 거래처의 잠재적인 문제를 자문하다 보면 자기 회사 제품과 맞지 않는 경우가 있을텐데 이는 자기가 다시 공부를 하는 단초가 되어 자신을 한단계 업그레이드 하는 계기가 된다.

세일즈, 스마트하게!

리더십으로 무장한 진짜 세일즈 리더들은 가치를 판다. 그런데 그 가치라는 것은 시대에 따라, 상황에 따라 가변적인 것이다. 그만큼 시장을 제대로 볼 줄 아는 예리한 눈을 갖고 있어야 한다.

실적이 좋은 영업사원은 뭐가 달라도 다르다. 그들은 신문이나 책을 많이 읽는다. 우리와 같은 부품 업체는 최종 소비자의 거래에 따라 영향을 받는 파생 수요재다. 업계 동향을 읽어낼 줄 아는 눈과 귀가 절실한 이유다.

나는 CEO가 되어서도 단 한 번도 안락에 빠진 적이 없다. 늘 새로운 호기심을 잃어버리지 않으려고 노력한다. 오히려 사업을 하고 나서 읽은 책들이 더 많다. 읽으면 읽을수록 매번 깊이와 의미가 다르다. 손자병법을 읽어보라! 더 열악한 현실 속에서 전장에서 암약하는 장수들의 전략을 보며 현대인들보다도 더 많이 두뇌회전을 한 것이 눈에 보인다. 선현들의 발자취는 오늘날 우리에게 많은 것을 보여주는 것이다.

영업은 또 상품이 아니라 인간관계를 파는 것이다. 심도 깊은 진정한 커스터마이즈(주문 제작)에 대해서도 적극적으로 제안하고 미처 고객이 생각지 못한 가치와 니즈를 캐낼 줄 아는 것이 진짜 영업이다. 영업의 고수들은 파는 측보다 사는 측의 이익을 우선시한다는 인상과 믿음을 심어주는 능력이 있다.

팀원들이 가져온 고객사의 정보를 모아 고객에게 가장 필요한 가치를 찾아내는 것도 일이다. 이때 영업사원은 이 팀의 리더가 되어야 한다. 단순히 '판매기술'이 아닌 '리더십'으로 영업사원을 무장시키는 것이 그래서 필요하다. 컨설팅을 해주려면 당연히 고객사 문제가 무엇인지 파악하고 솔루션을 제공해야 한다. 당장의 영업 기회는 물론이고 심지어는 잠재적인 문제(latent pain)까지 고민하며 자사 신제품 개발을 주도하는 능동적인 영업이 필요하다. 거래처에서 어떤 솔루션 찾는다고 자사에 있는 솔루션 가지고 가격이 되니, 안 되니 하는 정도의 세일즈는 막을 내릴 수밖에 없다.

우수한 세일즈 조직은 기회 발굴보다는 비즈니스를 만들어나가야 한다. 단순 수요 창출이 아니고 거래처가 인지하지 못하는 기회를 알려줘서 거래처가 신규 비즈니스에 참여토록 유도하고 관련 자사 제품 판매 기회를 잡도록 노력해야 한다.

세일즈맨은 단순히 자사 제품 사양이나 혜택을 파는 역할만으로는 생존할 수 없다. 거래처에 자문해서 비즈니스를 늘리고 제품 판매를 경쟁 없이 초기에 선점하는 역할을 해내야 한다. 자기가 속한 산업 내에서 전체 공급망을 제대로 이해하고 자문 역할을 해야 된다.

세일즈 환경은 점점 복잡해지고, 거래처 의사결정 역시 복잡해졌다. 이에 대응하려면 결국 적응력을 높이고 세일즈맨도 더 똑똑해져야 한다.

기업가 정신을 가져라!

기업가 정신을 가진 세일즈맨은 항상 자기가 맡지 않는 산업까지도 공부하여 거래처의 잠재적인 문제를 미리 자문해주며 솔루션 개발을 적극 주도하여 주어야 한다. 그렇게 되면 거래처는 세일즈맨을 존경하고 믿게 되어 문제가 있을 때마다 자문을 요청한다. 이게 기업가 정신에 충만한 세일즈다.

그런데 '기업가 정신'은 뭘까? 쉽게 이야기하면 자기 사업같이 회사 일에 임하는 것이다. 자기 사업을 한다면 누가 거래처의 문제를 파악하라고 지시하지 않아도 그렇게 할 수밖에 없다. 기업가 정신을 가진 사람은 회사와 함께 동반성장을 할 것이다.

우리가 살고 있는 이 시대는 미시적 분석과 소극적 움직임으로는 경쟁자를 이길 마땅한 방법을 찾기 어려우며 빅데이타를 적극 활용하고 내부, 외부를 가리지 않는 협력을 통해서만 경쟁에서 승리할 수 있다. 하지만 구성원 개개인이 애사심도 없고 철저한 자기 이기주의로 일관한다면 회사는 물론이요 자기 자신의 삶 역시 밝은 미래를 장담할 수 없다.

자기가 맡은 일이라면 뭐든지 내 일처럼, 자기가 관리하는 거래처를 내 가족처럼 여기며 일한다고 생각해 보자. 세일즈 목표 달성을 넘어 자신과 거래처 모두의 성장을 위해 문제를 찾고 지속적으로 해법을 제시한다면 자연히 자기 거래선의 실적은 올라갈 것이다. "월급 받고 일하는 사람인데 내가 왜 그렇게까지 해야 하지?"라는 안일하고 태평한 생각에 자기 스스로 가두면 더 이상 발전은 없다.

영업을 잘하기 위해서는 사람 만나는 일에 적극적으로 도전해야 한다. 세일즈 환경이 많이 바뀌어 구매의사 결정자가 많아졌다. 과거에는 구매담당자 혹은 구매 임원이 결정권을 가진 경우가 많았지만 지금은 제품의 복잡성이 늘고 리스크를 줄이기 위한 노력으로 의사 결정에 참여하는 관련자(Stakeholder)가 늘었다. 단순히 특정 부서 특정인에 의존하지 않고 개발, 구매, 생산, 품질부서 등 다양한 관련자를 효과적으로 공략할 수 있는 새로운 전략이 필요하다. 고객에게 끈기를 보여주면 값진 결과로 보상이 돌아올 것이다.

여성도 할 수 있다!

영업은 섬세함과 세밀함, 전문성이 요구되는 분야라 여성들이 실력을 발휘하기에 좋다. 여성이 인맥형성에 불리해서 영업에 안 맞는다고 하는 말은 영업 현장의 변화를 모르고 하는 소리다. 해외에서든 국내에서든 만나본 여성 영업 담당자들은 대체로 남자보다 일을 더 잘한다. 처음 만나는 사람과도 신뢰관계를 형성하는 데 능숙하고 남을 배려하는 기술도 뛰어나니 영업이야말로 여성이 능력을 발휘할 수 있는 최적의 무대다.

여성은 우선 디테일과 대응력 면에서 더 탁월하다. 텔콤에서는 영업을 하는 여직원이 동종업계 다른 회사에 비해서 많다. 스스로 여성이라서 안 된다는 고정관념을 타파한다면 내가 보기에는 여성 영업사원의 전망이 더 밝다. 사실 전자부품 대리점 쪽에서 텔콤처럼 여자 영업사원이 많은 회사는 별로 없다. 여성 영업사원의 가능성 대해 굉장히

높게 평가하는 편인 나는 타 업체와는 차별화된 여성 인재 육성책을
적극 펼치고 있다.

고객사 직원처럼!

B2B 기업의 세일즈는 B2C와 다르게 일방적으로 을의 낮은 자세를
취하는 것이 덜하다. 하지만 큰 것을 얻기 위해 고객사의 고충과 입장
에 귀 기울여야 하는 것은 마찬가지다.

영업은 이제 물건을 많이 파는 게 아니라 고객들의 니즈를 컨설팅하
고 도와 서로 함께 발전한다는 개념으로 진화되었다. 고객사의 성공을
도와야 하는 공급업체 입장에서는 오히려 기회일 수 있다. 공급업체는
고객사에 단순히 낮은 가격만 제시할 것이 아니라, 고객사의 고객인
최종 소비자가 어떻게 하면 고객사의 제품과 서비스에 만족해할지 생
각해야 한다. 그러니 고객사 입장에서도 자신들이 바라는 성공을 도와
줄 수 있는 공급업체를 비즈니스 파트너로 삼고 싶은 것은 당연한 욕
구라고 생각한다.

영업 경쟁력을 가지면 인생에 있어 먹고 사는 일에 자신감이 생긴
다. 현장형 인재로 거듭난 세일즈 리더들은 웬만해선 포기를 모르는
강한 전투력을 가지고 있고 많은 사람들을 겪으면서 생긴 순간대처 능
력이 월등하다. 상대방에게 호감을 주는 이미지, 자연스러운 대화 기
술, 의도하는 바를 명확히 전달할 수 있는 표현력, 상대방이 원하는 것
을 재빨리 캐치해내는 능력 등은 사회생활에 꼭 필요한 능력이라 할

수 있는데 이 모든 것은 바로 세일즈의 기본이다.

영업직은 고객이 가장 직접적으로 맞닿아 있는 현장을 경험해보며 자기 일에 대한 이해가 더 높이는 소중한 직업군이다. 자기 자신을 위해서라도 영업은 꼭 경험해볼 필요가 있다. 자신의 능력을 키우고 내·외부적으로 인정받으면서 오래 직장 생활을 하고 싶다면 회사에서 주는 영업 기회를 잘 활용해야 할 것이다.

뛰는 영업 위에 나는 영업이 있다. 3차원의 시대를 넘어 4차원의 생각을 갖고 있어야 한다. 일에도 혁신과 품격이 있다. 비즈니스 세계에서는 2등은 꼴찌인 것이다.

나는 정말 영업하는 것이 즐겁다. 요즘 서바이벌 오디션 프로그램이 많이 생겼다. 그런 프로그램에서 최우승자가 되는 사람들에게는 독특한 특징이 있다. 바로 노래나 특기를 선보이는 사람한테서 진심이 느껴져야 다른 사람들까지도 그 진심에 공명해 감동을 받는 것이다. 본업을 이렇게 행복해하면서 하는데 성공하지 않을 수 있을까?

우리 텔콤은 전사적으로 세일즈를 지원하고 있다. 사무실에서 전화를 잘 받는 것도 영업의 첫 단계로 인식할 만큼 전 직원들의 영업 친화성은 높다.

경쟁력 있는 영업사원은 제품과 기술에 대한 이해도가 높다. 자기가 담당하는 제품의 장단점을 속속들이 파악하고 있고, 고객사의 철학을 알고 필요로 하는 것에 대하여 빨리 캐치하여 자기가 제공하는 서비스에 공감하게 만들게 해야 한다. 우리가 판매하는 제품(부품)을 사용하면 고객이 만드는 제품에 대한 성능과 품질이 올라가서 명품이 된다는 것을 고객사에게 많이 강조하는 편이다. 영업이 부진하면 절대 사업이 잘

될 수 없다. 스마트 시대에도 인적 세일즈는 없어질 수 없는 영역이다.

상품에 대한 정보가 홍수처럼 넘치는 디지털 시대에 인적판매는 직접 접촉을 통해 이뤄진다. 제품 선택에 자신 없는 수많은 소비자에게 구매가 필요한 시점에서 적극적인 문제해결, 이해관계, 설득을 통해 '구매결정'을 도와주는 역할을 하는 매우 중요한 사람이 영업직 직원이다. 미래에도 영업사원의 역할은 중요하다. 영업사원은 멀티플레이어가 되어야 한다. 그래서 영업사원도 공부해야 한다.

나는 우리 텔콤인들에게 최고가 되도록 동기를 부여하기 전 내가 먼저 올바른 '롤 모델'이었는지를 자가 점검하는 버릇이 강하다. 우선은 나 자신이 영업을 매우 좋아하는 사람이라는 점에서 괜찮은 롤모델이 될 것이다.

치열한 경쟁 속에서 기업의 절체절명의 화제는 생존이다. 많은 기업이 변화하지 않으면 조직은 대부분의 일정 수준 이하이거나 들쑥날쑥한 성과를 내는 조직으로 굳혀지게 될 것이다. 기업이 좋은 아이덴티티, 비전과 목표를 가지고 있다 해도 영업실적이 향상되지 않으면 발전과 생존을 보장받을 수 없다.

모든 기업의 경영전략 키워드는 영업의 경쟁력 강화이다. 영업의 경쟁력 강화가 기업의 생(生)과 사(死)를 좌지우지할 정도다. 영업은 기업의 매출과 손익에 직접연관이 있는 도구로서, 기업의 성공과 실패를 좌우하는 핵심요소이기 때문이다.

새로운 일을 하다가 난관에 부닥치다 보면 막막할 때도 많다. 특히 세일즈에서는 그런 일이 비일비재하다. 그럴 때는 주위의 선후배, 직장동료 등과 같이 많은 대화를 나누고, 사회의 전문가로부터 조언을

들도록 한다. 철벽같이 높기만 하던 난관들이 어디에선가 길이 열리고 빛이 보일 수도 있기 때문이다.

영업을 하는 목적과 이유는 고객의 필요에 맞는 상품을 제공, 만족시키고 감동시키는 것이다. 회사를 가장 아끼고 사랑하는 사장 마인드로, 나 하나로 인해 회사의 성패가 좌지우지될 수 있다는 생각으로 일하면 일의 능률과 기쁨이 수십 배 높아진다.

영업사원들에게 신규 유저를 직접 발굴하여 스스로 모든 대응을 해가며 첫 발주를 받게 한다. 그러기 위해 나는 매출성과에 대한 압박을 받는 영업사원들에게 천천히 지식을 쌓아가라고 말하곤 한다. 솔직히 영업이 주인 회사에서 매출에 부담을 주지 않고 1~2년 후를 바라보며 많은 투자와 격려를 아끼지 않는 것이 쉬운 선택은 아니다. 하지만 안정적으로 꾸준히 오래 함께하고 함께 지속적인 성장을 꾀하기 위해서는 인재를 믿고 기다려주는 신의도 필요하다.

나는 가끔 밤늦게나 혹은 주말에라도 직원들이 보낸 외근후기에 나의 한 줄의 댓글이 큰 힘이 될 것 같아 코멘트를 달아 준다. 해외출장을 가도 항상 꼼꼼하게 외근 후기를 읽어 도움이 될 만한 코멘트나 정보가 있다면 지체하지 않고 바로 피드백을 해줘야 실시간으로 정보를 공유하고 실수를 줄이며 소소한 감동을 줄 수 있다고 생각한다.

리더는 개인보다는 협동을 이끌어내는, 또 당장보다는 미래를 위해 투자하는 철학이 필요하다. 텔콤은 영업사원에게 개인매출에 대한 압박은 전혀 없다. 그래서인지 오히려 팀별로 서로 협동하여 개인별로 더 잘할 수 있는 부분이 있다면 효율적으로 업무 분담을 한다. 자연스레 서로의 장점을 이끌어내어 꾸준히 성장할 수 있는 원동력을 만들어 준다. 무엇보다 텔콤은 자기 자신이 주체가 되어 영업을 할 수 있는 시스템이 강하다. 안정된 자리에 연연하지 않고 계속하여 새로운 아이템을 찾고 배우는 직원들이 자랑스럽다.

영업 활동이 발주로 이어져 매출이 발생하는 것이 영업사원들한테는 제일로 기쁜 일일 것이다. 국내 대기업인 L그룹과 S그룹에 처음으로 업체등록이 되어서 주문을 받았을 때 기뻐하던 직원들의 표정이 아직도 기억난다.

영업 사원들은 자기가 맡은 제품을 영업을 하여 스펙 인(spec-in)이 되었을 때 가장 성취감이 크다. 특히 업체 입장과 메이커 입장을 조율하면서 큰 프로젝트를 성공시킬수록 성취감이 클 것이다.

나는 기술교육이나 영업교육보다 더 인성교육을 중시한다. 영업직은 엄밀히 따져 사람을 대하는 직군이다. 사람에 대한 이해가 필수적이다. 그래서 가장 교육 활동을 진행하기 까다로운 직군이 영업 직군이다. 사업의 최일선에서 이뤄지는 것이 영업이기 때문에 어떠한 틀이나 계획 아래 교육을 진행하기가 어렵고 또한 역동적인 내·외부의 이슈를 포착하지 못하면 감화를 시키기도 어렵다.

영업직은 행동의 자유, 높은 직무의 이동성과 도전의식이라는 특징이 있어 개인 발전가능성이 크고 성취도가 높은 직군으로 주문, 고객관리 자기계발 등 기업을 대리하는 많은 과업과 직무와 책임이 따른다. 즉 다양한 측면의 멀티플레이어가 되어야 한다.

분명 영업사원들은 주로 업체 개발을 위해 새로운 사람들을 만나 업무를 하다 보니 나태해질 수도 없다. 하지만 혹시나 거래처로부터 불만을 듣는다면 이는 분명히 어딘가 불만을 들을 이유가 있기 때문이라는 것을 인정하는 자세가 필요하며 까다로운 거래처도 만족시킬 성의와 열정, 신념을 갖추도록 더 노력해야 한다. 존경받을 만한 기량을 갖추고 자기에게 주어진 시간을 잘 활용하여 공부도 하고 자기계발에 정진해야 정신적으로도 성숙할 수 있다.

외근직이든 사무직이든 내가 고객들에게 '좋은 상품을 제공한다', '기쁨을 제공한다', '행복을 제공한다', '이를 통해 세상이 발전한다'라는 마음가짐을 갖고 있다면 우리의 일은 매우 즐거워질 것이다. 열의와 용기, 성의를 가지고 제언을 하는 한 사람의 힘은 결코 미약하지 않다. 무엇이든 하면 된다는 신념으로 프로답게 임해야 한다.

고객이 회사를 선택할 권리도 있지만 우리도 고객을 선택할 권리가 있다. 약속을 안 지키고 결제도 지연시키는 회사와는 우리가 구태여 거래를 할 필요가 없다. 억지를 부리는 고객의 하수인 노릇을 자처할 필요가 없다. 결제를 지연시키고 신뢰를 못주는 고객에게 일방적으로 끌려 다니다가는 결국 큰 손실을 입게 된다. 영업이란 고객의 필요와 바람을 알고 관계를 수립하고 책임을 다하는 일련의 활동이다. 그러니 단순히 제품을 파는 사람이 아니라 잠재 고객을 개발하고 판매하고자 하는 재화나 용역을 잠재고객이 구매하도록 설득하는 사람이라는 자부심을 가져야 한다.

요즈음 세상에는 미지의 시장은 없다고 봐야 한다. 이미 누군가의 손에 의해서 다 개척이 이루어진 것이다. 그래서 신규 거래선 개척이 영업에서 가장 힘든 일이다. 하지만 어려운 만큼이나 치밀하게 계획을 잡고 전략적으로 도전한다면 못할 일도 없다. 이때 영업사원을 발굴, 개발하지 않고 교육하지 못하면 이미 경쟁에서 밀린 것이나 다름없다. 주어진 자리에서 그 자리만큼 유능한 사람을 채용하고 능력을 개발하고 동기도 부여해 영업사원의 성공을 전사적으로 지지해 주어야 한다. 영업사원의 성공이 바로 텔콤의 성공이라는 생각을 한시도 품지 않은 날이 없었다. 이런 생각과 기대에 우리 텔콤 직원들 역시 부지런히 부응하고 있다. 직관과 통찰력으로 고객이 '원하는 것'에서 더 나아가 '원할 것'을 미리 알아내고, 컴퓨터도 못 쫓아오는 창의력으로 무장하여 고객에게 다가감으로써 그들을 놀라게 하고 있다.

세일즈 실무를 위한 TIP!

- 고객에게 섣불리 견적을 주면 안 된다. 가격을 생각 없이 유출하면 들러리가 될 가능성이 높으므로 가급적 직접 만나서 우리의 솔루션을 제공하고 경쟁사와 차별을 보이면서 가격을 제시해야 한다.
- 고객 방문 시 자기가 담당하는 제품은 확실히 숙지해야 한다. 제품의 특성과 장단점은 물론 경쟁 제품들과의 차별성을 자다가 깨도 줄줄이 외워서 말할 수 있어야 한다. 또 방문 회사의 프로젝트와 경쟁사들은 어떤 일을 하고 있는지도 알아 가서 상담을 해야 분위기를 선점하면서 이끌어 갈 수 있다.

- 세일즈를 잘하기 위해 말을 잘해야 한다고 생각하는데 이는 편견이다. 상대방 즉 거래처 말을 잘 경청하는 것이 가장 중요하다. 상대가 힘들어하고 어려운 것, 해결했으면 하는 것, 상대의 요청 사항 등에 대해 잘 들어야 한다. 알아야 해법을 제시할 수가 있다.

- 가격 협상을 하면서 깎아 달라고 할 때 대체적으로 미팅 시에 바로 깎아주면 안 된다. 그렇게 하는 것은 아마추어다. 생각하다가 어떻게 해서든지 깎아줄 수밖에 없는 형편이면 수량, 납기, 결제 조건 등 옵션을 제시하라!

- 개발자, 구매자 등 고객 입장에서 생각하라! 영리한 세일즈맨은 고객에게 먼저 상품을 팔지 않고 편의를 팔아서 구매가치뿐만 아니라 솔루션을 제공하여 부가가치를 높인다. 거래처 필요에 따라 해결책을 제공할 수 있어야 한다. 자기 제품, 자기 회사, 자기 스타일만 집착해 상대의 필요와 무관한 일방적인 세일즈 피치를 올려서는 안 된다.

- 신뢰를 얻어 뭔가의 반응을 받았다면 결과를 반드시 피드백 해주어야 한다. 피드백이 없거나 늦어지면 신뢰도 깎인다. 임기응변식의 대응은 절대 하지 말아야 한나.

- 끈기를 가지고 임무(Task)에 집중해야 한다. 시간이 많이 걸릴 수 있지만 최고의 세일즈맨은 항상 끈기를 가지고 큰 그림을 이해하면서 큰 그림 속에서 과제를 이뤄내야 한다.

- 거래를 성사시키기 위해서는 거래처와 자기 회사 내 관계된 모든 그룹을 잘 설득하고 그들의 이해관계를 조정할 수 있어야 한다. 한 사람의 인맥을 가지고 세일즈를 성사시키는 시대는 지났다.

- 최고의 커뮤니케이터는 효과적인 메시지를 분명하고 설득력 있게 전달하는 사람이다. 적절한 시점에 적절한 말을 적절하게 해야 한다.

- 거래처 모든 레벨의 사람과 효과적으로 인터페이스할 수 있어야 한다. 말단 사원부터 사장까지 모두 소화할 수 있는 친화력을 가져야 한다.

- "왜 그 제품을 써야 하죠?", "원하는 가격이 아닌데 왜 써야 하죠?" 등의 반대가 있다면 그것을 고객 수요 관점에서 잘 극복할 수 있는 능력이 있어야 한다.

- 일련의 과정에서 묘를 발휘하여 계약하고 오더를 받아내야 한다. 세일즈는 궁극적으로 오더를 받는 것에 이르러야 1막이 끝나는 것이다.

- 효과적으로 시간을 관리할 줄 알아야 한다. 시간을 다투는 것이 세일즈다. 시간을 효과적으로 써야 하고 당연히 사전에 계획적으로 움직여야 한다.

- 사업 부문별로 생산제품·매출·거래처 등을 파악하고 회사 장기 비전, 신규 사업, 현안 등을 챙긴다. 숲을 먼저 파악하고 나무를 보는 접근을 못하고 당장의 이익에 눈이 멀어 나무만 보고 접근해서는 안 된다.

- 고객사의 조직도를 대략이라도 알아야 한다. 누가 핵심 인물인지 파악해 주소와 연락처 등 데이터베이스를 만드는 것은 기본 중 기본이다.

- 고객사의 어려움이 무엇인지, 즉 무엇 때문에 고민하고 무엇이

가장 골칫거리인지를 파악해야 한다. 이것을 알아야 솔루션 영업이 가능하다. 여기에 맞춰 신제품도 개발하고 거래처 전략도 수립한다.

- 언제 신제품이 출시되고 이를 위해 언제부터 벤더 선정 작업이 이루어지고 코스트다운 모델은 언제 시작하고 가격 협상은 언제 하는지 등 거래처 이벤트 일정을 파악해 차트로 만들어 놓는다.
- 우리가 컨택한 고객사가 접촉할 수 있는 동종의 경쟁사에 대한 정보를 조사해야 한다.
- 어차피 B2B 기업이 판매하는 제품은 최종재에 들어가는 부품, 즉 파생재다. 고객사가 예상하는 매출의 수준을 알아야 우리 제품의 단가를 고려할 수 있다.
- 제품에 대한 실무자의 촌평을 모조리 기억하고 기입해야 한다. 그들에게 우리 제품에 대한 강력한 이미지를 심어줄 수 있는 무언가를 준비해야 한다. 그들의 명함, 메일, 인맥 등 모든 것을 데이터베이스화해야 한다.
- 핵심부서의 평가와 지원부서의 평가 모두가 자사의 가치를 높이는 일련의 연관성을 가지고 있다.
- 고객사 제품에 대한 시장과 고객의 평가와 재고 사항까지도 파악하고 있어야 한다. 구매담당이 보내온 자료만을 믿으면 결국 백록(Backlog) 관리가 엉망이 될 수 있다.
- 협상이 불리하게 진행이 돼도 겁먹지도 말고 초조해하지 말며 최악의 경우 협상을 깰 배짱을 가지면서 시간을 끌며 상대가 기다리게 하여야 한다.

- 유리한 시간과 장소를 골라 전화로 하지 말고 직접 만나면서 가능하다면 제3자의 지원을 얻어라.

규모보다 비전에 올인하라!

신축 중인 성당에서 일하는 석공의 모습을 본 신부님이 그들이 각각 다른 표정을 짓고 있는 것을 보고 의아한 마음이 들어 가까이 가서 질문을 하게 되었다.

한 사람은 잔뜩 인상을 구기고 있었는데 그에게 왜 이 돌을 쪼개냐고 물으니 그저 벌어먹기 위해 힘들게 일한다고 답했다.

두 번째 무표정하게 일하는 이에게 같은 질문을 했다. 그는 '성당에 들어갈 좋은 기둥'을 만들기 위해 부지런히 일한다고 답했다.

마지막으로 온화한 표정에 미소를 띤 채 일하는 석공은 신부의 질문에 이렇게 답했다.

"저는 역사에 남을 위대한 건축물을 세우고 있어요."

첫 번째 사람은 미래의 꿈도 삶의 비전도 없는 사람이었고, 두 번째 사람은 미래의 목표와 꿈만 가진 사람이고 마지막 사람은 삶의 비전을 품고 살아가는 사람이다.

'갑의 횡포' 같은 사회적 문제가 대두되고, 투명경영과 사회공헌 등 윤리경영에 대한 가치관이 달라지면서 규모나 실적이 큰 대기업보다는 작더라도 알차면서 미래비전이 확실한 강소기업을 선택하는 청년들이 많아진 것은 그나마 고무적인 일이다.

나는 기업을 평가하는 데는 겉으로만 보이는 규모만을 따져서는 안 된다고 청년들에게 말하고 싶을 때가 많다. 눈에 보이는 것 이상으로 기업이 어떤 문화를 가졌고, 어떤 신뢰 원칙을 가졌고, 대내외적으로 얼마나 신용을 얻었는가도 무척 중요하다고 생각한다. 눈에 보이는 것보다 '공과금 연체를 한 적이 있는가', '협력 업체와의 결제를 철저히 지켰는가', '직원들 월급을 지체한 적이 있는가' 등 신뢰도 면에서 많은 가치가 매겨져야 한다고 생각한다.

외형만 대기업이지만 기업문화 자체가 척박하고 가장 기본적이고 당연한 원칙도 지키지 못하는 기업들도 많다. 성장일변도에서 진정한 가치를 잃어버린 행태를 보인 대기업보다는 위기를 겪으면서 체질 전환을 통해 신 성장 동력 발굴과 핵심기술 개발, 인력에 대한 투자를 열심히 하는 강소기업의 비전에 올인하는 젊은이들이 더욱 많아졌으면 좋겠다.

남다른 기술력과 아이디어, 차별화된 서비스가 각광을 받는 강소기업은 누군가에게 불황인 시기에도 호황으로 바꿀 수 있는 저력이 있다. 불황기의 시장을 발 빠르게 앞질러 시장을 선도할 뿐만 아니라 끊임없는 기술개발과 시장분석 노력으로 세계 시장을 석권할 수 있는 자격도 갖춰나가고 있다.

일본의 경우 세계시장 점유율 1위를 차지하는 1,500개 품목 가운데 상당수가 중소기업 몫이라고 할 정도로 중소기업이 일본이라는 거대 경제의 견인차 역할을 하고 있다. 그리고 그런 일본의 중소기업 파워의 원동력은 바로 꾸준한 노력을 통한 기술혁신과 사활을 건 현장의 아이디어 경쟁에 기인한다고 한다.

내 비전은 동종의 업계에서 우리 텔콤이 1등을 하는 것이다. 혹여 내게 무리하게 잡는 게 아니냐고 반문할지도 모르지만 목표는 원대하게 잡는 것이 좋다고 말하고 싶다. 3등을 추월해봐야 3등이고 2등을 추월하면 2등이 될 뿐이다. 1등이 되고 싶다면 1등을 목표로 해야 한다.

나는 우리 텔콤인들이 그저 벌어먹기 위해 회사를 나오는 것도, 단순히 영업을 잘하고 성취감을 느끼기 위해서 나온다고 생각하지 않는다. 그들이 텔콤에서 하나의 성공을 기원하고 멋진 업을 꿈꾸기를 바란다. 고객과 시장에 차별적 가치를 제공하는 기업만이 어떠한 환경에서도 지속적으로 성장하고 번영할 수 있다.

나와 같은 생각을 가진 직원들이 텔콤에서 자신의 미래를 설계할 수 있는 회사로, 자신이 잘할 수 있는 일을 찾을수 있게 하는 회사로, 자율적인 업무 패턴으로 자신감을 갖고 일을 할수 있게 수평적 문화로 직원이 중심이 되여 존중 하면서 일을 즐겁게 할수 있고 오래 같이한 사람한테 자신의 가치를 풍요롭게 해줄수 있는 회사로 자리 잡을수 있게 하면서 재미있는 기업 문화를 만들려고 노력하고 있다.

고객을 생각하는 마음으로 일하는 영업 노하우, 일에 대한 책임감, 항상 새로운 것에 대한 도전적인 기업정신, 기본을 다질 수 있고 그 어떤 것도 성취할 수 있도록 서로에게 항상 용기를 심어주는 모든 텔콤의 인재들이 있다면 급변하는 사회에 언제든지 생존 발전하는 기업이 되리라 확신한다.

사람들을 비전에 동참시키고 싶다면, 미래에 대해 매력적인 그림을 그릴 수 있어야 한다.

가치 있는 기술은 불황을 타지 않는 법이다.

기술혁신으로 세상이 좁아져 있다. 안일한 생각은 패자의 길을 가는 지름길이다.

품질과 가격 경쟁력, 경쟁사에서 우위를 점할 수 있는 제품을 개발해야 살아남는다.

우리와 거래를 하는 유저들이 우리 텔콤과 거래를 하면서

매력을 찾을 수 있도록 우리는 그 매력의 DNA을 빨리 찾고 개발해야 한다.

part 3

불확실 시대
확신 경영법

아는 만큼 보이고 보는 만큼 움직이는 게 사람이다. 뱃머리에서 물살의 방향을 주의 깊게 살펴보면 언제 어떻게 배를 움직여야 할지 예상할 수 있다. 그래서 파도가 밀려오기 전에 미리 대처할 수 있다. 그 자리에 언제나 머물러 있는 것은 없다.

예측력이 둔해지면 리더는 리더십을 상실하고 만다. 사자의 사냥술은 냄새로 소리로 눈으로 정보를 파악하고 예측하는 것이다. 사자가 대장 지위를 잃는 것은 힘이 약해서가 아니라 예측력이 떨어졌기 때문이라 한다. 리더도 몸으로 부딪혀 경험을 쌓고 끊임없이 연구해야 한다. 그렇지 않으면 미래를 읽는 능력을 상실한다. 그가 이끄는 조직도 쇠퇴의 길을 걷게 된다.

리더는 늘 많은 시간을 미래에 투자해야 한다. 더 많은 시간 동안 미래에 대해 생각해야 한다. 미래에 대한 정보를 취득하고 다른 사람들과 미래에 관해 이야기해야 한다. 그래야 날카로운 예측력을 유지할 수 있다. 세상에는 공짜도, 우연도 없다.

리더의 판단에 대한 책임은 리더가 져야 한다. 리더는 미래를 읽고 빠르게 대처해야 한다. 아무리 뛰어난 참모들이 주변에 있어도 결국 최종 판단은 언제나 자신의 몫이다. 리더는 자신의 판단력과 통찰력을 믿어야 한다. 믿을 수 있도록 여러 가지를 늘 공부해야 한다.

흔히 경영에서 자주 하는 말이 있다. "쓰나미는 금방 닥치지 않는다." 한번 휘몰아 닥친 쓰나미는 모든 것을 파괴하고 휩쓸어 가버린다. 하지만 쓰나미는 분명 전조 증상이 있다. 바닷물이 줄어들거나, 물이 부글부글 거품이 생기거나, 물고기들이 맨바닥에서 파닥거리거나 새 떼들이 바다 반대편으로 날아가는 등의 경고가 분명 있다. 이를 무시해서 죽는 것이다.

경영자는 끊임없이 현재의 문제점을 생각하고 앞으로 어떻게 할지 검토하고 그 속에서 하루하루 긴박하게 지내면서 사장이 아니면 할 수 없는 일들을 처리해 나가는 사람임을 잊어서는 안 된다. 대체로 선진국이라고 할 수 있는 미국, 일본, 유럽 등에서 히트된 제품은 시간이 조금 흐른 후 우리나라에서도 빅히트된다. 그러니 외국의 전시회를 둘러보고 많은 신상품들 중에서 어떤 것이 소비자의 니즈를 만족시켜줄지를 알아보는 감식안을 갖고 있어야 한다.

우리 텔콤인들이 진정한 기회를 포착해내는 주체적인 혜안을 갖추기를 바란다. 성공 기회가 있는 시장을 정확하게 포착해 남들과 달리 결단하고 실행하면서 이를 바탕으로 우리 다 같이 우리에 맞는 반복 가능한 성공 공식을 구축할 줄 알아야 한다.

전에는 회사 생존수명이 30년이었지만 지금은 고작 11~12년일 만큼 점점 짧아지고 있다. 그만큼 기업하기 어려운 환경이라는 뜻이다. 창업 후 5년 내에 90%가 설립 후 문을 닫는다고 한다. 생존에 대해 하루하루 고뇌하지 않으면 살아갈 수 없다. 불확실성을 안고 살아가는 지금 불황은 우리 스스로 해결을 해야 하는 문제다. 남이 도와서도 안 되지만 도와준다고 해결되지도 않을 문제다. 엔화 약세와 같은 변화에 잘 대처하지 못한다면 우리의 주력산업 타격이 불가피하다. 우리 텔콤인 한 사람 한 사람이 협업하는 수밖에 없다. 지금 우리에게 필요한 것은 변화이며 이 변화의 흐름은 좋든 싫든 변화가 요구하는 것을 수용해야만 한다는 것이다. 적극적으로 대처할 생존 기술을 익혀야만 하는 상황이다. 직원들 한 명 한 명의 아이디어가 절실한 이유다.

스스로 찾아서 하는 우리만의 업무 문화를 만들어야 한다. 자기 혼자만 할 수 있는 것은 아무것도 없다. 조직원이 하나의 몸체가 되어 합심해야 한다. '머리와 가슴과의 거리'가 세상에서 가장 긴 거리라고 한다. 마음을 먼저 합한 다음 숙의하는 문화가 정립이 된다면 이루지 못할 일이란 없다. 직원 개개인 자신이 몸담고 있는 조직에 대해 자긍심을 느끼며 재미있게 일하는 환경을 만들어 나갈 수 있어야 한다. 나 역시 우리 텔콤인이 즐겁게 일할 수 있도록, 우리의 '일터'가 '꿈터'가 되도록 리더로서 발 벗고 나설 것이다.

리더는 위기에 처했을 때보다 전성기에 있을 때 조직원을 보다 더 발전하도록 이끌어 가야 한다. 잘될 때일수록 더 긴장하고, 더 열심히, 더 섬세하게 일을 해야 한다. 일이 잘 풀린다고 세상을 우습게보며 교만을 부리는 것을 하지 말아야 한다.

기업이 망하지 않기 위해서는 전성기의 리스크 관리가 가장 중요하다. 공자는 이런 말을 했다. '군자(리더)는 세상일에 대해 남보다 먼저 걱정하고 즐거움은 제일 늦게 즐긴다(선우후락, 先憂後樂). 스스로 분수

를 지키면 욕을 먹지 않는다(지족불욕, 知足不辱). 그칠 줄 알면 위험하지 않다(지지불태, 知止不殆).'

망하는 기업들은 리더가 걱정거리나 리스크를 도외시하고 다른 이보다 먼저 쾌락과 기쁨을 누리려고 해서 생긴 것이다. 스스로 만족하지 못하고 무리하게 확장하거나 과도한 허영심으로 경영을 하면 망한다. 모든 경보 신호에도 불구하고 멈추지 않고 계속 리더의 오류가 반복되면 그 조직은 망하게 되는 것이다.

이스라엘 왕국의 2대왕이자 이스라엘을 40년간 통치했던 강력한 군주 다윗왕은 아름다운 반지를 만들기로 했다. 그는 그 반지에다 자신이 큰 승리를 거둬 기쁨을 자제하지 못할 때 감정을 조절할 수 있는 글귀를 새겨 넣기를 원했다. 더불어 그 글귀는 일이 잘 안 풀리거나 절망에 빠질 때 용기를 줄 수도 있는 글귀였으면 좋겠다며 세공사에게 문장을 찾을 것을 명했다.

고심에 빠진 세공사는 지혜로운 솔로몬 왕자에게 조언을 구했다. 솔로몬 왕자는 한 문장을 세공사에게 건넸고, 글을 보자마자 세공사는 자신의 이마를 탁 치고 말았다.

"이것 또한 지나가리라(This too shall pass)!"

전성기를 누리는 사람과 조직은 항상 긴장해야 한다. 뭔가 성취했을 때, 일이 잘되고 있을 때 지나온 길을 반성하면서 앞으로 나아갈 길을 만들어야 한다. 성장과 행복은 더 큰 일을 하기 위한 예비 에너지다. 가장 행복한 순간에 비극이 드리워져 있음을 기억해야 한다.

전성기에 가장 경계해야 하는 또 하나는 바로 도덕적이고 윤리적인 마인드를 유지하는 것이다. 도덕과 윤리는 조직 발전의 또 다른 축이다. 불공정 거래나 비도덕적인 행위를 한 리더로 인해 국민들의 비난을 받고, 매출액이 급감한 기업들의 사례를 보라.

잘나갈수록 리스크를 관리해야 한다. 우리 기업이 안고 있는 위험을 제대로 이해하는 데서 리스크 관리가 시작된다. 좋은 시기든 나쁜 시기든 항상 지속적이고 일관되게 리스크를 분석하고 이해해야 한다.

매순간 우리 실정에 맞는 교육투자, 영업 관련한 마케팅 전략, 해외 견문을 넓힐 수 있는 기회와 공장의 설비투자에 대한 것들을 두루두루 점검하여야 한다. 조직의 정신문화와 직원과의 소통전략도 꼼꼼히 재설계해야 한다. 이것이 위기의 쓰나미 속에서 기업과 조직원이 익사하지 않는 방법이다.

비즈니스 세계에서도 새로운 승자에 대한 기대와 열광이 크다. 소비자는 늘 새로운 제품, 새로운 기술, 새로운 디자인과 더불어 새로운 승자를 기다린다. 현재의 승리에 도취돼 미래 준비에 안일해지는 승자의 덫에 걸리면 도태된다. 1957년 미국 「포춘」이 선정한 세계 500대 기업 중 지금까지 성공한 기업은 3분의 1정도에 불과하다고 한다. 그렇다면 오래 살아남는 승자가 되는 비결에는 어떤 것이 있을까?

첫째, 늘 깨어 있어야 한다. 신기술에 대한 투자와 취약 사업의 구조조정을 통해 기업이 선제적으로 변해야 한다.

둘째, 스스로 자기잠식을 할 만큼 혁신을 해야 한다. 애플은 아이팟이 선풍적 인기를 끌며 시장을 주도할 때 후속 제품인 아이팟나노를 만들었고 계속 2세대, 3세대 제품을 만들며 시장을 지배했다.

셋째, 과거의 성공방정식은 지워야 한다. 아프리카 속담에 "바다가 너무 고요하면 선원이 무능해지기 쉽다."라는 말이 있다. 지금 이룩한 것들이 너무 좋아서 도취돼 있고, 자만에 흠뻑 젖어 있으면 다가올 변화에 무딜 수밖에 없다.

그렇다면 예측을 잘하는 것은 리더의 타고난 능력일까? 아니다. 바둑의 고수들도 수십만, 수백만 번 수를 둬보며 연습하고 연구한다. 수많은 경우의 수를 생각하며 연습을 하다 보니 자연스럽게 예측력이 키워진 것이다. 리더의 예측능력도 훈련을 통해 기를 수 있다.

리더는 정보에 민감하고, 경험이 풍부해야 한다. 리더는 신문을 많이 봐야 한다. 그래야 세상이 어떻게 돌아가는지 파악할 수 있다. 내가 몸담은 업계의 소식과 관련 분야의 뉴스를 매일 따라가면 조금씩 동향을 읽을 수 있게 된다. 또한 호기심이 많은 사람이어야 한다. 고객은 입맛이 수시로 바뀐다. 고객의 이런 변화에 호기심이 많아야 빨리 혁신을 할 수 있다. 호기심은 사람을, 기업을 움직이는 원동력이다.

스티브 잡스는 "혁신은 리더와 추종자를 구분하는 잣대다."라고 말했다. 리더는 현재 상태에 안주하면 안 된다. 엄청난 속도로 변화하는 시장에서 조금이라도 긴장을 늦추면 경쟁회사나 시장 흐름과 금세 차이가 벌어진다. 익숙한 사람에게서 벗어나고 익숙한 패러다임과 결별해야 한다. 그래야만 새로운 가치를 찾아낼 수 있다. 매일 같은 사람들끼리 모여서 머리를 쥐어짜봤자 혁신은 이뤄지지 않는다. 편안함 속에서는 아무도 움직이지 않는다. 최고라고 자만하면 썩는다.

내 진정한 소원은 다음 세대가 텔콤을 더욱 지속 발전시키는 것이다. 오늘 나는 내 지식을 신뢰하고 있지만 다음 세대가 지금 이 지식을 신뢰할 수 있을지는 확신할 수 없다. '지속가능한 경영을 하기 위해서 어떻게 해야 하는가?' 이런 고민에서 지금 갖고 있는 지식들을 과감히 버리고 새로운 것을 크게 얻는 텔콤식 지식경영이 시작되었다.

지식경영의 목적은 고부가가치를 확보하는 것이다. 흔히 지식경영을 지식관리시스템을 설치하는 것으로만 오해하는데 그것의 설치 목적은 기업이 가지고 있는 지식을 널리 공유해 지식 활용도를 높이자는 것이다.

우리 기업들이 고부가가치를 창조 못하는 것은 '지식생성'을 게을리 했기 때문이라 생각한다. 아무리 비싸도 잘 팔리는 제품을 만들거나 파격적인 방법을 강구해 원가를 낮춰 경쟁력을 대폭 높이는 데 지식경영의 핵심이 있다. 새로운 '지식 생성'은 '지식 버림'과 밀접하다. 낡은 것을 버려야 새로운 것이 들어온다. 우리 기업들이 지금껏 지식공유를 못한 것이 아니라 오히려 너무 공유가 잘되어 과거 낡은 지식을 버리지 못하는지도 모르겠다. 켜켜이 먼지만 쌓인 과거의 공유 지식을 버려야 한다. 과거의 영광에만 집착하면 자신 앞에 놓인 덫을 바라보지 못할 수 있다.

이카루스는 밀랍으로 만든 날개를 이용해 미로를 탈출할 수 있었다. 하지만 더 높이 날고 싶은 욕망에 태양 가까이 날다가 열로 인해 날개가 녹아 결국 추락하게 된다. 이처럼 성공과 실패의 이유가 같은 데서 기인하는 것을 가리켜 '이카루스 패러독스'라고 말한다. 우리가 생각한 성공의 방법이 혹시 덫이 되어 우리를 나락으로 떨어뜨리는 경우가 없는지 경영자라면 항시 점검해야 한다.

1970년대 중반 디지털 카메라 기술을 처음으로 개발했지만 당시 사업부 내 최고의 매출을 올리던 필름사업 부문에 위협이 될 것을 우려해 디지털 기술을 방치한 코닥의 말로를 떠올려보라. 코닥은 이후 파산보호신청까지 하는 몰락의 길을 걸었다.

이처럼 우리는 불확실성을 일상처럼 받아들여야 하는 시대에 살고 있다. 피할 수 없으면 즐기라는 말처럼 위기를 피할 수 없다면 가능한 잘 대비해 피해를 줄이는 게 중요하다.

군대에서 훈련받을 때 "해적처럼 민첩하게 행동하라!"라는 말이 생각난다. 기존 환경에 얽매이지 않고 환경변화를 민감하게 감지하고 변화된 환경에 유연히 대응하고 민첩하게 실행하여야 한다. 조직 내외부에 대한 무관심과 부서 이기주의로는 절대 승자가 될 수 없다. 각자 기존 아이템에 연연하지 말고 다른 파트에서 취급하는 아이템이라도 본인이 할 수 있다면 본인이 해야 한다. 텔콤의 경우 CS(customer service) 역시 기존 업무방식에서 벗어나 업무개선, 원가절감 등 분명히 찾으면 또 보이는 법이다.

차별화가 없는 전략으로는 경쟁자한테 이길 수 없다. 사회가 복잡해질수록, 일상이 소란스러울수록 아무것도 하지 않는 상태인 공백에 대한 소비자의 니즈는 오히려 증가하는 경향이 있다. 기업 간 경쟁이 점점 더 가열되고 있는 현 시점에서 고객 여백을 점령하는 기업이야말로 경쟁 없는 새로운 시장의 승자가 될 것이다.

우리와 거래를 하는 유저들이 우리 텔콤과 거래를 하면서 매력을 찾을 수 있도록 우리는 그 매력의 DNA를 빨리 찾고 개발해야 한다. 꿈이 현재를 이끄는 정신의 원동력이라면 상상은 현실을 바꾸어내 내는 강력한 시발점이며 열정은 성공의 에너지이다. 군대에서 "졸면 죽는다!"라는 말이 있다.

텔콤은 동종업계에서 이미 어느 정도 상위 그룹에 속한다고 하는 회사지만 아직도 계속 끊임없이 일을 벌이고, 새로운 것에 과감히 투자를 하고 있다. 가장 나쁜 회사는 배울게 없는 회사다.기존것을 지키려고만 하는 회사는 발전 바테리가 동이 난 회사다. 앞으로 더 나아가 새로운 것도 시도하면서 직원 개인의 능력을 최대한 발휘할 수 있는 곳이 되어야 한다.

　어렸을 때 고향에서 자라면서 겨울에 개구리를 잡았던 기억이 생각난다. 개울의 얼음이 얼었다고 그 아래에 물고기가 없는 것이 아니다. 얼음 위에서는 안 보이지만 물고기는 단단한 얼음 밑에서 생동하고 있다. 얼음을 깨면 여름 내내 계곡에 있던 개구리들이 물이 고여 있는 웅덩이에 한데 모여 겨울을 나고 있었다. 운이 좋을 때면 한 웅덩이에서 대략 20~30마리를 건져 낼 수 있었다. 하지만 다음에 얼음을 깼던 사람은 단 한 마리도 건질 수 없었다. 다른 이가 먼저 얼음을 깨는 것을 우두커니 지켜보거나 얼음이 녹을 때까지 기다리면 이미 늦은 것이다.

　우리의 경영 환경도 마찬가지다. 우리를 가로막고 있는 상황들이 사라지기만을 기다리다 보면 어느 누군가에게 선수를 뺏기기 마련이다. 2등에게는 결코 발주서가 나가지 않는다.

　전례라는 이유만으로 불필요하고, 무의미한 일들이 주변에서 많이 일어나는 것을 볼 수 있다. 가끔은 이런 전례가 편안한 안정감을 주기도 한다. 그냥 따르면 되니까 새로운 변화나 고민을 애써 쥐어짜낼 필요가 없기 때문이다. 또한 '매뉴얼'이라는 이름으로 포장되어 활용되기도 한다. 물론 테러나 안전사고, 위기관리 시 이런 매뉴얼이 얼마나 중요한 역할을 하는지 잘 알고 있다. 하지만 가끔은 이런 매뉴얼이 새로운 생각을 전혀 못하게 만드는 장벽이 아닌가 하는 불안감을 들기도 한다.

　요즘은 '창의성'이라는 것이 모든 사람들이 입에 올리는 유행어가 된 듯하다. 아무리 좋은 의미를 갖고 있더라도 아무런 성과 없이 항상 되풀이되는 매뉴얼적인 단어는 식상하다.

유행처럼 되뇌어지는 창의성이라는 낱말은 결코 창의적이지 않다.

우리는 대부분 전해 내려온 습관과 관습에 따라 틀에 박힌 삶을 살아간다. 그것이 편하다. 그렇기 때문에 새로운 것을 위해 기존의 관습을 깨는 창의성은 항상 파괴적이다. 그렇다면 창의는 참 별것이 아니다. 기성의 것과 약간만 다르게 생각해도 그것은 창의적인 것이다.

강철왕 앤드류 카네기는 어린 시절 공사장에서 일꾼들이 일하는 모습을 보고 그 건물 사장한테 누가 가장 일을 잘하냐고 물었다. 똑같은 일을 사람들 중 유독 다른 튀는 색깔의 옷을 입은 사람을 가리키는 사장한테 어떻게 그가 가장 잘 일하는지 아냐고 물었다. 사장은 그가 다른 사람들과 다르게 입었기 때문에 눈에 잘 띄었고, 그 다름 때문에 더 잘 일하는 것으로 보인다고 대답했다.

가끔은 '기존의 것을 고수하는 매뉴얼'과 '다름을 강조하는 창의성'은 충돌할 수밖에 없다. 하지만 우리는 창의적이어야 한다. 물론 매뉴얼을 버리라는 말이 아니다. 매뉴얼을 참고하되 창의성을 잊지 말라는 말이다. 하지만 매뉴얼을 덮어야만 새로운 아이디어가 실현된다는 것을 알아야 한다. 창의적인 것을 '다르다'라는 이유로 배척하는 풍토를 없애야 한다. '다른 것'은 '틀린 것'과 다르다.

매뉴얼로만 움직이는 사회는 한계가 많다. 매뉴얼에 규정된 상황에 대해서는 잘 대처하지만 매뉴얼에 없는 사건이 일어나면 어떻게 해야 할 줄 모르다가 큰 피해를 당한다. 물론 우리나라가 그렇게 매뉴얼을 잘 지키는 사회인가 하면 그것도 아니다. 매뉴얼보다는 임기응변에 능한 부분도 많았다. 체계적이지 못한 임기응변이 온 나라를 아수라장으로 만들기도 했다. 임기응변과 창의력은 완전히 다른 개념이다. 임기응변은 단순히 그 상황을 모색하기 위한 '다름'이라면 '창의성'은 오래도록 사회의 발전을 이끄는 원칙 있는 '다름'이다.

창의력이 없으면 사회와 조직은 죽은 사회, 죽은 조직이다. 관료화된 조직은 죽은 조직이고 죽은 사회다. 사회가 복잡해지면서 사람들도 복잡하고 다양해졌다. 모든 일들이 수학처럼 공식이 있고 답이 정해져 있다면 인생은 그 매뉴얼대로 살면 되지만 그렇지 않고 단지 '모범답안'이 존재할 뿐 사람의 선택에는 무수히 다양한 답이 존재한다. 때문에 '다름'을 인정해야 한다. 다름을 인정하는 것이 창의성을 인정하는 것이다.

누구나 자기만의 특기, 브랜드, 역사, 스토리텔링이 있다. 이런 것을 바탕으로 늘 창의적으로 생각하고 실천하는 개인이 변화에 유연한 조직을 만들 수 있다. 변화에 능해야 강한 사람이고, 강한 기업이 된다.

바다의 물고기 중 유독 상어만 부레가 없다. 부레가 없으면 해저로 가라앉기 때문에 잠시라도 멈추면 죽는다. 상어는 태어나면서부터 쉬지 않고 움직여야 한다.

'변화는 분명히 기회며 동시에 위협이다!' 세상이 변하고 시장이 변하고 고객의 요구가 변하는데 우리가 변하지 않으면 어떻게 될까? 변하는 것이 절대 불안하고 두려운 일만은 아니라는 것을 깨닫는 것이 중요하다.

불황이 일상이 된 불확실한 경영 환경에 잘 대비하는 자세가 필요하다. 우선은 큰 소낙비부터 일단 피하고 갈 일이다. 미리 미리 우산도 점검하고, 깨진 울타리도 보수하고, 놀러 내보낸 아이들도 불러들이고, 잘 마른 빨래들도 챙겨야 피해를 줄일 수 있다. 한번 몰락하면 그 가속도를 막는 것은 쉽지 않다. 작은 구멍 하나에 제방 둑이 무너지는 이치다.

텔콤은 모든 사람들이 위기라고 한 IMF, 금융위기 때 직원들과 힘을 합하여 이겨냈다. 오히려 위기일 때 더 큰 성장을 하였던 저력을 갖고 있다. 경기 회복이 불투명한 상태에서 불황 장기화에 대비하여 방어 경영에 나서는 것은 기업으로서 불가피한 부분이다. 그렇다고 해서 불황 타개책으로 방어 경영에만 치중할 경우에도 문제는 심각하다. 소극적인 경영에서는 혁신도 차별화도 이뤄질 수 없다. 자연히 경쟁력이 약화될 수밖에 없다. 경영악화가 뫼비우스 띠처럼 바로 이어진다.

텔콤을 경영하면서 나름 어려웠던 시기에 나는 새로운 전문적인 유통 채널을 확보하기 위해 구로동에 신설 법인 텔콤ICP 지점을 오픈 하였는데 남들은 무리하는 것이 아니냐고 우려했지만 그저 상황만 지켜보며 남들과 똑같은 방식만 고수했다가는 발전하지 못할 것이라는 위기감에 가만있을 수는 없었다.

우리는 직접 제품을 만들어서 하는 비즈니스가 아니라 타사의 제품을 대행하면서 하는 비즈니스라 어떻게 보면 쉽게 보여도 생각지 못하는 애로사항이 많은 사업이었다. 현 시점에서 다른 사람, 다른 대리점의 방식과 똑같이 한다면 평범하게는 갈 수는 있을지언정 텔콤과 텔콤인의 미래에 하등 득이 될 게 없다는 판단을 했다. 지금도 마찬가지다. 차별화된 전략을 마련하기 위해 나는 선(先) 방어, 후(後) 공격적인 경영으로 나름 전략적으로 추진하고 있다. 텔콤의 영속적인 내일을 마련하기 위해서다.

그동안 쌓은 해외와 국내 고객들의 높은 인지도와 신뢰도를 활용하기 위해 기존 고객을 축으로 기존에 하는 업무에 시너지를 창출할 수 있게끔 직원들에게도 많이 부탁했다. 그들의 적극적인 마케팅과 함께 새로운 부가가치를 창출하려는 노력이 없다면 아무리 리디가 부르짖는다고 혁신은 이룰 수 없다.

산업마다 불황의 충격이 다르고 회사마다 대응할 수 있는 여력에 차이가 있다. 조금 더 재무 여력이 확보된다면 언제든 공격의 기회를 잡으려는 노력을 게을리하지 않을 것이다. 텔콤은 선택과 집중을 통하여 선발자 추월 혹은 후발자의 추격을 따돌리는 전략을 적극 펼쳐나가고 있다.

시장에서의 경쟁이 치열하지 않았던 적은 단 한 번도 없었다. 우리에게는 지금도 매일 새로운 문제가 일어나고 있다. 하지만 우리는 그동안 이 분야에서 쌓인 경험으로 충분히 해결해나가고 있다. IMF도 슬기롭게 넘겼던 저력으로 충분히 이 불황을 이겨낼 수 있다. 다만 이런 위기감에는 절대 익숙해지지 말 것을 직원들에게 몇 번이나 당부했다.

불황기는 도전자에게는 기회를, 방어자에게는 불안을 주는 시간이다. 하지만 두려움에 떨며 그저 지켜내기 급급한 사람보다는 뭐든지 도전해 보는 쪽이 더 현명하다고 생각한다. 도전해야만 역전의 기회도 거머쥐는 것이다. 역전이란 약자가 강자를 꺾고 경쟁에 이기는 것이다. 비즈니스 세상에서 한 방의 역전은 매우 드물기는 하지만 완전히 없는 것은 아니다. 이런 역전 성공 스토리는 기업인이라면 누구나 꿈꾼다. 업계의 선두 기업을 제치고 보다 우월한 실적을 달성하는 상상은 짜릿하기 그지없다.

작은 혁신과 변화로 커다란 성공 신화를 쓰기 위해서는 우선 조직원의 마음가짐부터 다잡아야 한다. 모든 일은 마음먹기 나름이고 성심을 다하면 안 될 일도 이룰 수 있게 만든다.

우리는 지금까지 어떠한 변화에도 신속하고 유연하게 대응할 수 있는 전략으로 변신을 하여 체질을 만들어 왔기 때문에 지금까지 축적된 우리의 역량이라면 충분히 치열한 경쟁에서 이길 수 있다고 자신했다.

각 3개의 법인사 대표 사원들의 협의체를 통해 유연한 조직 문화와 구조 만들기에 돌입했다. 비효율적인 업무를 최소화하여 개방적인 내부 혁신과 창조를 기반으로 스피디하게 경영 환경에 대응토록 만들었다.

시장에서 장사하는 사람, 큰 회사를 경영하는 기업인, 월급쟁이들과 집에서 가계부를 쓰는 주부들, 직장을 구하는 젊은이들이 모두가 다 어렵다고 난리다. 우리가 고객사를 만나고 다녀보아도 좋다는 회사는 거의 없다. 물론 남들은 잘나가는데 우리만 비실거리면 얼마나 불안하고 초라할 것인가? 아마도 사태를 냉정하게 보는 힘까지도 떨어질 텐데 비단 우리만 어려운 게 아니라 다른 기업도 다 같이 어렵다고 한다면 조금은 현실을 직시하기가 더 쉽다.

어찌됐든 대한민국을 포함한 전 세계가 불황을 겪고 있으니 더 정신을 바싹 차릴 수밖에 없다. 이 불황 다음에 언젠가는 호황기를 맞이할 텐데 제대로 누리지도 못할 체력을 가진 기업이 돼서는 안 되기 때문이다. 이 불황기에도 몇몇 기업은 선제적으로 그 호황기를 맞이할 채비를 이미 끝냈을지도 모를 일이다.

가치 있는 기술은 불황을 타지 않는 법이다. 기술혁신으로 세상이 좁아져 있다. 안일한 생각은 패자의 길을 가는 지름길이다. 품질과 가격 경쟁력, 경쟁사에서 우위를 점할 수 있는 제품을 개발해야 살아남는다. 우리와 거래를 하는 유저들이 우리 텔콤과 거래를 하면서 매력을 찾을 수 있도록 우리는 그 매력의 DNA을 빨리 찾고 개발해야 한다.

정보의 범람으로 소비자들은 해박해졌다. 소비자들의 입에서 불평이 나오면 가장 두려워해야 한다. 소비자의 눈에 보이는 불평불만의 요인이 직원 눈에 보이지 않으면 그 상품과 함께 회사는 쇠락해지는 것이다. 서비스 최적화와 고객 소통에 더욱 집중해야 하는 이유다.

비록 내가 힘들더라도 남이 안 하는 것들을 끊임없이 모색하는 기업가가 되어야 한다. 그러기 위해서는 발품과 손품, 입품과 두품, 심품 등 5가지의 품을 부지런히 팔아야 한다. 누구보다 열심히 해외 전시회나 기술 박람회를 찾아가고 끊임없이 SNS와 포털을 누비며, 부지런히 업계 종사자와 소통하고 생각과 마음을 더하는 활동을 부지런히 하는 이유는 딱 한 가지다. 그렇게 해야만 내일을 영위할 수 있는 나의 새 동력을 얻기 때문이다.

경영은 'what'에서 시작된다. 자신이 다루는 제품이나 서비스가 무엇인지에 대한 명확한 개념이나 성찰이 없으면 경영을 할 수 없다.

경쟁에서 이기는 기업은 경쟁자보다 빨리 시장의 중요한 변화를 알아내는 능력에서 다른 기업과 차별화되는데 이 독특한 능력을 마켓센싱(market sensing)능력이라고 한다. 소비자가 원하는 것, 시장이 어디로 어떻게 흘러가는지를 간파하는 것이 마켓센싱의 핵심이다.

우리 회사가 속한 시장이 어떤 곳인지 그곳이 어떻게 변하고 있는지를 발 빠르게 파악하고 능동적으로 대처하는 역량이다. 제 아무리 혼자서 열심히 노력해도 시장과 동떨어진 노력으로는 아무런 성과도 얻을 수 없는 것이 비즈니스다.

텔콤은 시장 정보를 다른 기업보다 먼저 포착해 빨리 대응을 하는 편이다. 유저들과 긴밀한 관계를 갖고 가기 때문에 어느 업체와 분야가 뜨고 질지를 미리 파악할 수 있다. 또한 전 사원이 영업을 하여 거래 기업으로부터 들어오는 귀중한 정보도 경영 판단의 자료로 긴요하게 쓰인다.

'어떻게 마켓센싱을 잘할 수 있을까?'

마켓센싱을 잘하기 위해서는 고객에 대한 관찰과 열린 마음, 네트워크가 중요하다. 나 역시 내가, 우리 회사가 전부 하려고 하지 않고 바깥의 다양한 아이디어와 기술을 적극적으로 받아들이려고 노력한다.

가장 중요한 것은 고객과의 대화 능력이다.

세계 제2위의 패스트패션 브랜드 자라(ZARA)는 각 매장의 점장들이 소비자들의 구매행동을 면밀히 관찰해 그 정보를 실시간으로 본사로 보내면 본사는 이 정보를 분석해 제품 디자인 매장 내 제품 진열 등에 다시 피드백 한다.

우리가 접하는 일본 기업들도 그 전에는 좋은 제품만 내놓으면 그만이라는 생각이 다소 있었지만 이제는 우리를 비롯한 고객사의 고민 해결을 먼저 해주고 있다.

열린 마음으로 잠재고객의 미충족 욕구를 파악하라.

네트워크가 중요하다. 중소기업의 경우 시장 트렌드나 정보를 교환하는데 대기업에 비해 늦을 수 있다. 각 부문에 강점을 가진 플레이어와 협업할 수 있는 생태계를 평소에 잘 파악하고 관리해야 한다.

포터블TV(휴대용 TV)를 가장 먼저 판매한 회사는 소니지만 사실 가장 먼저 개발한 회사는 GE이었다. GE는 제품 도입전략을 수립하기 위해 시장조사를 시행했는데 대부분 소비자가 휴대용 TV가 왜 필요해라고 의문을 표했다. GE는 시기상조라고 여기고 출시를 미뤘다. 하지만 몇 개월 후 소니가 포터블 TV를 내놓았고 공전의 히트를 쳤다. 당시 소니의 모리타 아키오 회장의 말은 명언으로 남았다.

"시장은 존재하지 않는다, 만들어질 뿐이다.(Markets do not exist, they are created)"

마케팅(marketing)이라는 말은 시장(market)에 ing이 붙어서 만들어진 단어다. 움직이지 않는 시장을 움직이는 것이 마케팅이다. 돈 버는 일을 하는 우리는 모두 마케팅에 종사하는 것이다. 마케팅을 잘하려면 변화(change)에 능동적으로 대처할 수 있어야 하고, 무엇보다 도전의식(challenge)이 있어야 한다.

빅데이터를 선점하라!

한 철도회사가 선로 고장 패턴 원인을 분석하며 기온이나 날씨가 큰 영향을 미칠 것으로 판단했지만 의미 있는 상관관계를 찾을 수 없었다. 여러 변수를 추가해 분석하던 중 의외로 '풍속'이 선로 고장 여부와 직결된다는 결과를 발견한다.

빅데이터의 활용 사례다.

융합을 통한 미래경제 창출은 이미 여러 곳에서 증명되고 있다. 그 중 대표적인 것이 빅데이터다. 요즘 빅데이터 이야기가 빠지면 대화에서도 소외될 정도로, IT뿐 아니라 사회 전반적인 화두가 됐다.

최근 내가 활동을 하고 있는 KAIST CIE 포럼에서 더존 강촌캠퍼스에 가서 경영자로서 IT시스템 전반을 되새겨 보는 공부를 하였는데 지금까지 빅데이티를 대부분 IT 관점에서 소개하면서 정작 중요한 빅데이터의 활용 방안과 사례가 의외로 부족했고, 빅데이터를 이해하고 있다는 많은 사람들은 빅데이터를 말 그대로 아주 많은 양의 데이터를 분석하는 일 정도로 여겼다.

잘못된 이해는 아니지만 그만큼 많은 사람이 빅데이터를 활용하는 관점에서의 다양성과 융합적인 관점에서의 빅데이터 이해도가 아직 초보 단계에 머물러 있다는 것을 알았다.

그렇다면 요즘 한창 유행하는 사회경영 키워드인 '빅데이터'란 무엇일까?

빅데이터라는 것은 엄청 어려운 개념이 아니다. 이 사회에서 반복적으로 나타나는 테마를 정리한 것이다. 이런 데이터의 쓰나미 속에서 유용한 정보를 찾고 우리에게 형태로 가공하는 것이 기업을 하는 사람에게도 필요하다. 사람들의 생각과 의견 트렌드를 읽어내고 그들의 소비 패턴을 미리 예측한다는 점에서 시장에 기여하는 부분이 큰 개념이다.

오늘날은 고객을 사로잡는 빅데이터의 힘이 점점 커지는 시대다.

우리는 하루에도 수없이 쏟아지는 정보들로 넘실대는 '빅데이터 시대'를 살고 있다.

사람들은 무질서하게 흩어져 있는 데이터 속에서 의미 있는 정보를 캐내기 위해 각자의 해석 도구를 들고 빅데이터의 바다에 뛰어들고 있는데, 예리하게 잘 가공된 빅데이터는 기존의 비즈니스 모델을 바꾸고, 기업과 정부의 의사결정에 중요한 요소로 작용한다.

데이터가 앞으로의 모든 산업에서 데이터가 승자와 패자를 가를 것이다. 데이터를 얻는 능력, 즉 데이터를 이해하는 능력, 처리하는 능력, 가치를 뽑아내는 능력, 시각화하는 능력, 전달하는 능력이야말로 앞으로 기업을 하는 사람들이 가장 고심해야 하는 부분이 될 것이다.

요즘같이 하드웨어든 소프트웨어든 인프라가 대부분 오픈소스화 또는 범용품화되는 시스템에서(가치의) 유일한 원천 요소는 데이터가 될 것이다.

미래성장 아이템 발굴을 발굴하거나 새 사업모델을 찾는 도구로 '빅데이터'를 활용하는 기업들이 늘면서 '빅이슈'로 떠오르고 있다. 구글,

페이스북, 아마존, 야후 같은 기업들도 빅데이터를 마케팅 도구로 활용하고 있다. '빅데이터'를 트렌드 분석과 미래 예측에 응용하고 있다.

소셜미디어는 그 자체가 빅 데이터다. 중요한 건 스토리가 될 만한 데이터여야 한다는 점이다. 빅 데이터를 효과적으로 다루려면 전체 큰 그림을 보고 스토리를 만들어 전파해야 한다. 스토리 만드는 과정에서 필연적으로 창의성이 요구된다.

스마트 혁명이라 불리는 스마트폰의 상용화, SNS의 증가, 이를 분석할 수 있는 기술력을 기반으로 다양한 비정형 데이터를 축적하고 활용하려는 움직임이 바로 최근의 빅 데이터 열풍이다. 빅 데이터의 특성은 규모가 크고 스트리밍처럼 실시간 표출되며, 텍스트, 이미지 동영상 등 다양한 형태의 비정형 데이터이다. 여기에 진정성이 더해져야 한다.

광산은 크기가 아니라 그 매장량이 중요하듯이 데이터의 크기에 경도되지 말아야 한다고 전문가가 말한다. 사람이 만들고 사람을 위하며 사람을 향한다.

이제는 기업의 의사결정이 대표나 직원들의 경험과 직감에 의해 이뤄지는 시대는 지났다. 예측과 모의실험, 최적화 등의 정교한 예측 모델을 통해 이루어지면서 데이터 수집과 저장, 분석, 해석하는 과정 대신 수집되는 데이터를 그대로 분석−해석하는 실시간 분석이 중요해지고 있다.

대기업은 자체적으로 빅데이터 시대를 준비할 여력이 있다. 하지만 빅데이터 분석으로 기업의 경쟁력을 키워야 하는 중소기업은 전형적인 사각지대다.

방대하고 복잡한 데이터에서 '질' 높은 정보를 선별해 발굴하는 것이 핵심역량으로 부상하고 있다. 아무리 현실을 잘 반영하는 빅데이터가 있더라도 경영에 도움이 되는 정보를 찾아내지 못한다면 빅데이터는 그림의 떡일 뿐이다.

마켓센싱, 더 예민해져라!

이런 빅데이터와 마켓센싱이 결합된다면 엄청난 자산이 될 것이다. '감각'은 외부의 정보를 파악하고 이를 적극적으로 활용할 수 있는 능력을 의미한다. 즉 센싱(Sensing)이란 기본적으로 감지(sense)와 반응(respond)을 의미한다. 비즈니스에 있어서도 마찬가지다. 고객, 시장에 대한 정보를 파악하고 이를 적극적으로 새로운 비즈니스와 시장 창출의 기회로 활용할 수 있는 조직이 있는가 하면 그렇지 못한 조직이 있다.

개인 또한 차이를 보인다. 어떤 사람은 환경 변화를 빠르게 감지하여 이를 기업 내에서 또는 개인의 사업에 활용, 조직 내에서 인정받거나 사업에서 성공을 얻는 반면, 그렇지 못한 사람들도 있다.

Market Sensing은 인간의 감각구조처럼 비즈니스 상황에서 시장과 고객의 변화에 대한 다양하고 복잡한 정보를 민감하게 파악하고 문제해결 관점, 미래 비즈니스 관점으로 분석, 활용하는 능력으로 정의할 수 있다. 빅데이터의 시대에는 예민한 마켓센싱을 갖출 필요가 있다. 정보를 파악하는 능력, 파악된 정보를 분석, 활용하는 능력은 조직의 사활에 아주 큰 도움이 될 수 있기 때문이다.

마켓센싱은 타고난 것이 아니다. 오랜 시간 고민했던 노력의 성과이며, 평소의 학습, 연구, 경험의 축적에서 나올 수 있는 것이다.

마켓센싱 역량이 뛰어난 사람, 뛰어난 조직은 먼저 Sensing을 위해 파악하는 정보의 양과 질에서 차이가 있다.

먼저 이러한 정보를 얼마나 적극적으로 파악, 수집하느냐가 마켓센싱 능력의 차이를 가져오게 된다. 또한, 동일한 양의 정보를 수집하더라도 개인에 따라, 조직에 따라 이를 분석, 활용하는 방식에는 차이가 있다. 단순히 빅데이터가 그 자체만으로 가치를 가지는 것은 아니다. 어떤 식으로 유용하게 데이터마이닝을 거치냐에 따라 그것은 황금이 될 수 있고, 쓸데없이 많은 하찮은 돌이 될 수도 있다.

세계 최대 정보통신(IT) 전시회들을 매년 직원들 업무 성격에 맞게 1월 미국 라스베이거스에서 열리는 CES(Consumer Electronics Show), 2월에 스페인 바르셀로나에서 개최된 MWC(Mobile World Congress), 3월 독일 하노버에서 개최되는 세빗(CeBIT)과 통신관련 CTIA, MTT-S 일본에서 열리는 TECHNO-FRONTIER 등 세계 각종 유명한 전시회를 보내고 있다. 시간이 되면 나도 직접 가서 돌아보고 그 곳에서 최신 기술 트렌드를 살펴보면서 우리가 도입할 수 있는 부분이 무엇이 있을까 살펴보기도 한다. 그런 국제 IT관련 전시회는 신제품을 소개하는 것 이상으로 국제적인 비즈니스를 창출하는 플랫폼 역할을 하고 있다.

요즘 개인용 모바일 단말을 통해 기업의 업무를 처리하는 IT 소비자화(Consumerization)가 진행되고 있어 B2B 영역이 새로운 전기를 맞고 있다. 최근 세빗의 메인 테마가 데이터의 지속가능성과 책임감을 뜻하는 '데이터빌리티(Datability)'였다.

IT 분야에서 중국이 급부상하면서 아시아 시장에 대한 국제적인 관심이 매우 높아지고 있다. 우리나라는 높은 IT 수준과 중국과 일본을 잇는 지리적 위치가 있다. 중계 무역의 근거지로서의 역사성을 고려할 때 우리와 같은 회사의 중요성은 점점 커질 것이다.

텔콤도 세계 유통시장의 동향에 걸맞은 유통 단계의 최적화를 꾀하고 있다. 취급 품목들의 안전한 데이터베이스 구축을 통해 효율적인 전자상거래 시장까지 확대하고 있다. 20여 년간 여러 산업 분야에서 경험한 비지니스의 노하우를 바탕으로 적시적소에 토털 솔루션을 제공할 수 있는 기술적인 힘이 텔콤의 차별화 빅데이터 전략이다.

수년 동안 주요 거래처와 신규 거래업체의 목록을 데이터베이스화했다. 하지만 그 자료는 단선적으로 매출 발생 변동내역이나 업계 이름 정도만이 아니었다. 항상 거래를 하는 기업이라도 소소한 매출 변동이나 거래 사이클을 기록하기 위해 노력했고, 향후 발생할 매출의 방향을 예측하기 위해 노력했다.

ERP를 통한 자재의 재고와 불용 사항에 대해서 항상 파악했고, 미수금 업체에 대한 패턴을 데이터 분석으로 적절하게 대처하려고 노력했다. 통신요금(유·무선)의 변화량과 이상량을 확인하여 신규 상품으로 변경하거나 인터넷 전화를 활용하게 했다.

신규 아이템 및 신규 사업 영업활동을 위해 하는 포인트 제도를 잘 활용하여 먼 곳에 있는 것보다 가까운 곳에서 집중해서 성공경험 축적을 단계적으로 쌓아나갈 필요가 있다고 생각한다. 3개의 법인으로, 본사와 지점으로 나눠져 있어서 정보 역시 나눠질 우려가 있다. 이런 정보를 유용하게 활용하여 승자가 될 수 있게 노력을 하였다.

각 법인이 공간 문제로 비록 떨어져 있어도 우리의 강점인 네트워크를 잘 활용하여 모든 업무를 같이 공유하여 예상치 못한 리스크에 늦게 대응해 발생하는 막대한 비용을 지불하는 일이 없도록 같이 업무를 추진하고 있다.

이 자체가 나는 유용한 텔콤식 빅데이터 활용 사례라고 자부하고 있다.

성공의 비결은 딱 두 가지만 하면 된다. 첫째, 자기가 원하는 게 뭔지 명확히 결정하는 것이다. 대다수 사람들은 늘 어정쩡하다.
둘째, 그것을 얻기 위해 지불해야 할 대가를 정하고, 그 대가를 지불하겠다고 결심하는 것이다.

– 석유 부호 해럴드슨 헌트

직원들과 함께 태국 워크숍 때 코끼리 쇼를 본 적이 있었다. 다 큰 코끼리의 발목에는 사슬이 묶여있지 않았음에도 코끼리는 전혀 도망갈 생각도 없이 유순하게 조련사를 따르는 것이 영 신기했던 기억이 있다.

나중에 책에서 보았는데 발목에 작은 쇠사슬을 묶어 행동반경을 제한해 키운 어린 코끼리는 어른이 되어서도 쇠사슬을 끊고 멀리 달아나지 못한다는 실험 결과를 읽고 왜 그런지 알게 되었다.

쇠사슬을 끊을 힘은 충분하지만 학습 효과로 인해 코끼리는 달아나지 못한 것이다. 이런 심리적 한계를 심리학에서는 흔히 학습된 무기력이라고 한다.

기업의 비용절감 활동도 고정 관념과 학습된 무기력에 빠져 잘 이뤄지지 않는 경우가 많다. 많은 기업들이 끊임없이 비용절감을 하기 위해 다양한 노력을 기울였다. 그 과정에서 쌓인 많은 경험들로 인해 오히려 실무 담당자들은 일정한 틀에 갇히게 되고, 점차 학습된 무기력에 빠져 비용 절감을 위한 새로운 발상을 해내지 못하는 경우가 많다.

몇 년 동안 비용 절감 노력을 해왔기 때문에 더 이상 줄일 비용이 없다거나, 경영진이 수용을 하지 않는다는 생각, 특수 관계에 있는 회사와의 거래여서 비용을 줄일 수 없다는 판단 등으로 비용 절감을 하지 못하는 경우가 많다.

우리 텔콤은 이런 비용 절감에 대한 편견을 깨면서 정말 '마른 걸레라도 짜는' 심정으로 많이 비용을 절감했다. 물론 전 직원들의 노력이 없었다면 도저히 불가능한 일이었다.

아무리 많이 벌어도 버는 것보다 쓰는 것이 더 많은 개인과 조직은 살아남지 못한다. 티끌 모아 태산이다. 무엇을 거둬들이고 얼마를 버는지보다 정말로 중요한 것은 어디에 쓰느냐. 옛말에도 "가난해도 필요 없는 일에 쓰지 않는다면 부자가 될 수 있다."라는 말이 있다.

항상 회사의 재산을 아끼는 문화를 정착시키기 위해 노력했다. 간단한 브로슈어 제작에도 불필요한 제작 비용을 넣어 아무 생각없이 마구잡이로 배포하거나 그냥 버려지는 일이 없도록 했다. 필요없는 전등을 켜는 일을 없애고 전기를 절약하는 피크전력 시스템도 구축했다.

현금 관리에도 늘 신경을 쓰도록 했다.

납품이 실적이 아니다. 입금될 때까지는 실적 아니다. 이월 이익잉여금은 경영지속력이기 때문에 창고의 재고와 납품은 하였지만 결제가 되지 않은 것은 결제가 될 때까지 절대 우리 자산이 아니다. 어쩌면 죽은 재산, 사산일 수도 있다.

변화는 상황이 좋을 때 해야지 우리가 기울어지면 변화를 한다 하더라도 이미 늦다. 경영은 현금으로 시작해서 현금으로 마무리되는 것이다. 현금의 중요성은 무엇보다 잘 관리되지 않으면 안 되는 절대적인 부분이다.

기본적으로 사용하는 비품과 통신요금을 절감하는 사내 캠페인 등을 펼쳐 많은 비용을 절감하기도 했다. 예를 들자면 직원들 대부분은 회사 핸드폰을 사용하고 있는데, 다 사용하지 못하는 무료 통화를 유선 전화를 대신하여 먼저 소진할 수 있도록 홍보하였고, 무선통신 요금제 변경을 통해 초과하는 부분에 대해서는 보다 저렴하게 이용할 수 있도록 모니터링을 했다. 시작한 지 얼마 되지도 않아 직원 수가 대폭 증가하였음에도 불구하고 2012년도 대비 2013년도에 무려 2백여만 원을 감소시킬 수 있었다.

주유를 할 때도 리터당 가격이 저렴한 곳에서 주유를 했고, 외근 행선지가 동일할 경우에는 카풀을 이용했으며, 지점으로 택배 나갈 시 다른 법인 등에 확인하여 되도록 모아서 보냈다.

법인이 아무래도 분리되어 있다 보니 회사 비품을 구매하는 부분에 있어서 중복되거나 정확한 수요 예측을 못하는 등 낭비성 요인이 존재했다. 각각의 법인의 수요를 충분히 고려하면서도 공동으로 문구와 비품을 관리하게 했더니 불필요한 구매가 줄어들었다. 포장재 하나도 사이즈를 단일화시키는 등 비품 공유제를 통해 재고를 확 감소시킬 수 있었다.

조금이라도 손품과 발품을 들여 힘들더라도 최저가 검색을 통한 구매를 해서 작은 비용이라도 절약하고자 하는 습관을 실천해서 낭비성 요인을 없애 버렸다. 중요 서류 외의 기타 서류 인쇄 시 이면지를 적극 활용하여 A4용지 구입 금액을 절감하였다.

해외에서 제품을 수입할 때 운송사를 결정하는 것도 신중하게 해서 예산을 절감했다. 스카이 브리지(관세법인)를 통한 물품 입고시 종종 다른 제품과 함께 운송하여 운송료를 절감했다. 기존 사용하던 주 포워더(forwarder, 무역에서 화물의 운송에 관련된 업무를 취급하는 운송대리인)가 FedEX였으나, DHL에서 특가단가를 제공받아 미국이나 유럽같은 장거리에는 DHL 운송료가, 중국 같은 단거리에는 FedEX가 더욱 저렴하여 두 포워더를 섞어 사용하였다.

관세사 요율을 인하했고 , 비행기로만 수입하던 물건을 비행기와 배로 수입하여 연간 2,000여만 원을 절감할 수 있었다. 페덱스에 중량 특가를 만들어 20kg 이상이면 이미 45% 할인된 VIP 할인가보다 더 저렴하게 중간 통관에 사용했다. 항상 계약을 할 때 서로가 만족하는 선에서 네고(Nego)를 요청하기도 했다.

이러한 일들은 텔콤인 한 사람 한 사람들이 열정을 갖고 역할을 다하여 이룩한 성과물이라 더욱 뿌듯하다.

고객 니즈가 다양해지고, 소비자들은 다양한 매체를 통해 구매하고자 하는 상품의 정보를 충분히 획득하고 있으며, 구매하는 채널 또한 다양화되고 있는 시대를 맞아 다른 기업에는 없는 독자성과 차별성 확보가 기업의 핵심 성공요인이 되는 시대가 되었다. 이른바 비용은 줄이면서 상품의 추가적인 부가가치를 더욱 향상시켜 경영환경의 변화에 흔들림없는 이익 창출의 경영 체질로 전환이 필요한 상황이다.

사상 초유의 세계적인 경제위기를 겪으면서 매출 성장이 정체되는 시기가 왔고, 이에 기업의 비효율성을 제거해 나가는 것은 기업 경쟁력 강화를 위해 불가피하게 되었다.

이런 점에서 '비용절감'은 기업의 비효율성을 제거하고 경쟁력을 강화하며 경제위기에 대처하는 길이다. 불필요한 비용을 절감하여 경영 자원을 창출하고, 이를 기업의 부가가치 창출 분야와 성장 분야로 재

투자하는 것이다.

비용 절감을 해야 기업의 효율성과 생산성 향상으로 경쟁력을 더욱 강화될 수 있다.

- 절약하지 않는 자는 고통 받게 될 것이니라. (공자)
- 절약은 불필요한 비용을 피하는 과학이며, 또 신중하게 우리의 재산을 관리하는 기술이다. (세네카)
- 작은 지출을 삼가라. 작은 구멍이 거대한 배를 침몰시킨다. (벤저민 프랭클린)

모든 비즈니스가 사람이 하는 일이니 마음을 얻으면 문제는 거의 해결된 셈이다. 나는 비즈니스에서 고객의 마음을 얻는데 특별한 기술이나 노하우가 따로 있다고 생각하지 않는다. 진심으로 다가가면 진심으로 대답하는 것이 인지상정이다.

내가 원하는 것을 얻으려고 하기보다 상대방이 무엇을 원하는지 파악해야 한다. 그러기 위해선 상대방에 대해 많이 알고 있어야 한다.

비즈니스 상대를 짝사랑 대상처럼 틈날 때마다 생각하고 탐구해보면 고객이 원하는 것을 쉽게 알아낼 수 있다. 이처럼 고객 분석의 가장 좋은 방법은 바로 역지사지다. 즉 상대방 입장에서 가장 급한 것, 가장 가려운 부분이 어디인지 생각해보는 것이다.

사람과의 관계가 좋은 사람들은 부단한 노력을 한다.

먼저 그들은 사람과의 관계에 많은 투자를 한다. 투자라는 것이 일부러 시간과 돈을 들여 하는 것도 있지만 가장 돈 안들이고도 효율적인 방법은 상대방에 대해 관심을 갖는 것이다.

상대방과 인상에 남는 시간을 공유하는 것도 좋은 방법이다.

진정한 관계와 인맥은 '접대' 따위로 만들어지지 않는다. 특별한 인맥관리를 하지 않는다. 사람과의 관계에서 기본적인 것들을 지키며 최선을 다하는 것, 그리고 그를 마음속에서라도 배신하지 않는 것이 나만의 인맥관리라고 생각한다.

인맥은 아무런 대가를 바라지 않고 그저 상대방이 잘될 수 있도록 먼저 도울 때 쌓이게 되는 것이다. 내가 맺어야 할 인맥지도라는 것을 아무리 산처럼 그려놓고 노력한다고 해도 진심이 흐르지 않는 인맥 쌓기는 모래 위의 성 같은 것이다.

몇 년 전 파나소닉 영업총괄부장이였던 마쓰야마 부장이 한국에서 약 8년간의 주재원 생활을 마치고 돌아가기로 결정이 되어 우리 사무실을 방문하였을 때 오랫동안 같이 일을 하였기 때문에 그간의 시간이 많이 아쉬웠던 만큼 만감이 교차했다. 헤어지는 자리에서 나는 감정이 복받치는 듯한 느낌을 받았다. 아마 마쓰야마 부장도 그런 마음이었으리라 생각한다.

그런 그가 몇 년 후 다시 한국으로 부임하여 본부장(상무)으로 다시 근무 중이다. 거래처 담당자들의 경조사에도 참석하여 기쁨과 슬픔을 함께하면서 거래처 담당자와의 더욱 관계가 돈독해진 것을 느낄 수 있었다.

영업은 원래 단기전이 아니라 장기전이다. 그리고 이런저런 이해관계가 얽혀있는 복마전이기도 하다. 어느 한 업체가 있었는데 별로 우리와 거래를 틀 것 같지 않았던 회사였다. 담당자를 계속 관리를 했지만 요지부동으로 매출을 올릴 수 없었는데 이 회사에서 거액의 주문을 받은 적이 있었다. 그동안 꾸준히 마음을 보이고, 성실하고 신뢰 높은 회사의 모습을 보여준 덕분에 우리 텔콤을 선택했다고 나중에서야 담당자가 말해준 적이 있었다.

나의 제1고객은 직원

항상 기업들은 '고객만족'을 말한다. '고객만족'을 넘어 '고객감동' '고객행복', 심지어는 우스갯소리로 '고객졸도'까지도 추구한다고 한다.

그렇게 고객만족을 추구하는 기업들 중 성공한 기업들을 보면 항상 비슷한 공통점을 발견할 수 있다. 그것은 고객을 만족시키기 위해 먼저 직원을 만족시킨다는 것이다. 나도 직원을 만족시키기 위하여 노력은 하지만 사람 사는 세계에서 만족은 한계가 없으므로 최대한 만족을 시킬 수 있도록 같이 협의하면서 자신의 일터와 업무 그리고 마음 편한 환경 속에서 일을 할 수 있도록 나도 직원들을 배려하는 노력을 게을리하지 않을 것이다. 행복한 직원들은 고객들을 행복하게 대하게 되고 직원이 자신의 일터와 업무 그리고 마음 편한 환경에 만족하도록 회사는 성심을 다한다.

"우리의 피는 빨간색이 아니라 자주색이다!"

이 말은 화물배달업체인 페덱스(Fedex)에 근무하는 직원들이 한 말이다. 미국 테네시 주 멤피스라는 지방 도시에서 태어난 이 '배달회사'는 직원만족 경영 때문에 직원들이 자신들의 피가 페덱스 로고의 색깔인 '자주색'인 줄 알 정도라고 한다. 얼마나 부러운가?

페덱스에서는 최하위급 배달 직원(쿠리어)이나 파트타임 직원도 최고경영자(CEO)가 될 수 있다. 페덱스는 고객에게 봉사하는 방법을 잘 아는 사람은 내부에서 커온 직원이며, 그런 직원에게 회사가 잘해줘야 이익도 많아진다는 생각으로 내부 직원들에게 많은 동기부여를 제공하고 있다고 한다.

나 역시 마찬가지다. 나의 제1고객은 그 누구도 아닌 나의 직원들이다. 우리 직원에게 하는 200%의 헌신이 텔콤의 미래를 윤택하게 할 재테크라고 생각한다.

만족한 내부고객이 만족하는 고객을 만든다. 감동받은 직원은 감동받는 고객을 창출한다. 만족하고 감동한 내부고객은 주인의식을 가지고 일한다. 그러니 자기 일에 최선을 다하게 되고 결과물은 기대치의 100% 이상을 해낼 수 있다.

내부 고객이 곧 회사 그 자체라고 말할 수 있다. 하지만 내부 고객을 만족시켜줄 만한 방법론이 모호하다. 구호만 요란하지 구체적으로 직원들 입장에서 시원하게 가려운 곳을 긁어주는 곳은 많지 않은 것 같다.

만족한 직원이 고객을 만족시킨다

페덱스에서는 만약 배달에 착오가 생기면 고객에게 요금을 돌려준다고 한다. 9·11테러가 발생하자 24시간 만에 위험을 무릅쓰고 수백 톤에 이르는 구급약 등을 현장에 배달해 칭찬도 들었다. 페덱스가 고객을 신(神)같이 받들어 모시는 이유에는 먼저 직원들을 신처럼 모셨던 배경이 있었기에 가능했다.

만족하는 직원이 많다면 그들은 기업이 외부고객을 만족시킬 때 사용하는 최종병기가 될 가능성이 높아진다. 우리 텔콤도 마찬가지다. 우리는 고객의 마음을 얻어 신뢰를 쌓기 위해 노력하고 있다.

당연하다고 생각한 일들이 의외로 고객에게는 큰 감동을 주기도 하

는 법이다. 이런 고객감동 사례에서도 텔콤인들은 뭔가 달라도 다르
다. 그래서 정말 고맙다.

급하게 수령을 해야 했던 자재를 퇴근 시간이 지난 후에까지 기다렸
다가 신속히 퀵으로 연계하여 발송을 해준 적이 있었다. 발송 후에는
혹시나 싶어 고객사 담당자에게 발송되었음을 알리는 문자를 보냈고,
혹시라도 문제가 되었을 경우 취할 수 있는 연락처까지 기재했더니 담
당자가 너무도 고마워했던 적이 있었다고 이야기를 나중에 직원으로
부터 들었다. 회사로서는 당연한 일을 하였는데 그 작은 배려와 신속
한 대응이 매출을 올리는 데 큰 역할을 했던 사례였다.

고객과의 잦은 소통으로 실수를 줄이려고 애를 쓰고 있다. 어느 한
쪽에서 실수나 누락이 발생하였을 때 난감한 상황이 생길 수 있어 이를
줄이고자 미리 메일이나 전화로 확인을 하여 서로 누락하는 일이 없도
록 정확성을 기해 고객사 담당자로부터 신뢰를 얻었던 적도 있었다.

고객의 요구에 얼마나 신속히 대응하는가가 우리 회사 업무의 핵심
이라고 생각한다. 특히 휴대폰 관련 업무의 경우 고객 측의 개발 일정
등에 갑자기 변동이 생겨 급하게 자재를 필요로 할 경우가 종종 있다.

한번은 주말에 고객으로부터 급히 연락을 받은 적이 있었는데 때마
침 담당자가 해외 출장 중이라 직접 대응하기 어려울 때였다. 미리 잡
은 약속도 있었지만 '고객이 얼마나 다급한 상황이었으면 연락을 주셨
을까.' 하는 생각이 들어 약속시간을 미루고 회사에 들러 대응을 해드
렸다. 물론 고객사에서는 크게 감동했다.

이런 일도 있었다. 고객이 급히 자재가 필요하게 되어 발주를 진행
해야 할 때가 있었는데 공교롭게도 발주를 받는 담당자가 오후에는 자

리를 비울 예정이었다. 30분 안으로 발주 진행과 기타 부수되는 절차를 모두 진행해야만 하는 상황이었다.

그때 우리 모두 힘을 모아 모든 것을 미루고 대응을 하여 무사히 처리할 수 있었다. 약간 자기를 희생하여 상대방을 배려하는데 고객 감동이 이뤄지지 않을 리 없다. 고객이 만족하는 모습을 보는 과정 속에서 우리의 보람 역시 커지는 것 같다.

발로 뛰기만 하는 영업만으로는 성공할 수 없다. 늘 뭔가를 실행하는 영업사원이 되어야 한다. 새로운 고객을 끌어들이는 법은 완벽한 가치를 찾아 그들에게 제안하는 것이다.

어떤 직원은 자기가 맡고 있는 제품에 대하여 지금 구입을 하지 않더라도 혹시나 있을 틈새시장을 공략하기 위해 꾸준히 방문한 결과 고객사 역시 우리가 늘 연락주고 방문하는 모습에서 고마움과 미안함을 동시에 갖게 되었고, 신규 개발 건에 그 제품을 검토하기에 이르렀다.

서울에서 멀리 떨어진 업체는 서울에 위치한 우리 회사와의 먼 거리 때문에 쉽게 방문을 못하는 상황이 발생하는데 우리는 그런 업체에게라도 방문 제안을 먼저 하는 편이다. 단순히 스펙을 검토하는 단계일 뿐인데도 선선히 그 먼 거리를 마다않고 달려와 준 우리 텔콤 직원들의 적극적인 대응 모습에서 고마움과 함께 깊은 신뢰를 느꼈다고 한다.

요청한 납기에 납품이 제대로 이루어지게 하는 것은 매우 단순하고 당연한 일임에도 이것을 제대로 못 지키는 기업도 많다. 하지만 우리 텔콤은 항상 100% 약속한 납기를 지킨다는 신념을 갖고 일하고 있고, 단가적인 네고 요청을 받을 때 우리는 서로가 만족할 수 있는 상황에 대한 유연한 태도를 갖고서 협상에 임한다. 하지만 일방적이고 통상적인 범주를 벗어나는 네고 제안에는 단호한 편이다.

출하를 담당하는 여직원은 새해와 추석, 크리스마스에 물건을 보내면서 시의적절한 문구와 예쁜 그림이 박힌 라벨지를 보낸 그 작은 성의에 고객사는 매우 좋아했다. 신규업체가 발생을 하면 여직원 스스로 감사의 마음을 전하는데 우리 텔콤의 여직원들은 뭐가 달라도 다른 것 같다.

물건이 나가는 업체에 물건이 급할 시 운송장 번호로 조회가 가능할 수 있도록 운송장 번호 문자 서비스를 했더니 만족도도 매우 높아졌다고 한다.

업체에서 연말 말일 날짜의 계산서를 요청했는데 그날이 마침 휴일이었는데 고객의 편의를 위해 출근하여 계산서를 발급해 주었더니 업체에서는 매우 고마워했다.

우리가 만나는 모든 사람, 모든 일은 다 귀하고 아름답다. 사소한 일에도 특별한 가치를 부여하면 그 일은 위대한 것이 된다.

'진심'이라는 무기만 있으면 누구나 고객이 될 수 있고, 인간의 가치를 존중하는 경영철학이 없으면 지속가능한 경영을 절대 할 수 없다. '돈'이 아닌 '고객'을 쫓아 고객이 원하는 것이라면 삭은 것이라도 소중히 여기는 마음가짐을 가진 텔콤인들에게 늘 고맙다.

만일 당신이 고객에게 직접 서비스를 하고 있지 않으면 고객에게 서비스를 제공하고 있는 자에게 서비스를 해야 한다.

— 경영컨설턴트&미래학자 칼 알브레히트

누구나 성공하고 싶어 하고 기왕이면 편하게 성공하고 싶어 한다. 그런 길은 그러나 없다. 편법으로 약간의 이득을 취할 수는 있어도 크게 성공하지는 못한다. 원칙이 흔들리면 모두가 흔들린다.

응석이나 떼를 써서 되는 일은 결코 없다. 쉬워 보이는 길은 있어도 정말 쉬운 길은 없다. 쉬운 길을 가고자 하면 더 어려운 것을 만난다. 정석대로 가는 게 옳다.

"비빌 언덕이 자빠질 언덕이 되어서는 안 된다."

학연이나 혈연, 지연 등 인맥에 기대어 사업을 하던 구시대적 경영 방법은 이제 먹히지 않는 시대가 되었다. 오히려 그런 것에 기대었다가는 구설에 오른다.

21세기가 지향하는 인맥 관리는 20세기와 차이가 있다. 학연, 지연, 혈연 등에 얽매여 새벽까지 술 접대를 한다거나 뇌물을 주는 등의 방법은 구시대의 방법이다.

이런 방법으로 망가진 기업이나 사업가를 많이 목격했다. 그런 불건강한 비용은 결국 기업과 고객에게 전가된다. 경영은 정체되고, 고객은 불만스러워하게 된다.

CEO나 경영진의 개인 비리나 비윤리적 행태 하나로 브랜드 더 나아가 기업의 가치까지 폭락하는 예도 많이 목격할 수 있었다.

이제는 기업이 청렴하거나 윤리적인 부분이 브랜드가 되는 시대다. 그런 의미에서 이제 기업이 추구해야 하는 대의명분은 이익을 남기는 것 이상으로 선해야 한다. 요즘같이 슈퍼갑의 횡포를 '을'들이 가만히 두지 않는 세상에서 공유와 연대를 하지 않고, 나 홀로 독주를 한다는 것은 기업 가치를 떨어뜨리는 행위와 똑같다.

자기들만의 성과급 잔치를 언론에 공개하는 기업의 행태는 차라리 사라져야 한다고 생각한다. 상대적인 박탈감을 느끼는 수많은 사람들의 심정을 헤아리지 않는 처사다. 협력업체들은 한껏 쥐어짜면서 자신들만의 잔치를 한다면 상대적 발탁감이 생기지 않을 리가 없다.

최저 임금에, 온갖 악조건 속에서 일하는 수많은 영세 기업들은 허탈감만 느낄 수밖에 없다. 수많은 풀뿌리같이 약소한 기업과 기업 노동자들은 불황 혹은 사고로 인해 금방 시장에서 아웃당하는 체질과 시스템을 갖고 있다. 이들과 상생하고 이익을 공유하는 부분에 대해 진지하게 성찰해야 한다. 성찰하지 않는 기업은 곧 도태된다.

이윤만 추구한다면 그저 그런 기업에서 머물고 만다. 사람을 중히 여기고, 사람을 목적으로 하고 사람을 키우기 위해 노력해야민 회사가 함께 성장할 수 있고 지속 경영이 가능하다. 항상 정도를 걸어가려는 의지가 없으면 사람이든 기업이든 위험해진다.

일이 원하는 대로 잘 안 풀릴수록 조금만 더 손을 뻗으면 될 것 같은, 일종의 거품과도 같은 유혹과 부당한 방법에 쉽게 눈을 돌리게 된다. 마천루처럼 기대치만 높지 그에 따르는 노력을 전혀 하지 않는 경우 십중팔구 실패하게 된다. 원하는 것이 이뤄지지 않으면 주변을 원망하는 마음이 앞선다.

한계를 극복하기 위해서는 성공의 기초 체력을 길러야 한다. 과장하지 않은 채 자신이 갖고 있는 능력과 인프라를 그대로 직시하고 솔직하게 인정하는 체력, 원래 나 자신이 성공을 하기에는 아직도 미흡하고 부족하다는 겸허의 체력, 하지만 열심히 노력하겠다는 자발성의 체력, 그럼에도 성공이 이뤄지지 않았을 때 크게 실망하지 않을 평상심의 체력, 도달치 못한 성공은 본시 내 것이 아니었다는 무욕의 체력, 다른 성공에 다시 기꺼이 도전해보고 시도하는 재기의 체력 등이 필요하다.

실제로 건강한 몸에 건강한 정신이 깃든다는 생각으로 등산이나 골프, 암벽등반 같은 스포츠를 즐기며 '체덕지(體德知)'를 되새기곤 한다.

내가 사회생활을 처음 시작하던 때 누군가 나에게 "돈이 나를 따라오게 해야지 네가 돈을 쫓으면 안 된다."라고 말한 적이 있다. 그 말은 내 경영 생활 전반을 지배하는 말이 되었다.

치명적인 위험은 내가 바로 서 있다고 생각하는 순간 찾아온다. 나는 기업인으로서, CEO로서 바로 서 있는가를 늘 고민한다.

"내 주변 사람들 가족, 동료, 상급자 하급자 내가 속한 조직과 고객이 나로 인해 기뻐하고 있는가?"

다른 사람과 시스템, 그리고 상황을 탓할 시간에 잘못된 점을 바로잡기 위해 내가 해야 할 일이 무엇인지 살피고 대안을 제시해 줄 수 있어야 한다. 해결의 실마리도 내게 있다.

나 자신보다 중요한 것, 내 목숨을 바쳐도 전혀 아깝지 않은 것이 무엇인가? 돈이나 명예처럼 언젠가 사라질 허망한 것인가? 고객만족, 일에 대한 성취감, 가족의 행복, 조직의 발전, 사회공헌처럼 아무리 시간이 흘러도 변치 않는 참된 가치인가? 늘 고민하고 있다.

원칙과 상식을 벗어나 지름길을 가려면 절대 오래 갈 수 없다. 늘 초심을 잃지 않기 위해 노력했다. 회사를 경영한 사람이라면 수긍하는 말이지만 초심을 잃으면 반드시 창업 2~3년 내에 위기가 찾아온다.

위기가 왔을 때는 가장 먼저 해야 하는 것은 내가 지금 올바른 길을 걷고 있는가에 대한 자문이다. 회사의 규모를 키우고 직원을 채용할 때도 모든 것을 정도에 맞게 해야 한다. 돈만 버는 기업가가 아니라 가치와 사람까지 버는 기업가가 되어야 한다고 생각한다.

텔콤은 이런 면에서 아직은 깨끗하고 바르다. 투명한 경영, 기업회계 준수와 더불어 사회적 책임활동 등에 대한 공적을 인정받아 모범납세자 표창도 받았다. 회사 창립 20주년에 직원들과 함께 모은 소중한 성금을 복지재단에 기부했다.

어느날 대학 동기가 전화가 와서 자식의 대학 등록금을 부탁하여서 그 친구보다 조금 여유가 있던 나는 흔쾌히 주었고 더불어 해병대 동기 자녀들에게도 등록금을 전달한 적도 있다. 나 역시 아버지의 사업 실패로 어려운 환경에서 대학을 다녔기 때문에 등록금 납입을 못 하는 부모의 심정을 잘 알아 보탬이 되고자 했기 때문이다. 공덕을 베풀 때는 대가를 바라지 말고, 공덕을 베푼 뒤에는 헌신짝처럼 버려라라는 명언이 있다. 어차피 도와줄 것이면 사심이나 속물적인 재단 없이 하라는 소리고, 도와줬다면 그 자체를 잊어야 서로가 편하다.

작게 약속하고 꾸준히 행동하는 것이 내가 늘 품은 생각이다. 사소한 약속일수록 더 최선을 다하여 지키려고 노력하고 있고, 리더가 먼저 양보하고 명령과 통제가 아니라 설득과 협조로 경영을 하자는 주의를 갖고 있다.

incentive zero sum competition

profit sharing plus sum collaboration

나는 인센티브제보다는 이익공유제를 추구한다. 직원들 간의 경쟁보다는 협동을 통해 직원들과 성공적인 가치와 이익을 공유하려 한다.

뚝배기는 오래 끓일수록 맛있다. 사람들 역시 오래될수록 좋다. 우리 회사 직원들도 같이 오래 일하다 보니 내 살붙이 같을 때가 많다. 그들이 즐거우면 내가 즐겁고 아프면 내가 아프고, 꿈을 꾸면 함께 꾸게 되는 법이다.

직원의 사표를 받으면서 내 잘못도 자책하지만 어떤 직원들은 나가면서 뻐꾸기 같은 생각으로 나가는 것에 대해 나 역시 반성한다. 인성이 안 된 사람을 뽑은 내 안목부터 탓해야지 누굴 먼저 탓하랴?

뻐꾸기는 다른 새 둥지에서 알을 낳고 다른 새보다 일찍 부화한다. 알에서 깨어난 뻐꾸기는 둥지 안에 있는 다른 새 알들을 뒷발길질로 다 떨어뜨려 은혜를 원수로 갚는다.

쉬운거 같지만 쉽지 않은 시장 상황속에서 금전적 보상이 전부 일까? 입사 조건에 안 되는 사람이 사정하여 채용하였더니 어디서 몇 푼 더 준다니까 의리도 없이 떠났다. 돈이면 물불 안 가리면서 안면몰수하고 떠나는 그를 바라보며 '우리 채용 방식에 문제가 있는 것은 아닌가?'라고 진지하게 반성한 적도 있었다.

헤어짐은 만남보다 어려운 법이다. 보내는 입장에서 채용을 한 CEO로서의 책임이 크니 최선을 다해 좋게 헤어지려고 노력을 한다. 조직을 이끄는 리더라면 헤어져야 할 때를 놓치지 않는 것도 반드시 필요한 리더십이라고 본다.

좋은 대학 나왔다고 성공할까? 그렇다면 그 무수한 백수들은 어떻게 설명해야 할까? 잘나가는 고향 선배를 안다고 성공할까? 아니다. 그냥 술만 얻어 먹을 뿐이다. 사고방식이 정확하고 열정이 있으면 성공한다. 어차피 할 일이면 죽기 살기로 즐겁게 하자. 인맥이 각광을 받지만 인맥 앞에는 항상 열정이 먼저 자리잡고 있어야 한다.

성공은 결국 흘린 땀방울에 비례하므로 잔술수로 돈을 벌려는 마음은 일체 가지지 않는다. 불황을 고민할수록 발전할 수 있는 기회는 는다. 힘든 업무를 하다 보면 그 과정에서 오른쪽으로 가야할지 왼쪽으로 가야할지 고민이 될 때도 있다. 이는 자신에게 확고한 근거가 없기 때문이다.

"감출수록 보이고 묶을수록 풀어지며 품을수록 빼앗긴다."라는 장자의 말은 경영을 하는 사람이라면 되새겨야 할 말이다. 기업이 저지른 실수를 감추면 오히려 기업 가치의 더 큰 하락을 부른다.

직원들을 압박하고 규제를 할수록 조직의 기강은 더 해이해지게 되어 있다. 이미 조직에 대한 충성도와 리더에 대한 신뢰를 버린 직원들의 기강은 잡힐 수 없는 법이다. 잘못된 관행을 유지할수록 이익이나 조직 성장력은 잠식되고 만다.

텔콤에서는 강력한 규제도, 숨기는 것도 없다. 오히려 규제를 하면 사람들은 숨기게 된다. 비위가 생긴다. 오픈하면 투명하다. 잘못을 사과하는 것이 당연한 문화가 만들어진다.

대표인 나도 실수를 하면 즉각 직원들에게 사과한다. 기계도 오류와 고장이 있는데 사람이라고 완벽할 수는 없다. 하지만 한번 거짓말을 하게 되면 그 기업은 신뢰에 큰 구멍이 생기는 것이다. 거짓말이 거짓말을 낳는다.

우리 앞에 수십 수백 가지 길이 있는데 그 길에는 이정표가 없다. 무엇이 정말 가치 있는 길인지 걷지 않고서는 알 수 없다. 이것이 인간이 언제든 맞닥뜨리는 딜레마고 운명인 것 같다.

조심스럽게 걸을 것인가? 거침없는 행보를 할 것인가? 우리가 만나는 꽃길도 있을 수 있고, 발이 휙 빠지는 허방이나 천길만길 낭떠러지도 만날 수 있을 것이다. 하지만 살아있는 한 우리는 어느 길을 선택해야 하고 걸어가야만 한다.

어떻게 하면 잘 걸어갈 수 있을까? 허방에 나자빠지지 않고, 낭떠러지에서 굴러 떨어지지 않을 묘수는 과연 무엇일까?

누구보다도 이 질문의 답은 자신이 제일 잘 알고 있다. 걷다가 자신이 잘 모르는 길에서는 한없이 겸허해지고, 잘 아는 길에서는 과감해지는 것. 한번 잡은 올바른 방향 감각을 끝까지 잃지 않는 것, 유혹에 빠져 옳지 않은 길에 들어가지 않는 뚝심을 유지하는 것. 그것이면 되지 않을까?

경영에서 기본과 원칙을 지킬 때 가장 빨리, 가장 멀리 갈 수 있다. 나는 늘 '신용이 전부다!'라는 생각으로 일을 한다. 남이 알아주든 알아주지 않든 약속을 했다면 반드시 지켜야 한다고 생각했고, 대부분 지켰다. 내가 돈이 없을망정 결제일과 월급일은 단 하루도 늦은 적이 없다.

혹 중간에 차질이 생겨 약속을 이행하지 못하였더라도 진정 최선을 다하는 모습을 보였다면 상대방은 항상 그 진심을 알아주고는 했다.

실수는 용납해도 거짓은 용납하지 않는다. 후일 드러날 눈에 보이는 거짓을 숨기면 나는 그 사람을 마음에서부터 버린다. 설령 남이 나를 속일지라도 내가 남을 속이는 일만은 절대 하지 않기 위해 노력했다. 늘 과거를 반성했다. 성찰이 없는 삶이란 가치가 없는 삶이라고 생각한다. 아마도 그 마음이 없으면 난 롱런을 꿈꿀 수 없었을 것이다.

재물에 대한 당장의 이익보다는 신의를 갖고 일에 열중한 결과로 여기까지 왔다. 직원들과 고객에게 신뢰를 받는 것이 가장 큰 자랑이다.

텔콤만의 특별한 경영 노하우라는 것은 별게 없다. 서로 직원들한테는 자신감을 갖고 일할 수 있는 기회를 주면서 고객과 함께 신뢰와 신의가 있는 회사로 남고 싶다는 생각을 가슴 속에 품고 달려온 것밖에……. 이런 철학과 소신으로 나는 먼 미래를 텔콤과 함께 오래도록 같이 갈 것이다.

버릴 것

"어려울 때 실적을 내지 못하는 사업부를 없애는 것은 일본식 경영이 아니다. 그것은 서방의 경영지만 그런 손쉬운 선택을 따르지는 않겠다."

성과를 따져 매년 하위 10%의 직원을 해고했던 잭 웰치는 이런 일본식 경영에 매우 의아해할지도 모른다.

일본은 종신주의와 연공서열제를 도입하고 있다. 근로자의 이직을 줄이고, 소속 기업에 대한 애사심을 고취함으로써 안정적인 인력구조를 지속할 수 있는 장점이 있다. 제너럴리스트를 우대하고 스페셜리스트는 상대적으로 저평가된다. 성과와 성취적 요소를 낮게 평가함으로써 의욕저하나 무사안일주의로 흐르는 단점이 있다. 자주적인 창조 정신도 억제된다.

일본 오너는 단독으로 경영을 하지 않는 구조다. 조직이 당면한 문제에 대한 해결 방안을 개인이 아닌 집단에 의하여 이루어지는 집단 의사결정 체제를 갖고 있다.

개인적 의사결정에 비하여 문제 분석을 보다 광범위한 관점에서 할 수 있고, 보다 많은 지식과 사실, 대안을 활용할 수 있다. 또 집단구성원 사이의 의사전달을 용이하게 하고, 참여를 통해 구성원의 만족과 결정에 대한 지지를 확보할 수 있다.

그러나 집단의사 결정에는 많은 사람이 참여해서 결정과정이 느리고, 타협을 통해 의사결정이 이루어지므로 가장 적절한 방안을 채택하기가 어렵다. 더욱이 의사결정 과정에 집단 사고(group thinking)에 영향을 받을 경우 올바른 판단을 할 수가 없게 된다.

상대적으로 통 크고, 화끈하게 하는 한국식 경영에 비하면 미적거린다는 인상을 지울 길이 없다. 이런 이유로 경제 버블이 꺼지고 장기 침체에 빠진 일본 경제의 원인으로 이 집단의사 결정 체제를 지목하는 이들도 있다.

내가 보기에도 LG, 삼성, 현대 등 우리나라 대기업을 보면 경영면에서 우리나라가 일본보다 훨씬 앞섰다. 지나치게 신중하고 전문 경영을 위주로 하는 일본식 경영은 변화와 속도의 시대에는 맞지 않다. 일본의 질서의식 그 자체로는 문제가 없으나 차례를 지키다 보니 경쟁심도 사라지고 관료주의에 빠져 의사결정도 느려지고 헝그리 정신도 없다.

변화 속도가 빠른 세상에서 돌다리만 두드리고 가고 있는 우유부단한 모습도 봤다. 많은 기업이 기다리기만 하는 모습도 많이 봤다. 적극적인 관심도 없이 그저 기다리기만 한다면 그런 주저함이 회사를 갉아먹고 결국 회사의 추락으로 이어질 수 있다.

우리가 거래하는 해외의 기업에서 한국에 대리점 추가건과 관련한 문제점이 있어서 대안을 찾기 위해 독일에 다녀온 적이 있었다. 전시회를 갔는데 일본 전시회보다는 6배는 더 크고 더 많은 회사들이 나와서 그동안 몰랐던 업체들이 경쟁을 하고 있었다.

우리 거래사는 그것을 아는지 모르는지 우물 안 개구리처럼 느껴졌다. 지금까지 한국 시장에서 우리 텔콤 직원들이 열정을 갖고 오랫동안 쌓아온 내막도 모르고 성 뒤에서 있다가 어느 정도 반열에 오르니 이젠 '메이커'라는 명분으로 딴 생각을 하는 것 같아 영 답답하고 안타까웠던 적이 있었다.

청소년들이 뼈가 급속하게 성장하는 과정에서 관절이나 근육이 뼈의 성장 속도를 따라가지 못하기 때문에 생기는 성장통처럼 기업도 성장통을 겪는다. 외형은 커졌는데 체력이 부실해져서 생기는 것이다. 이는 S사나 M사 같은 일본 대기업도 예외는 아니었다. 그들의 성장통이 생긴 이유를 우리는 반면교사 삼아야 할 것이다.

M사는 기존의 핵심 역량을 확장시키기보다는 기존의 핵심 역량에만 투자를 계속해서 성장통이 생겼다.

90년대 성장 정체를 겪었던 M사는 제품 개발을 주도하는 R&D와 제품을 판매하는 영업 기능을 중심으로 성장한 기업이다. 마케팅 부서는 늘 뒷전이었다. 그러나 90년대 들어 경쟁사인 S사에 밀려 매출액이 점차 정체되기 시작하자 R&D 투자와 영업 투자를 더욱 늘렸다. 이러한 재원은 광고 선전비 투자를 줄이는 것으로 충당되었는데 이로 인해 제품 브랜드와 고객 커뮤니케이션을 약화시켰고, 매출이 부진해지는 악순환이 지속되었다.

또한 기업이 계속해서 성장을 지속하기 위해서는 미래를 담보할 만한 신사업들이 꾸준히 육성되어야 하는데 그렇지 못해서 성장통을 겪기도 했다.

M사는 S사의 플레이스테이션과 유사한 3D 게임기 시장에 진입하였

으나 결과는 참담한 실패였다. 이러한 실패에 겁먹은 경영진은 신사업보다는 현사업을 잘하는 데에 중점을 두었고, 사업 조직들도 신사업에 따르는 리스크를 전혀 책임지려 하지 않았다. S사는 조직 간 협업의 실패로도 기업 전체의 성과가 악화된 경우였다.

마케팅과 R&D, 생산 조직을 모두 분리하여 기능별 최적화를 추구했으나 생산은 R&D가 개발한 제품을 제대로 생산하지 못했고, 마케팅과 협업이 부족한 R&D가 개발한 제품은 시장 경쟁력이 부족했다. 프로세스 상의 병목 현상과 협업 부족이 S사의 성장을 가로막았던 것이다.

취할 것

현재 마쓰시다 고노스케가 창립한 파나소닉 제품을 우리 텔콤에서 한국 대리점으로서 여러 아이템을 취급하고 있다.

나는 『사업에 불가능은 없다』, 『일과 인생에 불가능은 없다』, 『위기를 기회로』, 『사원의 마음가짐』 등 내쇼날 창업자 마쓰시타 고노스케의 책은 거의 다 보았다. 특히 『사원의 마음가짐』은 우리 회사에 입사하는 사람의 필독서다. 원래 일본 기업과 많이 거래하면서 일찍부터 일본 기업의 장점도 많이 접했던 나다.

내가 본 일본 산업은 장수 강소기업이 먹여 살리는 구조를 갖고 있다. 창업한 지 100년 이상 된 기업은 무려 2만 개가 넘는다. 이율배반적이지만 일본식 경영의 단점을 유발하는 부분이 고용의 안정성과 종업원의 회사일체감 육성하는 부분이 장점이 되고 있다. 또 기업의 후계자를 혈연관계가 아닌 재능과 역량이 있는 인재로 선발하는 경우가 많다.

일본 기업이 장수하는 이유로 전문성이 높고 맹목적으로 사업을 확장하지 않는 점, 장기고용제도 정착, 기술력을 향상시키려는 노력 때문이다. 그래서인지 기술력으로 무장한 일본의 '알짜'이자 '온리원(only one)' 기술 기업도 많다. 이들 기업은 21세기를 주도할 최첨단 소재, 부품 기술을 보유, 일본 경제의 근간을 지탱하고 있을 뿐 아니라 고용을 안정시키는 등 경제 내외적으로 큰 역할을 담당하고 있다.

우리나라의 경우 창업 후 5년 이내 폐업하는 비율이 76.4%에 달하고 있다는 점과 비교하면 시사한 바가 크다. 창업 100년 이상 된 우리 기업은 단 2곳뿐이라고 한다.

텔콤은 빨리 행동하는 민첩함과 경쟁에서 반드시 이기겠다는 강한 실행력을 가고 있다. 빨리 달리려면 살을 빼야 하고 고칠 것이 많으면 기회가 많듯이 주춤거리는 기업은 하루아침에 사라지든 망해버린다. 100년 기업에의 꿈을 위하여 많이 노력하기 위해 일본기업 관련 동향을 많이 파악하려고 노력한다. 특히 '경영의 신'으로 일컬어지는 마쓰시타 고노스케가 쓴 많은 책에서는 경영자로서 읽어보아야 할 많은 가르침이 담겨 있다.

마쓰시타 고노스케는 초등학교 4학년을 중퇴하고 자전거 가게에서 점원으로 일했다. 그는 1918년 마쓰시타 전기제작소(현 파나소닉)를 설립하였으며, 1973년 은퇴하기까지 '경영이란 끊임없는 창의적 연구를 통해 무에서 유를 창조하는 것이다.'라는 신념을 실천하였다.

그는 독특한 경영 이념과 탁월한 통찰력 및 국제 감각으로 마쓰시타 전기를 세계적인 대기업으로 성장시켰고, 내셔널(National)과 파나소닉(Panasonic) 등의 상표는 세계적으로 유명하다. 1920년대 세계공황 때는 인력을 감축하기보다 사업부 제를 도입하고 주5일제를 실시하는 등 현대 기업들보다 훨씬 앞선 경영 방식을 실천했다.

마쓰시타 고노스케는 어렸을 때부터 몸이 허약했고 가난 때문에 학업을 중단할 수밖에 없었다. 하지만 역경을 기회로 만든 가장 존경받는 경영자로 손꼽힌다. 그는 그의 성공 비결로 "집이 가난했기 때문에 꼬마점원이 되었지만 그 덕에 어렸을 때부터 상인의 몸가짐을 익혔고, 세상의 쓴맛을 조금이나마 맛볼 수 있었다. 태어날 때부터 몸이 약했기 때문에 남에게 일을 부탁하는 법을 배웠고, 학력이 모자랐기 때문에 항상 다른 사람에게 가르침을 구했다. 이렇듯 내게 주어진 운명을 적극적으로 받아들여 무의식중에도 긍정적으로 살아왔기 때문에 길이 열렸을 것이다."라고 말한다.

삶과 일에 대한 긍정으로 가득 채워진 『사원의 마음가짐』에 나온 가르침 중 몇 가지만 소개하자면 이렇다.

회사 생활을 하면서 '모든 것이 내 운명'이라는 각오를 다진다면 어떤 어려움이 닥쳐도 배짱이 생기고 강한 신념이 생긴다. 지금까지 어려움이라고 느껴지던 일들이 오히려 자신의 성장에 있어 좋은 밑거름이 될 것이라는 자신감까지 생기게 된다. 이런 사람이야말로 어떤 역경이 닥쳐도 거뜬히 이겨낼 수 있는, 회사 공동체에서 모두에게 도움이 되는 사람이다.

자기 회사에 대해서 긍정적으로 이야기할 수 없는 사람은 그 조직에서 결코 성공할 수 없다고 확신한다. 첫 출근한 느낌이 어땠느냐는 가족의 질문에 대해 희망적으로 대답하는 것은 가족에게 기쁨을 주고 동시에 자기에게는 강한 암시와 각오가 된다.

기계가 노후하여 마모되면 잘 돌아가지 않는다. 이때 윤활유를 바르지 않으면 머지않아 작동이 멈추고 만다. 마찬가지로 인간과 인간 사이에도 반드시 윤활유가 있어야 한다. '예절'이라는 윤활유를 활용해 보라. 생각했던 것 이상으로 분위기가 반전되어 활력 넘치는 회사로 변모할 것이다.

어떻게든 방법은 있다는 신념을 가진 사람이 바로 성공을 거머쥐는 승리자다. 방법을 찾아가는 과정은 당연히 힘들고 괴롭다. 그러나 결과가 성공한다면 모든 방법은 성공적이었다는 평가를 받는다.

상사의 마음가짐에 대해서는 이렇게 말했다. "인간의 심리는 청개구리 같은 데가 있다. 아무 말 안해도 알아서 잘하고 있는데 거기서 찬물을 끼얹듯 상사가 잔소리나 참견을 하면 더 이상 일할 의욕과 흥미가 생기지 않는다."

중견사원의 마음가짐에서는 이렇게 말했다. "자신의 교양을 높이고 실력을 닦고 건강을 관리하는 행위는 공통의 책임을 분담해야 하는 사회적 의무이기도 하다. 그러므로 '공부를 하든지 말든지 그건 내 자유다'라는 사고는 독단이다."

신입사원의 마음가짐에서는 이렇게 말했다. "운명으로 받아들이라고 해서 숙명론자처럼 수동적인 태도를 가지라는 말은 아니다. 오히려 각오를 다지고 회사 일에 매진하는 능동적인 태도를 가지라는 말이다. 그렇게 하면 회사 생활을 하는 동안 남들과는 다른 강력한 힘을 발휘할 수 있을 것이다."

너무나 평범한 마쓰시타였지만 그가 세계 최고 리더에 오른 비결은 기업 이윤의 원천은 인간에게 있으므로 비즈니스는 마음의 게임이며, 사람들의 잠재능력을 극대화하는 것, 즉 모든 종업원 능력을 마지막 1%까지 완전히 발휘할 수 있도록 하는 것이야말로 경영의 핵심이라 생각했기 때문이다. 그는 타인 존중, 인재양성, 겸손 등 인간존중 경영의 실천적 모델이 되었다.

게다가 인재를 향한 마쓰시타의 갈급증과 실천력은 정말 본받을 만하다. 86세 때 사재를 털어 정치 · 경제 분야 차세대 리더양성을 위해 마쓰시타 정경숙(政經塾)을 만들었다. 그 졸업생들이 현재 차세대 일본의 리더로 활동하고 있다.

이와시타 마코토히로시 아사히덴카공업 회장은 의사 결정을 미루지 않기 위해, 또 서두르다 탈이 나지 않기 위해 결정해야 할 것들을 세 가지로 분류했다.

즉시 결정하지 않으면 안 되는 것
1~2개월 안에 결정해야 하는 것
몇 년에 걸쳐 결정해야 하는 것

일 못하는 사람들의 습성 중 하나가 일을 붙잡아두는 것이다. 책상에는 언제나 서류가 수북이 쌓여있다. 머릿속에 할 일, 해야 할 일이 줄 서 있다. 늘 할 일 많다고 생각한다. 즉시 처리해도 될 일을 처리하지 않고 책상에 쌓아만 두는 것이다. 사실 별로 복잡한 일도 아니고 어려운 일도 아니다. 팔을 걷어붙이고 처리하면 순식간에 해결되는 일이다.

일을 미루는 것은 조직의 효율성을 갉아먹는다. 내가 빨리 결정하고 처리하면 다른 사람에게 그 일이 넘어간다. 그 사람도 빨리 결정하면 순식간에 업무를 끝내고 다른 업무에 관심을 쏟게 된다. 그러나 내가 업무를 처리하지 않으면 그 업무와 관련된 모든 사람이 그 업무가 처리돼 넘어올 때까지 기다리게 된다.

속도는 비용이고 효율이라는 생각으로 업무의 선후, 경중, 장단기를 따져서 처리함으로써 아사히덴카공업은 경영혁신을 이룰 수 있었다. 사실 하루가 멀다 하고 변화하는 시장에서 한 가지 장점만 가지고 오랜 시간을 사업을 끌고 가기에는 점점 어려운 시대다. 많은 기업들이 그때그때 상황에 따라 발 빠르게 대응해 즉각적인 효과를 발생시키는 마케팅 활동을 기획하여 단 시간에 임팩트 있는 콘텐츠로 효과를 보곤 한다. 하지만 조금 여유가 있다면 단기적 이익에 그치지 않는, 오랜 시간 소비자들의 마음을 움직일 수 있는 중장기적 마케팅 방안을 마련하는 인고의 노력을 갖춰야 할 것이다.

사회에 대한 책임을 다하는 리더가 되어야 한다.

책임감이란 내가 해야 할 일들이 무엇인지 알고 끝까지 맡아서 잘 수행하는 태도다.

현대는 좋은 성품이 각광받는 시대이다.

기업도 이제는 좋은 성품이 필요한 시대를 살고 있다.

고객과 직원, 사회와 좋은 관계를 맺는 '좋은 성품'이 위대한 기업을 만든다.

원칙에는 강하고 사람에는 부드러운 카리스마가 가진

좋은 리더여야 조직을 성공리에 이끌 수 있다.

열정 리더십으로 살리는
스파크 경영

비전

    진짜로 일 잘하는 사람은 다른 사람들이 엄두도 못 낼 만큼 혼자 앞서 나가는 사람이 아니다. 주위 사람들을 함께 끌고 나가면서 최상의 결과를 만들어내는 사람이다.

    공유되지 못하는 비전은 리더의 욕심이다. 구성원들의 동의를 받을 때 비로소 비전이 된다. 공감대가 형성된 비전은 직원들을 행복하게 만든다. 성공한 기업은 대체로 회사의 비전, 리더의 그림을 구성원 모두가 숙지하고 체화했다.

    『어린 왕자』의 작가 생텍쥐페리가 말했다.

    "배를 만들고 싶다면 사람들을 불러 모아 목재를 가져오게 하고 일을 지시하고 일감을 나눠주는 등의 일을 하지 마라. 대신 저 넓고 끝없는 바다를 동경하게 하라."

    구성원들을 움직이는 힘은 비전이다. 리더의 비전만큼 조직을 움직이게 하는 강한 에너지와 강한 무기는 없다. 리더는 그 에너지원을 만들어야 할 책임이 있다.

    나는 텔콤을 작지만 크고 강한 회사로 키우기 위해 노력하고 있다. 비전이 없는 기업은 미래가 없다. 겉으로 보는 규모보다 내실 있는 회사가 새로운 가치 창조에 적격이다. 그리고 어떤 환경에서도 비전과 전략을 달성할 수 있는 강한 열정이 무기다.

오늘 알았던 지식이 내일이면 폐기처분되고 내일을 위해 준비한 지식이 누군가가 이미 알고 있는 지식으로 전락한다. 미래에 대한 불확실성으로도 비춰진다. 하지만 이럴 때일수록 차분히 미래에 대한 비전을 제시하고, 치열하게 공유해야 한다.

각 구성원이 각자 비전을 제시하면 경영리더는 이를 적극 수용, 조합해 기업의 미래를 점칠 수 있는 지식경영인이 되어야 한다. 성공하는 사람들은 남들과 다른 독특한 아이디어를 고민하고, 자신이 제시한 비전을 끊임없이 검토하고 대비한다.

비전이 없는 기업은 미래가 없다.

부지런한 손발로 경영하는 시대는 지났다. 아무리 비싸도 잘 팔리는 제품을 만들거나 파격적인 방법을 강구해 원가를 낮추는 데서 지식경영의 핵심인 생존 동력을 찾아야 한다.

리더는 조직 정체성에 대해 잘 정의내릴 수 있어야 한다. 가능성을 생동감 넘치는 비전으로 바꾸는 일이 리더의 과제다. 흡인력 있는 비전은 우리를 다른 모든 사람들과 차별시켜 준다. 산업분할 시대에서 산업통합 시대로, 아날로그에서 디지털 그리고 3D시대로, 모바일 LTE에서 창조의 시대로 변하는 것과 맞추어 조직의 비전도 변해야 한다.

자신의 일에 대해서, 자신의 미래에 대해서, 자신의 꿈에 대해서 무엇을 해야 하는지 무엇을 바꿔야 하는지를 지속적으로 찾아 실행하는 것이 리더의 몫이다. 비전은 광범위하고 연관적인 성격을 갖고 있다.

조직에서 일하다가 어떤 문제에 봉착했을 때 단순히 그 문제를 해결하는 데에만 집중해 다른 문제들과 갖는 연관성, 해결책 각각의 중장기적 파급효과, 관련자들의 입장 등 종합적으로 고려치 않아 문제해결이 어려워지는 경우가 있다.

이순신 장군은 자원과 지원이 열세인 상황에서 전투의 통념에 사로잡히지 않고 자연환경과 적의 속성, 그리고 아군의 역량을 냉철히 판단하여 종합적 판단을 내려 결국 승리를 이끌었다.

CEO는 조직의 비전과 전략을 책임지는 사람이다.

기업의 경쟁력에 도움이 되고 조직성과에 영향을 미치는 모든 요인들이 이들 책임 하에 움직인다. 조직인력, 재무, 시스템, 문화 등 다양한 경영자원에 대해 원칙과 체계를 가지고 시너지를 극대화하도록 분배하는 사람도 리더다.

비전이라는 것은 왜 변화해야 하는지, 무엇을 변화시켜야 하는지, 어떻게 변화시킬 것인지, 언제, 어떤 규모로 변화시킬 것인지, 누가 변화의 중심에 서야 하는지를 담고 있다.

비전은 내가 누구인지, 가려는 길이 어디인지 알려준다.

삶의 방향을 설정하고 그에 따라 실행토록 한다. 우리가 원하는 것을 성취하도록 동기를 부여한다. 현재와 더불어 미래를 바라보는 혜안과 힘을 준다. 영속적이면서도 생생한 영상으로 기업이 쟁취해야 할 목표에 대한 구체적인 생명력을 불어넣는다.

잠들어 있던 열정에 불을 댕기고 온몸을 들뜨게 만들 만큼 매혹적인 비전을 만들자.

어떤 날벌레의 한 종은 아무런 목적 없이 앞선 무리가 따라가는 대로 막무가내로 따라다닌다. 심지어 먹을 것을 앞에 두고 방향을 바꾸어보려고 해도 여전히 정처 없이 떠돌아다니기만 한다. 부지런히 맴돌던 그 날벌레는 일주일 정도 지나면 결국 모두 굶어죽는다.

비전 없는 목표는 생명력이 없고 목표 없는 비전은 상념에 그친다. 자신이 속한 팀의 비전, 회사의 비전은 무엇인지 구체적으로 분명히 말할 수 있는 직원으로 만들어야 한다. 그렇지 못하다면 길을 잃고 천금보다 귀한 시간을 낭비하는 꼴이 된다.

직원들이 합심하면 100배의 매출을 달성하는 것은 어렵지 않다. 새로운 직원들이 입사를 하면 나는 항상 "잘 모르더라도 행동하는 것이 알고도 행동 안 하는 것 보다 낫다."라고 말하곤 한다.

행동이 따르지 않는 비전은 한낱 꿈에 불과하며 행동이 따르는 비전만이 나와 우리를 바꿀 수 있다. 우리 텔콤의 장점은 매일매일 행동으로 성장한다는데 있다.

리더십

리더는 미래의 비전과 희망과 가치를 위해서 사는 사람들이다.

오늘의 생존 문제에만 치중하지 않고 미래 가치를 확고히 정립하고 그것을 실현하는 데 필요한 역량을 착실히 쌓아가는 자세를 보이는 게 리더십이다. 회사를 운영하는 경영능력, 회사를 키워가는 진보능력, 회사경영에 문제없는 체력안배, 다방면 업계 사람들과의 인맥 등이 기업을 경영하는 리더가 가져야 하는 장점이다.

CEO가 되기 위한 필수 조건인 리더십은 너무나 종류도 다양하고 의미도 모호한 부분이다. 무엇보다 리더의 성향과 기업 경영 환경에 걸맞은 리더십을 갖추는 것은 매우 어려운 일일 수 있다.

나는 가장 낮은 곳에 임하는 리더십을 지향한다. 그들과 소통하고 많은 것을 함께 나누는 '공감 리더십'이 바로 내가 지향하는 바다. 솔직히 밖에서 직원을 자랑하는 팔불출 사장인 편이다.

난관에 부딪치는 일도 종종 있겠지만 전후좌우 막혀 있고, 예측 못할 일이 일어나도 낙담과 포기를 빨리 할 필요가 없다. 서로 충분히 숙의하면서 고난을 헤쳐 나갈 수 있다. 이때 한 배를 탄 선원들의 말을 경청하고 그들의 뜻을 하나로 만들어 실행하는 이가 리더가 될 것이다.

리더십이라는 것은 복잡하고 위계가 엄격한 무언가가 되어서는 안 된다. 단순함이 미덕이다. 아무런 조정이나 규율 없이 움직이는 기업은 없다. 그러나 그 규율은 단순해야 한다. 규칙이 복잡하면 복잡할수록 그것을 따르기가 어려워진다. 복잡한 규칙은 결국 기업을 절룩거리게 만든다.

임직원의 경계선, 구분의 장막은 조직 발전을 저해한다. 의사소통의 경로는 짧아야 하며 의사소통은 단순하고 자연스러워야 한다. 우리 직원들은 대부분 나와 함께 오래 일을 같이하고 있다. 10년 이상 된 직원들이 많다.

그런데 우리 회사는 들어와서 1년이 분수령인 것 같다. 채용 후 직원들이 1년 이내에 그만두는 이유는 일하고 있는 분야가 자신과 맞지가 않아서 그만두는 경우가 많다. 하지만 자기가 전공한 학과와 연계된 일자리를 찾는 사람이 과연 몇 %일까 생각해 본다. 결국 의지의 문제가 아닐까?

직원이 그만두어도 곧바로 후임자를 채용을 하지 않는다. 기존에 있는 사람들이 당장은 조금 힘은 들겠지만 사람들 모두가 힘을 합쳐서 당분간 그만 둔 사람의 몫까지 수행하게 하면 단합도 잘되고, 더 정예화되는 면이 있기 때문이다.

1년을 넘으면 대체적으로 장기근속으로 이어진다. 나는 직원들에게 되도록이면 부담과 스트레스를 적게 주려고 노력한다. 상사의 지시가 아닌 스스로 하는 직장 문화를 추구하고 있다

시대의 요구 사항에 맞추어 조직 문화를 직원들과 변화시켜야 하는 것도 리더의 역할이다. 문제가 좋으면 답도 좋다. 우리가 왜 이 문제에 집중하는지에 대해서 명확히 알고 있는 조직원들이라면 모든 일은 잘 달성될 수 있다.

젊은 직원들과 일을 하려면 그들의 생각과 문화가 어떤지를 존중하고 다른 방식으로 소통해야 한다.

직원이 스스로를 성장시키는 교육의 힘은 무시할 수 없다. 회사의 미래는 직원들이 얼마나 성장하느냐에 달려 있다. 그래서 교육은 매우 중요하다. 그중에서 신입사원의 교육이 가장 중요하다.

적절한 보상을 통해 미래 비전을 찾는 것도 회사의 성장 비결이다. 체계적인 보상 시스템을 통해 창의성을 높이고 장기근속을 유도할 수 있는 방안들을 만들어야 한다. 자부심과 충성심을 높이는 행복한 직장을 통해 직원 역량을 최대한 이끌어낼 수 있어야 한다.

내가 말하는 인재교육은 직원의 단점을 찾아서 보완해 주는 것보다 직원의 장점을 찾아서 희망을 갖도록 해주는 것이라고 생각한다.

직원들이 조직의 작은 디테일에도 신경을 쓰는 세심함을 갖출 수 있

도록 교육시킬 필요도 있다. 작고 사소한 것들이 쌓이고 쌓여 마침내 대박이 만들어 지듯이 정성을 다하는 사람들은 세세한 데까지 신경을 쓰고 빨리 해치우는 데만 골몰하는 사람들은 건성건성 일한다.

복잡하고 빠르게 변화하는 시대를 살아가는 우리는 무관심은 얼핏 똑똑한 행동처럼 보이지만 이것은 하나만 알고 둘은 모르는 어리석은 행동이다. 무관심과 무표정이 자신을 보호하는 기제로 작용할 수 있다고 하더라도 그것은 잠시뿐이다. 관심을 갖게 되면 열정이 생기고 열심히 하게 되여 성과가 좋게 나타난다. 일에 대한 관심, 삶에 대한 관심과 같이 모든 일에 관심이 있으면 무엇이든 할 수 있다고.

어떻게 하면 텔콤을 강한 회사를 만들 수 있을까? 당장 내 주변의 일과 사람한테 관심을 가지고, 그들의 마음에 공명을 하는 것이다. 공감해야 공생할 수 있다.

비전은 현명한 도박이다. 얻을 때는 모든 것을 얻을 것이고, 잃을 때는 하나도 잃을 것이 없다. 그러므로 주저하지 말고 비전을 믿어라.

– 파스칼

일하기 좋은 직장이란 제도가 있건 없건 스스로 일하게 하는 moti-vator가 강하고, 성공을 위해 조직원들이 잘 단결이 되는 직장일 것이다.

나는 조직의 비전과 희망은 직원들의 열정에서부터 나와야 한다고 생각한다. 회사는 그저 그런 비전과 희망이 가득한 열정을 모아 조직적으로 실행을 하는 역할만 해도 충분하다고 생각한다.

조직 생활을 하면서 100% 자기 만족을 가지기란 힘들다. 특히나 부정적이고 이기적인 사람들은 더욱 힘들 것이다. 하지만 그럼에도 불구하고 나는 우리 회사에 맞게 복지와 행복 지수를 높이는 방안을 부지런히 강구하고 있으며 다행히 많은 직원들이 잘 이해하고 따라와 주어서 고맙다.

텔콤은 과학적 관리를 실천하고 독자적인 사내 문화를 구축하여 신용 축적에 힘써서 회사가 발전을 하고 있다고 생각하며 그리고 그것을 기뻐하는 직원들과 같이 향유하고 있다.

영업 회사는 늘 매출에서 자유로울 수가 없어서 직원들 역시 무언중에도 압박감을 많이 받을 수 있다. 물론 결과가 아닌 과정이 중요하다고 하지만 그래도 가장 큰 매출을 달성했을 때 성취감이 큰 것이 사실이다.

2010년은 한 품목으로 사상 최고의 매출을 달성한 해였다. 그런데 그 해는 모든 상황과 조직의 여건이 최고의 매출을 내기에 적합했던 한 해가 절대 아니었다. 오히려 심각한 납기 문제도 많았고 취급하는 아이템 역시 무거워 제품을 입출하하는 과정부터 육체적으로 큰 부담을 주기도 했다. 하지만 우리는 목표한 목표치 보다 훨씬 더 달성을 할 수 있었다.

그것은 우리 텔콤의 정체성을 결정 짓는 '자율과 책임'이라는 2개의 가치가 피워올린 성과였다.

임파워(Empower, 권한위임)라는 말이 있다. 타인에게 권한이나 권위를 넘긴다는 뜻만이 아니다. 목표를 세우는 것은 리더의 몫이지만 구체적인 목표달성을 위한 의사 결정권을 팀원들에게 나누는 것도 리더의 역할이다.

함께하는 의사 결정은 지속적인 변화를 가져온다. 리더가 물러나더라도 팀원들이 혁신을 달게 받아들인다. 이는 리더만의 혁신이 아닌 팀원들 스스로의 혁신이 된다.

과거와 달리 요즈음엔 한 사람의 의견이 다른 사람의 공감을 얻으면 또 다른 사람들에 의해 공유된다. 이런 방식으로 순식간에 전 세계로 퍼진다. 리더의 추종자에 불과했던 대중이 본격적으로 영향력을 행사하는 시대가 된 것이다. 리더만 존재하던 시대에 리더를 따르던 팔로워가 리더와 함께 협력하는 존재가 되었다. 20%의 리더가 아닌 80%의 팔로워가 조직 운명을 결정하는 변화의 시대다.

하지만 좋은 팔로워에도 조건이 필요하다. 자기 관리를 잘하고 집단과 조직에 헌신하며 용기 있고 성실하며 신뢰할 수 있는 사람들이어야 한다.

텔콤은 20년 이상을 쌓아온 신뢰를 바탕으로 서로 의지하고 도움을 주고받는 긍정적이 관계 맺기의 문화가 있다. 상대방의 마음을 돈이 아닌 정성으로 사야 한다고 본다. 반드시 상대방한테 도움이 되는 것부터 먼저 짚어주길 바란다. 오랜 시간 동안 정성으로 신뢰 관계를 쌓아가며 상대방을 도와야 우리도 도움을 받을 수 있다.

직원들은 먼저 존중하면 따라오게 돼 있다. 직원들이 자발적으로 업무를 조율하고 책임질 수 있도록 소통의 길을 열어야 한다.

"억지로 함이 없으면 되지 않는 일이 없다."라고 노자가 말했다. 리더는 직원이 자신의 역할을 주도적으로 수행할 수 있도록 자율성의 문화를 선물로 줘야 한다.

내가 임직원들의 생각을 존중해야 그들도 내 생각을 존중하고 회사의 가치를 헤아려 줄 수 있다. 사람 사이의 길에 대해서 고민하다 보니 저절로 든 생각이다.

눈앞의 상황에 일희일비하지 말고 더 나은 미래가 존재한다는 것을 믿으라고 말하고 싶다. 스펙에 개인을 가두는 것보다 임직원들이 내재된 역량을 자유롭게 발휘할 수 있도록 열린 기업 문화를 만들고 싶고, 소통의 채널이 살아있는 회사가 될 수 있도록 지속적으로 노력하고 있다.

영업 관리뿐만 아니라 회사 전반적인 안건이나 행사에 있어 팀원들이 자율적으로 의견을 모아 반영하고 결정하기를 원한다. 원래 텔콤이 탄생할 때부터 우리의 업무 수행 분위기는 매우 자율적이었다. 이런 자율적인 문화 때문에 텔콤을 떠나지 않는다고 말하는 사람들이 있을 정도다.

회사 초기 규모가 더 작았을 때 경영지원부가 없어서 해외 워크숍도 몇몇의 직원들이 주도하에 책임지고 주관하기도 했다. 만약 직원들을 내가 믿지 못하고 그런 것에서까지 일일이 내가 관여를 하고 간섭했다면 아마도 해외 워크숍은 퍽이나 재미가 없는 과업이 되었을 것이다. 하지만 나는 모든 것들을 직원들에게 일임했다.

후배들은 자발적으로 선배들을 돕고, 선배들은 과감하게 이끌어주면서 워크숍은 직원 모두에게 소중한 경험이 될 수 있었다.

내가 생각하기에 리더는 주어진 일의 90% 정도를 위임해야 한다. 사소한 일까지 간섭하면 안 된다. 통제력을 가져 존재를 과시하고 싶어도 참아야 한다. 제도적으로 위임하면 일이 없어진다고 생각하는 것은 매우 소극적이고 한심한 생각이다. 리더의 위임은 더 중요한 역할, 더 부가가치가 높은 일을 찾아내기 위한 준비 작업이다.

직원들의 마음을 진정 울릴 수 있는 리더가 되기 위해 늘 나는 자문한다. 혹 내 승부근성이 그들을 위축시키지 않았는가, '우리'를 위한다고 말했지만 사실 '나'만의 열정은 아니었는가? 그들이 내 말을 이해하였는가? 내 눈을 마주치고 공감을 하고 있는 것인가?

진짜 마음속에 울려야 놀라운 성과로 이어지는 법이다.

'창의'를 부지런히 주문하면서 정작 실행 단계에서부터 제동을 거는 CEO는 솔직히 입만 살아있는 사람이다. 나는 텔콤이 직원들에게 성장 가능성이 높고, 영업의 재미를 알게 해 준 회사로 간직되고 싶다. 텔콤은 규칙과 규율도 있지만, 자유로움과 기회도 많은 회사다.

자칫 산업자재관련 전자부품 유통회사라서 딱딱하게 여길 수 있지만 대단히 부드럽고 유연하며 화목한 분위기를 가진 회사다. 우리 텔콤에는 근속한 여직원들도 많다. 우리 여직원들이 임신하면 나는 정말 진심으로 축하해준다. 그녀들은 진정 애국자다. 텔콤의 로고도 우리 여직원의 아이디어로 만들어 사내 공모전에서 당선된 것이다.

간혹 같이 근무를 할 때는 몰랐지만 텔콤을 나간 퇴사자들로부터도 텔콤 사람들이 최고라는 이야기를 듣는다.

부서 간에 소통을 강화하려고 많이 노력한다. 텔콤의 협업은 다른 기업이 가지지 못한 큰 장점이다. 직장 외의 활동에 대한 것도 지원을 많이 해 주려고 노력한다. 국내 워크숍에서 밤 늦게까지 토론을 했던 것도 아직 기억에 남는다.

회사의 규모가 어느 정도 커지고 지점과 직원 수가 늘어날수록 더 고민하는 것이 '사내 소통'이다. 각 직급별로도 식사를 자주 하면서 소통하는 시간을 갖게 한다. 항상 현실에 안주하지 않고 끊임없이 고민하고 생각한다. 중요한 의사결정에 있어서도 늘 직원들의 의견을 듣고자 애쓴다.

텔콤은 한마디로 저력이 있는 회사다. 경제 여건이 어려운 상황에서 오히려 그 위기를 발판 삼아 더 성장을 해왔다는 점에서 탁월하다는 말을 많이 듣는다.

하지만 그 성장의 밑바닥에는 직원들의 애사심이 깔려 있다. 나는 직원들이 갖는 불평과 불만까지도 기쁘게 듣는 편이다. 애사심이 없다면 불평불만 또한 없다는 게 내 생각이다. 그리고 그 불평과 불만을 들어주기에 쉽게 꺼낼 수 있는 CEO로 대해주는 것이 행복하다.

최근에 신입사원만 남겨둔 채 한 팀의 팀장과 사원들이 퇴직을 하여

전 사원들을 대상으로 사내적으로 무엇이 문제가 있는지를 찾아 볼려고 외부에 컨설팅을 의뢰하여 결과를 받아 보았는데 나 역시도 사람인지라 일부 오해하고 서운한 면이 있었지만 성장통으로 생각하면서 직원들한테 평가가 아니라 성장을 도와 주는 코칭으로 알고 문제점을 해결코자 노력하고 있다.

좋은 약은 입에 쓰나 병을 다스리는 데에 이롭고, 충고는 귀에 거슬리나 자신에게 이롭다고 한다. 나는 왜 내가 야단을 맞아야지 하고 억울해하는 직원이 아니라 대표가 무엇을 이롭게 하기 위해 내게 이런 조언을 들려주나 하고 감사해하는 직원을 좋아한다.

오래 둥지를 틀고 싶은 넉넉한 나무로 뿌리내려 도전과 창조를 피워내는 텔콤으로 만드는 것이 나와 우리 텔콤인 모두의 의무이자 권리라고 생각한다.

'불치이치 무위지치(不治而治 無爲之治)'
다스리지 않은 것처럼 다스리는 것이 가장 좋은 통치다.

— 정관정요

상사가 직원을 철저히 무시하는 경우 40%의 직원이 일에서 확연히 멀어진다.

반면 상사가 직원을 수시로 야단치는 경우 22% 직원이 확연히 멀어진다.

상사가 직원의 장점 중 한가지만이라도 인정해 주고 잘한 일에 보상을 해줄 경우 할 일에서 멀어지는 직원은 1%에 불과하다.

– 갤럽

가장 많이 남기는 이문은 '인간'

리더는 부하 직원에게 부모 같은 존재다. 부모는 자식이 말을 듣지 않거나 뜻을 따르지 않는다고 두 손 들고 다른 사람에게 달려가지 않는다. 매를 들든 집 밖으로 내쫓든 자식에 대한 문제 해결은 온전히 부모 몫이다.

직원들을 방치해두고 무시하는 것이야말로 절대 해서는 안 될 리더의 직무유기다. 애정을 가지고 직원들을 성장시키고 직원들을 통해서 성과를 창출하는 것이야말로 리더의 의무다.

부실한 리더십은 기업의 실적을 깎아내릴 뿐 아니라 직원들의 건강도 망친다. 요즘의 직장과 시장은 세계화와 네트워크에 힘입어 서로 연결되고 끊임없이 변화하고 있다. 세상 사람들은 서로 연결되어 있기 때문에 '나'만의 행복은 있을 수가 없다. 좋은 관계를 잘 갖고 있어야 한다. 내가 다른 사람으로부터 도움을 받았다면 그 고마움을 잊지 않고 보답해야 한다.

가끔 어떤 사람과 왠지 공허하고 속 알맹이가 빠진 듯한 대화를 나눌 때가 있다. 그렇게 재미없는 이유를 꼼꼼히 따져보니 그 사람의 인품에 향기가 없거나 혹은 이야기 속에 진심이 빠져 있기 때문이다. 특히 남을 비판하거나 흉보는 사람과는 대화가 길게 이어지지 않는다. 그런 사람은 대화하면 할수록 자기의 모든 것을 잃고 있다는 것을 모르고 있다. 기업을 경영하면서 가장 많이 남기는 것이 인간이어야 한다. 차가운 디지털 세상에서도 살아남는 것이 정(情)이다.

매사에 최선을 다하며 월급쟁이라는 생각을 버리고 회사가 아닌 자신을 위해 평생 할 수 있는 일이 중요하다. 너무 약삭빠르게 지름길만 찾으려고 하다 보면 더 험한 길을 만날 수도 있다. 바지런히 살다 보면 필생의 기회가 오는 법이다.

눈앞에 보이는 작은 것들을 버릴 때 사람과 사람 사이에 신뢰가 형성된다. 우직할 정도로 진실하면 내 주위에 나를 믿고 아껴주는 사람이 많아진다. 내가 만능이 될 수 없는 세상이다. 주변 사람들이 기꺼이 건네주는 손길이야말로 이 세상을 긍정적으로 살게 하고 성공할 수 있게 만드는 원동력이다.

아버지의 마음으로

우리 텔콤은 다른 회사와 다르게 매우 가족적이고 정이 넘치는 분위기를 갖고 있다. 초창기에는 재미난 일화도 많다. 텔콤 초창기에 안면도로 워크숍을 갔었는데 내가 졸라 1박을 더 한 적도 있었다. 허름한 바닷가 민박집에서 운치를 즐길 만큼 작은 규모였기 때문에 가능한 추억일 것이다.

몇 년 사이 급격히 성장하는 회사의 모습에 직원들의 자부심도 대단하지만 또한 일을 하면서 내부 갈등도 피할 수 없는 일인 것 같다. 갈수록 경쟁이 심화되는 사회생활 속에서 옆에 앉아있는 동료도 경쟁 상대가 되기 쉬운데, 우리 회사의 동료를 경쟁의 대상으로 생각하기보다 한 배를 탄 식구라는 생각으로 서로 돕고 배려한다.

나는 직원들의 경조사나 가정에 많은 관심을 갖는다. 이들은 이미 나의 가족이기 때문이다. 텔콤과 관련한 사람도 모두 우리 텔콤인이다. 한겨울에 회사 건물을 청소하시는 아주머니께서 청소하시다가 얼음에 미끄러져서 팔이 부러지고 몇 달이나 일을 못하셨던 적이 있었다. 나는 바로 치료비도 보태주고 다 나은 후에도 계속 일하게 해주었다.

2010년에 독일로 출장을 간 적이 있다. 유럽을 처음 갔던 직원이 사전 정보가 없어서 모든 것에서 허둥지둥했다. 긴장을 많이 했던 그 직원은 세면용품도 제대로 챙겨 오지 못했다. 면구스러운 얼굴로 내게 치약을 신세졌는데 체크아웃하는 날까지도 나는 그 친구의 치약을 책임졌다. 아침이면 그의 칫솔에 치약을 짜 놓은 것이다. 내가 이렇게 작은 일이나마 내 가족 같은 직원에게 뭔가를 할 수 있다는 것은 얼마나 행복한 일인가?

회의가 있는 날은 아침에 빵으로 식사를 함께하기도 한다. 그럴 때 젊은 직원들과 나누는 담소의 시간을 나는 매우 소중하게 생각한다. 가끔 점심을 먹고 올라오다가 구운 땅콩 등을 사서 사무실에 있는 사람들에게 한 명 한 명에게 돌리다 보면 작은 것이지만 그들에게 주면서 내가 더 풍성해지고는 했다.

대표라는 위치에 있어도 권위적인 모습보다는 친근한 자세로 직원들을 대하려고 노력한다. 가능한 한 나는 아버지의 마음으로 품고자 노력한다. 가벼운 농담으로 긴장이나 스트레스를 풀어주지만 잘못하면 따끔하게 혼을 내 준다. 그럴 때면 내 표정이 더 심란하여 직원들이 오히려 더 열심히 할 정도다.

인사를 받으면 한마디라도 더 보태 직원들에게 돌려주려고 노력한다. CEO에게 편하게 말을 건넬 수 있는 직원은 몇 명 되지 않는다. 그런데 용기를 내어 인사를 했는데도 묵묵부답 눈인사만 하는 CEO만큼 뻣뻣한 사람은 없을 것이다. 글로벌 스탠다드 회사는 직급이 없다고 한다. 내가 거래처에 엎드려서 직원들이 더 편해진다면 나는 CEO라는 타이틀이 가져야 하는 무게와 권위를 과감히 버릴 것이다.

우리 텔콤만이 가진 특이한 직원 복지제도가 있다. 우리는 매년 가을에 전 직원이 거의 비행기 한 대를 전세 내다시피 해서 해외로 워크숍을 떠나는 전통이 있다. 가끔은 직원의 가족들을 대동하기도 한다. 직원들의 호응은 가히 폭발적이다. 요즘은 해외 워크숍이 흔한지 모르지만 솔직히 십몇 년 전만 해도 직원들을 다 대동하고 워크숍을 떠나는 회사는 거의 없었다. 오직 이날만을 기대하며 일 년 내내 열심히 일한다고 말하는 직원들이 있을 정도였다.

워크숍 장소에 가서 한 해 회사를 위해 열심힌 일한 직원들을 선발해 MVP상을 주기도 했다. 같이 온 직원들의 가족들은 배우자의 직장에 대한 자부심이 매우 커졌고, 워크숍이 끝난 후에도 지속적인 유대관계를 맺고 잘 지내고 있다. 워크숍에서는 임원이고 직원이고 구분이 없었다. 똑같이 놀고 똑같이 춤추고 똑같이 그 순간을 즐긴다.

마지막을 장식하는 송년회도 매년 열린다. 직원들 개개인의 끼를 발휘하는 자리였는데 모두의 열정을 느낄 수 있는 의미 있는 시간이었다. 어떤 직원은 와이셔츠까지 찢으며 열정적으로 춤을 췄는데 엄청난 함성으로 음악소리가 들리지 않을 정도였다.

난 산타 복장을 하고 임직원들의 자녀에게 선물을 나눠 주었다. 직원들과 아이들의 환하게 웃던 모습을 되새기며 새로운 한 해를 열 수 있어서 매우 행복했다.

사회와 인간을 배워나가는 문화훈련장

텔콤이 젊은이들에게 훌륭한 일터이자 사회와 인간을 배워가는 문화훈련장이 되기를 나는 소망한다.

경영자 입장에서 열심히 하는 직원은 그냥 두고 볼 수가 없다. 몰입하여 마치 내 일처럼 회사 일을 하는 사람이 어찌 사랑스럽지 않을까? 그런 직원들은 CEO에게는 늘 초심을 되새기게 만드는 존재들이다.

나는 직원들과의 식사에도 항상 경건한 의미를 부여하려고 한다. 왜 우리가 같이 밥을 먹고 동고동락하는 '식구'인지를 같이 먹는 찌개 한 솥, 마주 건네는 술 한 잔에 벅차게 담는다. 나는 그들의 사장이기 전에 아버지 같은, 삼촌 같은, 큰형님 또는 든든한 친정 오빠 같은 사람이 되고 싶었다. 우연찮게 만난 직원과 그의 친구들에게 술 한 잔 정도는 기꺼이 사 줄 수 있는 사장이 되고 싶다.

미국 「포춘」지는 매년 일하기 좋은 직장을 선정해서 발표하는데 이런 회사의 특징 가운데 하나가 바로 '서로를 인정하는 문화'라고 한다. 직원들의 말에 귀를 기울이고 좋은 점을 보고 감사를 표하는 것은 이런 기업에서는 흔한 풍경이다.

부드러움이 단단함을 이긴다. 따뜻함이 꽁꽁 얼어붙은 차가움을 녹이는 법이다. 카리스마형 리더가 '나를 따르라!' 하는 성장기의 경영방식은 고전이 되었다. 감성적인 조직 경영이 딱딱한 관행과 경직된 조직 문화를 변화시키고 있는 시대다.

작년 봄 옥상에 휴게실이 생겼다. 재료를 구입해서 직접 제작했는데, 많은 직원들과 함께 휴게실을 만들었던 것이 기억에 남는다. 모두 서툴러서 어렵게 완성했지만 힘을 모아 만든 그곳을 지금도 잘 사용하고 있다.

나부터 대표 대 직원이라는 이분법을 사용하지 않으려고 한다. 우리 회사에서는 선배 VS 후배, 남자 VS 여자, 갑 VS 을이라는 대립 구도가 없다. 있다면 단 하나, 인간 VS 인간이라는 구도뿐이다.

새로운 해가 시작될 때마다 나는 온 직원들과 함께 청계산에 오르는 행사를 매년 해오고 있다. 새해에 새로운 마음으로 바쁜 현장에서 벗어나 공기 좋은 산에서 맞이하면서 평상심을 되새겨보며 우리의 모습을 다함께 되돌아보는 시간은 내게 참 의미 깊다. 물론 산행은 힘들지만 정상에서 만끽하는 기쁨과 뿌듯함, 그리고 산 아래 내려와 정답게 막걸리 잔을 건네는 뒤풀이의 즐거움은 우리가 모두 텔콤인이라는 것을 우리 뇌리 속에 새겨주는 소중한 감정들이었다.

기업이다 보니 어쩔 수 없이 각 분기와 연말에는 성과를 발표하게 된다. 하지만 나는 저조한 성과를 기록한 팀에게도 격려를 아끼지 않는다.

업무 시간이 아니라도 함께 허심탄회하게 와인 잔을 기울이며 대화를 나누고자 노력한다. 눈이 침침해도 직원들의 업무 보고서를 하나하나 다 읽고 계속하여 업무 방향이나 조언 등을 해주고 있다.

엄할 때는 엄하지만 자애로울 때는 한없이 자애로울 수 있는 아버지 같은 사장이 되고 싶다.

인간적인 리더란?

리더는 직원들을 대함에 있어서 자유롭고 격이 없어야 한다. 경영에 대한 해박한 지식과 글로벌 마인드로 무장하는 것만큼 중요한 것은 '다른 사람들과 일을 잘할 수 있는 능력', '휴먼스킬'이 뛰어나야 한다는 것이다. '리더가 최고의 인재를 선발 또는 육성하여 마음으로부터 혼신의 역량을 다 발휘하도록 함으로써 기대 이상의 집단 성과를 창출하는 기술'이 휴먼스킬이다.

리더는 다른 사람들과 일을 잘해나가야 함은 물론 일을 안 하거나 잘 못하는 사람들까지도 마음을 움직여 열심히 일하도록 만드는 사람이어야 한다. 갈등을 피하고 자신의 잠재력을 최대한 발휘할 수 있도록 만드는 것이 휴먼스킬이다. 휴먼스킬이 부족하면 추종자들로부터 마음에서 우러나는 존경을 받을 수 없다.

주어진 일을 관리하고 통제하는 것이 리더가 아니다. 그런 리더는 혼자서만 뛰다가 결국 쓰러질 뿐이다. 리더가 일방적으로 이끌고 추종자들이 자발적으로 리더에게 순종하는 것도 바람직하지 않는다. 리더와 추종자들이 상호 영향을 주고받아야 건강한 조직이다.

리더는 호불호를 먼저 말하지 않는다. 경험이 많아 이것저것 가르쳐주고 싶지만 자제해야 한다. 중립적이어야 마음껏 견해를 피력할 수 있다.

나는 빈말을 하지 않는 스타일이다. 빈말을 하면 인생 자체가 비어 있게 마련이다. 말도 신중하게 꽉 채워하면 일상과 사람 사이의 관계에서도 벅찬 충만함을 맛볼 수 있다는 것이 내 지론이다.

한동안 일었던 카리스마적 리더십 강풍에 대한 반작용이 서번트 리더십이었는데 이 리더십으로는 생각보다 큰 성과를 수확할 수 없었다. 공감형의 좋은 리더십은 유약하고 실제 거머쥘 게 별로 없고, 독단형의 나쁜 리더십은 성과는 있되 사람을 못 얻는다는 단점이 있다. 실제로 높은 성과 리더들의 공통점은 이 같은 이분법적 논리를 뛰어넘는다.

진짜 좋은 리더십은 구성원의 성장을 위해서는 매섭게 몰아치기도 하고, 품어주기도 하는 것이지 늘 오냐오냐 받아주는 것은 아니다. 늘 따뜻한 인간관계만을 중시하는 호감파 리더가 반드시 좋은 리더가 되는 것도 아니고, 모진 리더가 반드시 나쁜 리더가 되는 것도 아니다.

좋은 리더가 되기 전에 좋은 팔로어가 되어야 하고, 사람들을 이끌 수 있는 커뮤니케이션 능력을 갖추어야 하며, 사람들을 신뢰하고 위임할 줄 알아야 한다.

또한 사람들의 목소리를 가까이에서 경청하는 리더가 되어야 한다. 경청이란 상대방의 말과 행동을 잘 집중하여 들어 상대방이 얼마나 소중한지 인정해 주는 것이다. 제품이나 서비스, 정책에 문제가 생겼을 때 회피하고 묵인하면 이것은 큰 잘못이다. 경청하지 않아서 문제를 더 악화시키는 형국에 이른다. 갈등이 일어나기 전에 또는 위기가 발생한 시점에서 진심 어린 모습으로 사람들의 목소리에 경청하는 기업이 위기를 발전의 기회로 전환시킬 수 있다.

조직원들의 필요를 세심하게 배려하는 리더가 좋은 리더다. 배려란 나와 다른 사람 그리고 환경에 대하여 사랑과 관심을 갖고 잘 관찰하고 보살펴 주는 것이다.

사회에 대한 책임을 다하는 리더가 되어야 한다. 책임감이란 내가 해야 할 일들이 무엇인지 알고 끝까지 맡아서 잘 수행하는 태도다. 현대는 좋은 성품이 각광받는 시대이다. 기업도 이제는 좋은 성품이 필요한 시대를 살고 있다. 고객과 직원, 사회와 좋은 관계를 맺는 '좋은 성품'이 위대한 기업을 만든다. 원칙에는 강하고 사람에는 부드러운 카리스마가 가진 좋은 리더여야 조직을 성공리에 이끌 수 있다.

정착민의 마인드에서 유목민의 마인드로, 이제는 하루하루 사냥하지 않으면 굶어죽는 사냥꾼의 마인드로 노력해야 하는 기업 환경이지만 잊어서는 안 되는 한 가지가 있다. 그 사냥꾼 역시 눈을 감고 잠을 자야 하는 법이고, 입을 벌려 밥을 먹는 시간을 가져야 다음 사냥을 위한 체력을 비축할 수 있는 법이다.

'호모루덴스'

원래 인간은 '노는 동물'이다. 현대에는 잘 노는 사람이 일도 잘하는 경향이 있다. 잘 놀기 위해서도 계획을 짜고 알차게 시간 안배를 하는 과정이 섞여 있기 때문이다. 잘 논다는 것은 자신이 안배한 시간을 잘 활용할 수 있다는 뜻이고 자신의 일과와 인생 시나리오를 그만큼 밀도 있게 수정할 수 있는 능력이 있다는 뜻이다. 휴(休)테크를 잘하는 사람일수록 업무 몰입도도 뛰어난 편이다.

뛰어놀고 있는 어린 아이의 표정을 떠올려 보라! 나 역시 어릴 때 놀다보면 언제 캄캄해졌는지도 모른 채 논 적이 많았다. 그런 몰입이라면 어떤 일인들 즐겁게 못할까? 행복한 젖소가 더 많은 우유를 생산한다. 직원이 행복해야 생산성이 높아지고 고객도 행복하다. 행복한 고객은 다른 고객을 불러온다. 행복바이러스의 선순환 구조다.

많은 시간을 직장에서 보내는 한국인의 특성상 직장에서의 행복은 전반적인 삶의 행복에 큰 영향을 미친다. 행복한 직장이어야 한다. 그런데 실상은 그렇지 못한 경우가 많은 것 같다. 낙타가 바늘구멍 들어가기보다 어렵다는 취업 전쟁에서 마침내 승리를 거둬 입사를 하면 이제 '고생 끝 행복 시작'의 문이 활짝 열릴 것 같지만 취업을 한 이후에는 이제 '직장에서 살아남기' 프로젝트가 시작된다.

취업을 하면 최소 하루의 1/3 이상을 직장에서 보내게 된다. 그런데 이 시간을 단지 월급을 받기 위해 버티는 시간이라고만 생각하면 자신도 불행할 뿐만 아니라 이런 사람을 반겨줄 직장도 없다. 자신도 즐거움을 찾고 회사에도 이익을 안겨줄 수 있는 '직장 생활의 달인'이 되는 방법은 없을까?

사람들은 게으름과 여유, 편안함과 행복을 혼동하는 것 같다. 게으름은 무가치하고 여유는 창조를 만드는 시간이다. 마냥 편한 것이 행복한 것은 아니다.

이종화 레이크우드 사장님의 이야기다. 자기가 망해가는 회사 여덟 개를 인수해 살려낸 경험이 있는데 그 기업들은 매출은 그대로지만 이익이 떨어진 공통점이 있었다. 그런데 놀랍게도 고객이 감소해서도, 서비스가 나빠 고객이 다른 데로 가서도 아니었다. 이상해서 그 기업들을 자세히 살펴봤더니 회사 직원들이 정말 편안하게 근무하고 있었다고 한다. 하지만 그 편안함은 직원 행복과 전혀 관련이 없었다.

기업이나 사람이나 너무 편하면 망하거나 고장 나기 마련이다. 나태함과 느슨한 분위기를 작은 행복으로 착각하여 현실에 안주하게 되면 성장은 꿈도 꾸지 못할 일이다. 직원 행복과 편안함을 절대 혼동해서는 안 될 말이다.

　행복한 회사의 직원들은 안정된 상황이 아닌 급격한 변화의 소용돌이 속에서도 편안함을 느끼는 사람들이다. 안정이 아닌 변화를 즐기는 사람들이다. 일찍이 레오나르도 다빈치도 쇠는 안 쓰면 녹슬고 고여 있는 물은 썩으며, 게으름은 정신의 활력을 앗아간다고 갈파했다. 부지런히 살아있는 연어만이 모천에 회귀하여 알을 낳는 법이다.

　텔콤은 직원들의 업무와 관련하여 가능한 자율적으로 움직일 수 있도록 지원을 많이 하는 편이다. 업무 능력과 안목을 높일 수 있도록 해외 전시회 등을 많이 보낸다. 업무와 동시에 휴식을 누릴 수 있는 자격이 우리 텔콤인들에게는 충분히 있다.

　직원이 행복한 것과 마냥 편한 조직은 다르다고 생각하는 나로서는 가끔은 직원들에게 단호한 모습을 보일 때도 있다. 직원들에게 활기를 주기 위해서다. 리더는 부하 직원을 그냥 놔둠으로써 편하게 하는 것이 능사가 아니다.

　일본전산 이야기라는 책에도 나오는 「잉어와 메기」 일화는 많이 들어보았을 것이다.

　한 유명한 사찰 안에 있는 큰 연못에 방류한 잉어들이 며칠만 지나면 모조리 죽어버려 담당스님이 고민에 빠졌다. 때에 맞춰 먹이를 주고 수질 관리를 잘하는데도 연못 속의 잉어는 도통 기운 없이 죽어가니 얼마나 답답했을까?

　무슨 방도가 없을까 고민하던 차에, 잉어를 여럿 기르는 전문가가 연못에 메기를 넣어 같이 키우면 효과가 있다는 조언을 건넸다. 정원 관리사는 그 조언을 받아들여 연못에 대형 메기를 넣어 같이 키웠다.

그랬더니 잉어들은 몰라보게 건강해졌고 먹이도 왕성하게 먹으며 부쩍 커갔다.

이른바 '천적전략'이다. 천적인 메기가 있다는 것만으로 잉어는 부지런히 움직이게 되고, 그에 따라 먹이도 활발하게 먹게 되니 성장이 빨라진다. 천적에게 잡아먹히지 않기 위해 적당히 스트레스를 받고, 메기의 위협에서 벗어나기 위해 궁리도 한다.

그렇게 활동하다 보니 당연히 금세 배가 고파 먹이를 정신없이 먹고 병에 걸리거나 아파할 시간이 없다. 사람도 마찬가지다. 열심히 일을 하다가 도리어 쉬는 날만 되면 몸이 아프다고 호소하는 사람들이 있다. 정년퇴임한 사람들의 돌연사도 긴장감이 사라져서 그런 것이 아닐까?

긴장감은 누군가 지켜봐주고 있다, 나를 주목하고 있다는 데서 나온다. 그러므로 경영진이나 상사는 스스로 긴장감을 유지시킴과 동시에 직원들에게 지속적이고 반복적으로 시장 동향이나 향후 나아가야 할 방향에 대해 지적하고 독려해야 한다. '지켜보고 있다'는 긴장감과 '그러나 결국 일을 풀어나가는 것은 나 자신'이라는 동기부여 사이의 적절한 안배가 필수적이다.

나는 자발적이고 건강하게 일하게 만드는 메기 같은 리더가 되고 싶다. 마냥 편한 회사가 아니라 기회를 주는 회사가 정말 좋은 회사라고 생각한다. 외국에 나가 많이 배우기를 원하고 그들이 좋은 책과 이론들을 많이 접하기를 원한다.

힘을 합하지 않으면 서로 발전이 없다. 텔콤의 밝은 미래를 꿈꿀 수 있게 직원 각자가 잘 되어야 한다. 직원을 위한다며 자유만 주면 그들은 자유를 유지하지 못한다. 다른 사람 눈치를 보지 않아도 자유로움을 참아야 할 때가 있다. 서로의 자유를 침해하지 않으면서 일을 잘 맞추는 팀에서 좋은 생각이 나온다.

부하에게 불만스러운 생각을 갖지 않는 제일 쉬운 방법은 무관심하거나 외면하는 것이다. 이러면 모든 상황이 편안해진다고 생각하는 리더 밑에서 일하는 부하직원은 불행하다. 사람은 자극을 통해 성장하기 때문에 이런 리더 밑에서 일하는 부하는 성장할 기회를 박탈당한 것과 같기 때문이다.

딱히 정한 것도 아닌데 텔콤은 직원들이 30분 일찍 출근하고 30분 늦게 퇴근하는 문화가 나름 정착되어 있다. 이렇게 일찍 출근한 직원들은 업무를 위한 워밍업으로 하루를 시작한다. 모든 인간은 곧바로 본론으로 들어갈 힘이 없다. 무엇이든 워밍업 과정이 필요하고 본문을 위한 인트로를 원한다. 충분히 준비를 한 상태에서 본론에 돌입한 사람을 이길 수는 없다. 늘 나태해지지 않고 더 나은 고객 서포터를 지향할 수 있는 조직 문화는 이런 사소한 습관에서도 나올 수 있다.

나는 '자율이 있는 책임'을 늘 주문하는 CEO다. 회사 창립 후 모든 결정에 대해서 담당자들에게 많은 부분을 일임했다. 물론 내 능력을 못 믿어서가 아니었다. 하지만 어느 순간 내가 독단과 오만에 빠져 우리 텔콤을 망하게 몰아붙일까 봐 걱정된 것도 사실이었다. 그것을 막기 위한 가장 큰 장치가 바로 직원들의 자율과 참여였다.

현시대는 빠르게 변화하고 수많은 개성과 유행들이 스쳐 지나간다. 경영자의 입장에서 봤을 때 자율적인 분위기이지만 직원들의 단합력은 대단하다. 입사한 이래 중도 포기 없이 20대에서 40대를 한결같이 함께 보내는 이들이 많다. 비록 내가 채용한 직원들이지만 나는 그들이 내 형제고 누이고 가족 같다는 생각을 한다.

광주에 있는 L사 회사를 몇 년간 줄기차게 영업하여 한 번에 많은 수량을 오더 받은 적이 있었다. 담당자는 늘 한결같았던 우리 직원들을 칭찬했다.

내게 어떤 직원이 이러한 말을 한 것이 기억이 난다.

"텔콤은 내게 제2의 고향입니다." 젊은 시절의 꿈과 이상이 묻어있고, 힘든 시절의 내 피땀과 눈물을 받아주었고, 언제나 늘 내 가장 큰 자랑이 되어준 회사다. 비록 내가 나중에 은퇴해 떠나더라도 영원히 마음속으로 떠날 수 없는 것이 고향이듯 잊을 수 없을 것이다라고….

텔콤은 우리 직원 모두에게 고향 같은 기업이 되기를 원한다.

대학 졸업 후 첫 직장에서 안 좋은 기억을 가지고 6개월 만에 퇴사를 하고, 인생의 터닝 포인트를 마련하고자 과감하게 해외 연수를 갔다가 돌아와서 바로 우리 회사에 취업한 직원이 있었다. 우려와 달리 그 직원은 우리 텔콤에서 단단히 자리 잡았다. 재직하는 동안 결혼도 했고, 일가도 이뤘다. 그 직원에게 텔콤은 가족 다음으로 가치를 가진 곳이었다고 생각되지 않을까?

소명으로 자신의 일을 생각하는 사람은 언제나 일터로 소풍을 간다. 이들은 일에서 보람과 가치, 의미와 재미를 동시에 발견한다. 지금 하고 있는 일이 내가 '되고' 싶은 꿈을 실현하기 위해서 하는 일이기에 내가 일의 주인이다. 주인 정신과 긍정적으로 생각하는 사람에게 일터는 언제나 즐거움과 재미가 있는 축제의 장소이자, 자신이 되고 싶은 꿈이 살아 숨 쉬는 터전이다.

일을 그저 견뎌내야 할 고역이라고 생각한다면 온종일 그렇게 여겨질 것이다. 하지만 일이 자신의 재능을 계발하고 다른 사람을 돕고 세상을 개선할 수 있는 기회라고 생각한다면 일이 좀 더 즐거워지고, 높은 성과창출로 이어질 것이다. 결국 행복한 직장 생활은 자기 자신의 선택에 달려있다.

"내 업무 시간의 70%는 인재를 발굴하는 데 쓴다."

GE 회장이었던 잭 웰치의 말이다. 그는 사무실에 "전략보다 사람이 우선한다."는 격언을 붙여 두고 이를 신념으로 새겼다.

특히 요즘처럼 불황일수록 인재 확보의 중요성은 더욱 절실하다. 기업들은 사람 하나하나가 중요하다는 판단 아래 불황을 이겨내기 위한 전략으로 인재 경영에 주력하고 있다. 인재 경영은 '누가, 얼마나 훌륭한 인재를 잘 골라낼 것인가'라는 질문에서 시작한다. 많은 기업들이 매년 채용 방식을 개선하며 '준비된 지도자'를 찾아 나서는 상황이다.

기업들은 인재를 잘 키우는 방법에 대해서도 다각도로 고민하고 있다. 유능한 인재가 이탈하는 것을 방지하기 위해서는 창의적이고 혁신적인 업무 환경을 갖추는 것만큼 중요한 것이 없다.

나 역시 직원을 나 자신처럼 아끼고 존중하며 그 안에 잠재된 가능성을 발견하고 이끌어내는 일에 매일 자신의 존재 이유를 찾고 사활을 걸고 있다. 텔콤은 이제 전자통신 분야에 국한되지 않고 여러 분야의 제품을 취급하면서 하루가 다르게 변하는 기술과 고객의 요구를 파악해 최적의 솔루션과 어플리케이션 가이드를 제공하고 있다. 인적자원의 효율적 확보와 운영이 뒤따르지 않으면 성장하기 힘들다. 미래형 인적자원은 정보를 적기에 수집하고 수집된 정보를 정확하게 분석해서 전략적 차원에서 활용할 줄 알아야 한다. 또한 시장을 주도할 수 있는 기량이 필요하다.

우리는 공급자가 아니라 고객이 귀 기울여 듣는 컨설턴트가 되어야 한다. 누군가 원하고 열망하는 것을 찾아주는 것 즉 가치를 줘야 하기에 많이 배울 필요가 있다.

나는 직원들에게 업무능력 향상과 관련된 교육이나 서적에 대한 투자는 아끼지 않고 많은 기회를 부여하고 있다. ZERO인 사람을 뽑아서 제 몫을 할 수 있게끔 만드는 힘이 바로 '교육'에 있다. 사원도 여러 대상별로 특화시켜 교육을 받게 하면 효과가 좋다. 유익한 교육 프로그램이 있으면 함께 시청하고 의견을 나누는 시간도 종종 가진다.

구슬을 잘 꿰어 명품 구슬을 만들기 위해서는 수고로움도 마다하고 집중하는 장인 정신이 필요하다. 내 손에서 빚어진 명품 사원들을 볼 때면 뿌듯하기 그지없다.

스펙이 아니라 스토리를 보다

기계나 물건에 스펙이 있지 사람에게 스펙이 있다고 생각하지 않는다. 지식과 지혜가 중요하고 다양한 경험을 쌓아야 한다. 모든 일은 태도의 문제다. 얼마나 몰입하고 집중했는가의 차이지 스펙이나 연줄의 차이가 아니다.

사람에게서 희망을 읽는 것이 리더의 책임이라고 생각한다. 좋은 리더는 직원의 시야를 넓혀주고 장애물을 뛰어넘게 인도하는 사람이다. 또한 최고의 인재를 문제가 가장 큰 곳이 아니라 기회가 가장 큰 곳에 배치하는 사람이다.

난 스펙이 똑같은 복제 인간을 원하지 않는다. 서류 전형이나 공채로는 결코 내가 원하는 인재를 뽑을 수 없다고 생각한다. 명문대학의 학력을 가졌거나 성적이 우수한 사람, 일류기업 경력자들은 솔직히 중소기업에 잘 도전하지도 않는다. 물론 나 역시 그런 사람들을 채용하고 싶은 마음이 별로 없다.

어느 기업이든 그 사람의 됨됨이를 가늠할 수 없기에 그 사람이 이제까지 해온 이력서 한 장으로 그 사람을 판단하기가 쉽다. 하지만 우리 텔콤은 이런 방식을 과감히 버렸다. 이력서 몇 줄로 요약되어 있는 그를 판단하는 것이 아닌 숨은 재능과 성실함을 보고 채용하려고 한다. 면접을 볼 때, 기업이나 업계 동향에 대해 얼마나 공부하고 많은 부분을 숙지하고 있느냐 하는 것보다 그들의 꿈과 자세, 그리고 열정을 더 많이 보는 편이다. 슈퍼맨을 원하는 것이 아닌 다소 비어있더라도 충분히 채울 수 있는 가능성을 보기 때문이다.

그래서 스펙보다는 스토리에 더 귀를 기울인다. 졸업장보다는 비전과 열정이 더 중요하다. 어느 회사의 인턴 경력이나 공모전 수상 경력보다는 자신의 인생에서 맞닥뜨렸던 실패나 시련을 이겨나간 잠재력 있는 스토리가 더 중요하다. 오히려 직원 채용 시 나이가 많은 사람인데 성실성이 엿보이면 과감하게 채용하는 편이다. 나이가 많다는 것은 어떤 형태든 경험이 많다는 의미이고 그만큼 절박한 처지에 놓일 가능성도 크다는 것이다. 절실하면 구하게 되어 있고 구하면 통하게 되어 있으므로 나는 절박함이 분명 큰 장점이 된다는 것을 알고 있다.

앞서 말했듯 나는 사람을 뽑을 때 무슨 대학을 나왔는지는 보지 않는다. 채용 기준이 열정이기 때문이다. 한번 채용한 사람은 최대한 믿고 그의 가능성을 추출하려고 노력한다. 그들을 다이아몬드 원석처럼 여긴다. 설령 흠이 많고 함량이 미달되더라도 그의 잠재력을 보고 투자한 내 손에서 빚어지는 작품이라는 생각으로 그를 연마한다.

경력직을 뽑을 때 역시 관련 경력자가 아니더라도 열정만 있으면 입사할 수 있다는 점이 텔콤의 강점이다. 어문 계열을 전공했고, 전 직장 이력도 섬유관련인 사람도 직원으로 채용하였다. 그들을 나의, 텔콤의 인재로 다시 키워내는 것은 내 몫이다.

영업직무 특성상 운전면허가 있어야 하는데 면허가 없어 속상해하는 직원도 나는 과감히 채용했다. 실제 그 직원은 입사 후에 면허를 땄고 국내에 처음 프로모션하는 제품의 첫 발주도 무사히 해내는 등 능력을 발휘했다.

텔콤에서는 누구든지 주인공이 될 수 있다.

텔콤은 인재 채용에 있어 크게 열려 있는 회사여서 여러 다양한 사람이 모일 수 있고, 그만큼 다양한 장점을 가지고 있다. 보통 중요한 업무를 높은 직급의 사람이 맡게 되는 경우가 많은데 텔콤은 신입사원에게도 발표 등 중요한 업무를 경험할 수 있도록 해 준다. 신입 시절에 겪게 되는 이런 긴장되는 경험은 자기 스스로의 취약한 부분을 조금씩 개선해 나가는 데 있어 엄청난 기회가 될 수 있다. 그러면서 회사의 핵심 구성원으로 성장하는 것이다.

나는 최종 입사결정을 위해 나와 면접을 위해 온 직원도 문 앞까지 배웅해주고 엘리베이터 탈 때까지 기다려 준다. 지금도 면접을 보면 그렇게 한다. 다른 회사에서는 이렇게 면접 후 면접자를 대표가 배웅하는 일은 거의 없을 것이다. 이는 내가 지키는 사람에 대한 예의다.

왜 따는지도 모르는 자격증 대신 자기가 원하는 일이 뭔지 제대로 아는 직원이 나는 필요하다. 자기가 몰입할 수 있는 일을 해야 하는데 대부분의 젊은이들은 이런 몰입과정이나 성취과정이 생략된 채 결국 변별력도 없는 스펙을 쫓다가 루저가 되는 것 같다.

텔콤과 가온하이테크는 스펙이 넘쳐 느슨한 사람이 아니라 헝그리 정신이 있고 경쟁을 즐기는 사람을 계속 채용할 것이다.

리더는 직원을 마음으로 리드해야 한다. 직원이 얼마나 효과적으로 일을 하고 회사에 어느 정도의 이익을 가져다주었는지도 매우 중요하지만 사람과의 관계 맺기는 그런 것보다도 선행되는 것이다. 조직에서 자기와 일치하는 사람도 중요하지만 반대를 하는 사람도 있어야 내가 보지 못한 부분을 본다는 것을 깨달아야 한다.

직원을 대할 때 나는 될 수 있으면 말은 아끼고, 귀는 부지런하게 열어두는 편이다. 그들과 약속을 했다면 반드시 지키기 위해 노력했다. 나는 텔콤인에게 무엇보다 서로 진심을 나누고 좋은 일이든 나쁜 일이든 적극적으로 공유할 것을 많이 주문한다. 기분 좋지 않은 일은 말하기가 어려운데 좋지 않은 일일수록 더 이야기를 해야지 대책을 세울 수 있고 후유증이 덜 하다고 본다. 오래 앓은 종기가 골수에까지 병균

이 침범하여 생명을 위독케 만들 듯 끙끙 앓다가 막판에 터트리면 그 피해는 엄청날 수가 있다. 어떤 일이든 나쁜 일일수록 감추지 않고 미리 미리 이야기할 수 있는 투명하고 자유로운 분위기를 만들려고 노력하고 있다.

그럼에도 불구하고 같은 회사에서 한솥밥을 먹고 있어도 직원 각자가 서로 다른 생각과 인생관을 갖고 있다. 직원들 중에는 회사를 위해 혹은 자신의 일을 개선하기 위해 건설적인 의견이나 제안의 형태로 불합리한 면을 얘기하는 사람들이 있는데 그런 직원이라도 나는 인재로서 소중히 여긴다. 하지만 자신의 처우에 대한 불만이나 회사 방침에 대한 부정적인 견해로 막연한 반항심에서 불평을 토로하는 직원이라면 오래 붙잡고 싶지 않다. 회사에 남게 해봤자 직장 분위기만 흐리게 하고, 회사에 손해만 끼칠 뿐이다.

텔콤이 직원들에게 첫 직장은 아닐 수 있겠지만 마지막 직장이 되었으면 하는 것이 CEO로서의 소박한 바람이다.

스펙이 아니라 몰입이 중요하다.

회사는 실력 있는 직원, 능력 있는 직원을 원한다. 하지만 가장 원하는 직원은 '어떻게든 해내는 직원'이다.

인간관계는 결국 헌신이다. 상대방을 위해 선한 영향력을 주는 것이다. 비즈니스란 결국 기브앤드테이크(Give & Take)다. 하지만 저 단어의 순서대로 먼저 주는 것이 정석이다. 그리고 받아야 한다. 내가 먼저 쥐야 받을 수 있다는 것이 세상 이치다.

자기희생이 조직 내에서 발언권을 높여준다는 것을 리더도, 직원들도 깨닫고 있어야 한다.

회사에 들어왔다고 그냥 관성에 바로 젖어 버리려는 직원들을 엄하게 대하면서, 나는 주로 그가 얼마나 자기 주도적으로 일하는지를 많이 눈여겨보는 편이다. "이 일을 하라!"라고 말하지 않는다. 대신 "이 일을 왜 해야 하는가 생각하라!"라고 주문한다. 조직의 성장은 구성원 모두의 몫인데 시키는 것만 수동적으로 하는 성실성은 필요 없다. 솔직히 소설이나 잡지의 본편이 재미없는 경우도 있다. 하지만 그 본편을 압도하는 부록이 있다. 나만의 색깔, 나만의 부록을 갖추는 노력이 필요하다.

대기업이나 중견 기업에서 낙방한 사람들은 자신의 가치를 알아봐주는 회사이니 정말 열심히 일하는 모습을 보여준다. 게다가 마음껏 자율성을 주면 그들은 내가 보기에도 놀라울 정도로 성장한다.

적절한 동기부여는 직원을 춤추게 한다. 원활한 의사소통, 수준 높은 세미나 운영 등 다양한 동기부여를 통해 인재 양성에 성공해야 한다. 자유로운 회사 분위기와 대기업 못지않은 특화된 복지 혜택이 입사의 결정적인 동기라고 말하는 직원들도 있다.

어설픈 일류보다 하겠다는 삼류를 일류로 키우고, 일류는 초일류로 키운다.

아무리 기업이 일정 규모를 넘어서서 시스템적 경영을 하더라도 결국 그 시스템을 관장하는 것은 사람이다. 치열한 글로벌 경쟁의 시대를 오롯이 창조의 힘으로 맞서야 하는 중소기업에 인재만이 유일한 희망이요, 돌파구다. 사람이 없다고 한탄하지 말고 적합한 인재를 찾아

직접, 제대로 키울 수 있는 역량부터 기업이 갖춰야 한다.

오너 한 사람이나 소수에 의존해서는 기업의 성장에 한계가 있을 수밖에 없다. 우리 텔콤의 인재경영 효과는 각종 외부 수상으로도 검증됐다. 지금까지 파나소닉 개발약진 콘테스트가 시작된 이후 텔콤이 연속 4회 수상을 하였고 개인별 매출상과 신상품 개발상에서도 두각을 나타냈다.

또한 COSEL사와 MAXWELL사, DUCOMMUN TECH사 등에서도 텔콤이 매출 부분에서 수상을 하였으며 특히 COSEL사의 경우 세계 여러 나라 대리점 중에서 매출 1위를 달리고 있다.

텔콤은 매년 해외의 크고 작은 전시회에 되도록 많은 직원들이 참관을 하여 새로운 시장과 신제품을 가장 빨리 접할 수 있도록 기회를 제공하고 있다.

요즘은 신입사원부터 시작해서 10년 넘게 근무하는 직원들이 많은데 사원에서 관리자로 진행되는 과정에서 필요한 맞춤형의 인재육성에 힘쓰고 있다.

우리 텔콤은 단기적인 이윤만을 추구하는 기업이 아니다.

직원 한 명 한 명이 행복해하는 회사가 되었으면 좋겠다. 단순히 급여나 복지를 높여주는 것도 좋지만 기업이 인간적으로 열정을 쏟을 수 있고 그만큼 정당한 보상이 있는 안락한 요람이 되기를 원한다. 우리 직원들이 이 사회의 소외계층으로까지 연대를 하는 아름다운 사람으로 거듭나기를 원한다.

회사를 운영 하면서 내 자신과 직원들을 혹독하게 담금질한다면 그것은 성장 그래프가 꺾이는 일이 없도록 하기 위해서다. 어중간한 상태에서 중간에 그만두게 하지 않는다. 그 사람의 책임 하에 모든 것을 마무리 짓게끔 하는 이유가 있다. 그래야만 그 역시 성장할 수 있기 때문이다.

우리와 같은 강소기업들이 많이 늘어나 양질의 일자리를 만들어내는 것이 애국이라고 생각한다. 부속품처럼 돌아가는 대기업과 달리 중소기업은 가족적인 분위기고, 자신의 능력을 발휘한 만큼 만족감을 얻을 수 있다는 점에서 청년의 블루오션임을 구직자들도 알아주었으면 한다. 미래를 걸어볼 만한 강소기업으로서 텔콤은 모든 청년에게 활짝 열려있다.

여기 들어와 성장하기만 하면 된다.

"특별한 재주는 없답니다. 다만 나무의 천성을 살펴 그것이 본성이 최대한 발휘되도록 할 뿐이라오. 나무의 뿌리가 쭉 뻗어 나가게 하고, 흙을 고르게 북돋아야 합니다. 나무를 심을 때는 자녀를 보살피듯 세심해야 하고, 나무 심기가 끝난 다음에는 포기한 듯이 내버려두면 나무의 천성이 지켜지고, 나무가 본성을 잃지 않게 됩니다. 이처럼 저는 단지 나무의 성장을 방해하지 않을 뿐, 나무가 굵고 튼튼하게 자라게 하는 무슨 특별한 비결이 있는 것이 아닙니다."
— 당송팔대가의 한 명인 유종원柳宗元의 〈곽낙타 나무를 심다〉에서

자신의 내면과 외면을 가꾸는 일에 항시 힘써야 한다. 거창하게 돈을 주고 뭔가를 배우고, 일부러 시간을 내어 강좌를 듣지 않아도 내면을 제대로 갖출 수 있는 방법은 많다.

독서는 최고의 자기계발 기술이다. 최근 지하철을 타고 다니는 사람들 손에 신문이 쥐여진 것을 많이 못 본다. 요즘은 모두 스마트폰을 들고 다니니까 접근성이 더 좋아졌음에도 불구하고 주로 예능이나 드라마를 보고 있는 것을 많이 보았다.

신문도 자주 읽어야 한다. 요즘 젊은이들은 신문을 거의 읽지 않는다. 읽은 글의 양만큼 삶의 질은 높아지는 것을 모르는 것 같다. 신문을 읽더라도 그냥 읽어서는 안 된다. 신문은 세상의 반응을 생각하면서 읽는다. 인터넷으로 가벼이 난무하는 일방적인 기사를 다 믿지는 말고 자신의 머리로 직접 답을 찾는 것도 좋은 방법이다. 가끔은 종이와 펜을 들고 사무실을 떠나자. 전시회도 좋고, 극장도 좋다. 내 머릿속을 신선하게 비우고 다시 뭔가를 채울 수 있는 여유로움으로 세상을 대할 필요가 있다. 운동으로 신체도 단련하지만 마음의 노화까지 방지하는 것도 꽤 좋은 방법이다.

정보에 대한 접근이 수월해진 상황에서는 인터넷으로 검색하면 유사한 과제에 대한 해결책을 금방 찾을 수 있다. 문제가 발생해도 자신의 머리로 해결책을 찾기 위해 고민하지 않고 바로 인터넷의 힘을 빌려 답을 찾는다.

이런 과정을 통해 이미 존재하는 답을 찾는 데 익숙해지면 스스로 답을 찾는 힘을 잃게 된다. 또한 인터넷을 통해 답을 찾으면 다행이지만 유사 케이스가 없다면 그 사람은 영영 과제를 해결하지 못하게 된다. 그렇다면 어떻게 해야 할까?

바로 현장에 나가야 되는 이유다. 삶에서 부딪히는 모든 문제에 반드시 정답이 존재하는 것은 아니다. 그렇기 때문에 스스로 문제를 인식하게 되면 논리적으로 생각해서 결론을 이끌어 내는 자세가 중요하다.

비즈니스맨으로 살아가기 위해서는 현실의 다양한 문제에 대해 자기 나름대로 과제를 설정하고, 답을 찾아내려고 노력하는 것이 중요하다.

현장 고민을 많이 하면 자연스레 답을 찾을 수 있다. 왜냐하면 직접 눈으로 보면서 트렌드를 읽기 위해 노력하기 때문이고, 시장 상황에 맞는 제품과 마케팅 전략을 현장에서 고민하기 때문이다.

기업 경영은 '100m 달리기'가 아닌 '마라톤 경주'다. 정보의 홍수 시대로 급속히 진화하고 있는 환경에서는 정해진 답만을 찾아 푸는 인재, 단기의 목적에 급급한 인재, 안정만을 추구하며 타인과 협력하지 못하는 인재는 결코 성공할 수 없다.

나는 늘 긴장하고 산다. 오늘도 없고 내일도 없고 지금 이 순간만 존재하는 인간이 되어서는 안 된다. 그리고 과거의 반성과 부채감 없이, 미래에 대한 예측과 도모 없이는 현재를 오롯이 누리는 것도 사실 불가능하다.

어두웠던 시절 고통을 잘 알기에 지금의 행복이 더욱 소중하게 느껴지는 것이다. 내가 지금 행복한 건 고생을 해봤기 때문이다. 고생은 가치를 알게 해준다. 어디를 가나 사소한 거 하나에도 불평불만이 많고, 정작 찾아야 할 답을 못 찾는 사람은 대부분 고생을 잘 모르고 자란 사람들이 많다.

예전에는 고추 모종에 버팀목을 세우지 않아도 잘 자랐는데 지금은 버팀목을 세우지 않으면 스스로 서지 못하는 고추대가 많다고 한다. 사람도 항상 버팀목에 의지하려고 하는 사람은 자생력이 없다.

1년 중 많은 나날을 나는 해외에서 보낸다. 미국과 일본을 비롯해 유럽, 그리고 최근에 많은 기대를 가지고 있는 중국 시장까지 직접 발품을 팔면서 돌아다니고 있다.

내가 그 나라의 기업가들과 기업 현장에서 보고 감탄한 것은 실패를 기회로 삼을 줄 아는 긍정적인 마인드와 수평적 조직문화였다. 솔직히 우리나라 기업 풍토에서는 거의 없는 것이다.

나 역시 우리 텔콤에서 추구하는 것은 전 직원이 자기가 맡은 일에 대해 행복하게 고민하고 이에 대한 아이디어를 자유롭게 제출하는 조직 문화다. 스펙과 배경을 우선시하는 다른 회사와는 차별된 분위기를 갖고 있다. 수평적 조직문화를 정착하고 유지하는 것은 쉬운 일만은 아니다.

다방면으로 성장하는 판로를 찾아다니고 있다. 텔콤은 매년 1~2회의 국내 크고 작은 전시회에 참가하고 있다. 전시회에 상주하면서 전시회 업무를 하는 직원들과 같이 일을 하면서, 나는 직원들에게 우리가 취급하는 제품에 대해서 배우고, 손님맞이와 통역 등의 업무를 통해 회사에 대한 자긍심을 키울 것을 주문한다. 전시회를 잘 치루면서 가지는 보람은 부가적인 것이다.

우리 텔콤은 모든 일에 대하여 절대 강요하지 않는다. 직원 모두가 자율적으로 책임감을 가지고 업무에 임하기 때문에 그날 해야 할 일을 마무리 짓고 나서 퇴근을 한다. 아직 일이 남아있으면 스스로 알아서 남는다.

회사는 생산적이고 창조적으로 문제를 해결하는 곳이다.

신입 사원에게 신규업체 조사 업무를 맡겼는데 처음에는 업체 컨택 자체도 힘들고 전화영업을 너무 힘들어했다. 하지만 지속적으로 동기 부여를 시켜주며 선배들이 노하우를 전수했더니 많은 신규 업체를 발생시켰던 것이 기억난다. 하지만 더 기억에 남는 것은 그에게 성공 소감을 물었더니 "정말 재미있습니다."라고 말한 대답이었다.

우리나라에 수많은 회사들이 있는데 이렇게 개인이 즐겁게 만족하는 회사를 만들기 위해 직원과 함께 노력하는 곳이 얼마나 될까?

우리 텔콤은 가족적인 분위기로 언제나 도전적이고 열정이 가득한 회사이기에 방황하기 딱 좋은 신입시절의 직원까지도 만족시킬 수 있었다.

각 팀의 성격에 맞는 자율성을 강조한다. 영업을 하는 팀과 회사의 전반적인 경영 활동을 지원하는 팀의 성격은 판이하다. 그런데 똑같은 자율성이나 성과율, 책임감을 강요해서는 안 된다고 생각한다.

백인백색이라 다양한 개성과 능력을 보유한 직원들 간의 조화를 중요하게 생각한다. 나는 내 직원들을 믿고 아낀다. 텔콤은 딱히 전공자나 관련계열 종사자를 원하지 않는다. 어차피 내가 교육을 통해 텔콤에 맞는 인재를 양성하면 되기 때문이다. 비전공자라고 해서 자신감이 떨어질 일도 없다. 오히려 원래의 전공과 텔콤의 업무를 융합적으로 결합해 더 잘할 수 있다는 자신감을 심어준다.

텔콤 자체가 해답을 주는 회사가 아니다.

기존 거래처와 거래가 끊길 위기를 맞이한 적이 있는 직원에게 나는 즉답을 주지는 않았다. 해결점에 대해 도와주려는 마음은 있었다. 하지만 그 직원 스스로가 먼저 풀어야 될 문제라고 생각했다.

솔직히 그 당시 나는 그 거래에 대해 어느 정도는 포기를 하였고, 다만 직원이 그 위기를 슬기롭게 겪기만을 바라고 있었다. 하지만 직원은 스스로 그 문제점을 해결했다. 물론 거래도 잘 성사되어 매출까지 다시 발생했다.

내가 마치 앞으로 일어날 일을 다 보고 있듯, 거침없이 한발 한발 전진할 수 있는 추진력을 가진 것처럼 보이지만 그렇게 하기 위해서 남모르게 연구하고 공부한 시간이 있었다. 땅과 건물을 늘리기보다 사람을 키우기 위해 평생학습 체계를 구축하는 것이 더 중요하다.

현대 사회는 빠르게 변화하고 있다. 아무리 훌륭한 대학을 나와도 5년 뒤에는 마땅히 쓸 수 있는 지식이 없다. 1년을 못 가는 기술이 태반이고 하루가 지나면 신기술이 쏟아진다.

이런 환경에 적응하기 위해서는 평생 학습해야 한다.

밥을 먹듯이, 일을 하듯이, 학습은 이제 우리 삶에 있어서 자연스러운 현상이다. 미국의 직장인들은 대부분 평생 대학을 다닌다. 경영진은 물론이고 직원들도 50세가 될 때까지 지속적으로 학습한다. 이것이 기업의 경쟁력이고 국가의 경쟁력이다.

직원들을 대상으로 '제안활동'도 실시하고 있다. 과거의 제안은 주로 간부가 하던 것이었다. 그러나 직원이 직접 참여하다 보니 주인의식이 생겨나고 그것이 효율성과 경쟁력 강화로 이어졌다. 제품의 질이 좋아지고 생산성이 올라가 회사 브랜드 가치를 향상시켰다.

경영자와 직원 상호간에 서로를 믿고 신뢰해야 한다고 강조한다. 수직적인 인간관계는 언제고 문제를 낳게 돼 있다. 동등한 입장에서 서로를 믿고 인정해 주는 수평적 인간관계만이 발전을 가져다준다.

경력 개발은 회사와 직원의 목표가 일치되도록 하는 것이 중요하다. CEO 입장에선 회사 성장에 필요한 경력을 쌓게 하는 것이 중요하지만, 직원 개개인의 의사도 반영하지 않을 수 없다. 그래서 상사와 부하가 함께 대화하면서 직원의 경력 경로를 장기적·계획적으로 설계하고 교육훈련, 전보, 승진 등의 방법을 통해 이를 실현해야 한다.

교육과 경력개발은 직원의 특성을 반영해야 한다. 예를 들면 창의성, 지적호기심, 기술에 대한 성취욕구가 강한 직원은 전문직으로, 관리능력이나 리더십이 뛰어난 직원은 관리직으로 성장할 수 있도록 교육과 경력개발 계획을 짜야 한다.

이런 것은 인사부서에서만 하면 되는 것이라고 생각해서는 안 된다. CEO가 직접 챙기는 업무가 되어야 한다. CEO가 인재관리에 대한 분명한 철학을 갖고 사람과 교육에 자신의 시간을 투입해야만 인재를 육성할 수 있다.

조직을 승리로 이끄는 힘의 25%는 실력이고 나머지 75%는 팀워크이다. 팀워크는 개인의 총합보다 더 큰일을 할 수 있다. 우리 모두를 합친 것보다 더 현명한 사람은 없다. 이런 마인드는 요즘 같은 공유의 시대에 더 부각되는 명제다.

"우수한 사람 한 명이 천 명, 만 명을 먹여 살린다."라고 대기업 회장이 말했지만 나는 그다지 수긍하지 않는다. 1인 플레이어가 아니라 조직력을 최우선하는 팀 플레이어가 더 중요하다. 정말 똑똑해서 자신보다 못한 회사 대표와 시스템에 만족 못 해 욕하는 사람은 조직에 해를 끼치는 존재일 뿐이다. 개인이 아니라 팀으로 행동해야 하는 것이 조직원의 숙명이다.

범재(凡才)가 인재와 영재 심지어 천재를 이끈다. 물론 조직 속 인재나 영재, 천재와 같은 핵심 인재의 중요성을 간과하자는 말은 아니다. 하지만 정말 똑똑하다고 지칭되는 인재들의 오만함이 얼마나 조직에 큰 해악이 끼칠 수 있는지 난 잘 알고 있다. 어차피 나보다 우리가 똑똑해지는 공유의 시대에는 성실하고 정직한 범재의 열정만큼 더 큰 자산은 없다고 생각한다.

역사를 되돌아보면 위대한 업적을 남긴 이들은 모두 남의 힘을 잘 빌리는 고수들이었다. 홀로 힘써서 성공을 거두는 사람은 없다. 유방이나 유비는 자신의 수많은 결점을 모두 다른 이의 능력을 빌려서 보완하고 결국 황제에까지 올랐다. 반대로 개인의 능력만 따지면 천하무적을 자랑하던 항우나 여포는 결국 참담한 실패를 맛보아야 했다.

똑똑한 사람들이 다 그런 것은 아니지만 적어도 잘못과 반성을 모르고, 다른 사람과의 협업을 불편하게 여기며, 리더를 무시하면서 내부보다 외부와의 네트워크에 자부심을 느끼는 똑똑한 사람들이 많은 회사는 좋지 않은 결과로 이어질 수밖에 없다.

현대 사회는 '천상천하 유아독존'을 용납하지 않는다. 그런데 요즘 세대들은 형제 없이 자라난 독자인 경우가 많다. 이런 세대가 '공존과 상생'의 사회 정서를 이해하는 것은 매우 중요한 일이다. 자신의 행동으로부터 타인의 호감을 끌어내는 사람이 사회성이 있는 사람이다.

직장 내에서 조직원 간에 잘 인화하는 사람은 조직 경쟁력을 더욱 배가해주는 금쪽같은 인재다. 그들은 상대방에게서 항상 긍정적인 부분을 찾아보고 칭찬을 아끼지 않는 사람들이다. 다른 이의 험담도 하지 않는다. 사람의 언어는 스스로의 행동을 지배하는데 항상 타인에 대해 긍정적인 모습만 보려는 사람들은 그 자신이 진취적이고 배려가 많다. 언어도 아름다운 꽃처럼 색깔을 지니고 있는 것이다.

평범한 인재가 핵심 인재보다 더 중요할 수 있다. 아무리 기업을 빛나게 하는 스타플레이어가 중요하다고 해도 조직의 80% 이상을 차지하고 있는 범재들의 견고한 충성과 성실을 대체할 수 없다. 비전과 전략을 수립하는 핵심 인재들의 뒤에서 이런 범재들이 실행시키고 완결

짓고 있기 때문이다.

하지만 단순히 평범한 사람들이 좋다는 이야기가 아니다. 자신의 평범함을 뛰어넘기 위해 노력하는 열정과 도전이 만드는 드라마 같은 역전의 순간은 더 좋다. 평범하기 위해 자기계발을 하는 모습은 정말 아름답다. "자기계발을 하지 않아 평범해진다면 그것은 죄악"이라고 무용가 마사 그레이엄은 말했다. 솔직히 사명으로 움직이는 사람들은 평범해질 틈이 있을 리 없다.

회사에 머리가 많은데 진정 텔콤에 필요한 머리가 있는지를 늘 고민하고 있다. 하지만 아무리 뛰어난 머리가 있다 해도 자만심이 가득한 머리라면 단호히 거부한다. 어설픈 상태의 일류보다 열심히 하는 3류, 4류가 낫듯이 나는 직원들이 회사에 즐거운 마음으로 나오길 바라는 사장이다. 그런 분위기를 만들어 주기 위해 나름대로 노력을 많이 하고 있다. 열려 있는 CEO가 되기 위해 회사의 돌아가는 이야기, 목표에 대한 설정과 정보, 매월·매분기·매년의 경영 상태를 알리고 이해를 구한다.

가정에서든 직장에서든 날마다 새롭게 감사할 줄 아는 선의와 열정, 지나쳐 가는 손님이 아니라 주인의식을 지니고 일하는 성실함, 사랑을 바탕으로 한 경청과 배려심 등, 이 모든 것을 솔선수범하는 실천이 따라야만 진정한 성공의 승리자가 될 수 있고 훌륭한 리더가 될 수 있다고 직원들에게 종종 말한다.

나는 화려한 스펙보다 더 중요한 '기본'을 지키는 직원들이 좋다. 끊임없이 외국어 공부를 하고 자격증 시험을 치르며 화려한 스펙을 쌓은 사람들 중에도 인성이나 사회성이 결여된 사람도 있다. 사람과의 관계성, 내면과 외면을 가꾸는 것, 시간을 지배하는 것, 원활한 커뮤니케이션 등이 더 조직생활에서는 더 중요하다.

나는 '우수한 팀은 탁월한 감독이 만드는 것이 아니라 조직을 우선시 하는 선수들이 최강 팀을 만든다.'라는 말을 믿는다. 조직을 우선시 하는 선수 같은 직원들은 먼저 자신들이 일을 하는데 만족을 모르는 경우가 많다. 똑똑하다고 자만하지 않기에 가능한 일이다.

나는 직원의 실패를 걱정하지도 않고, 직원들을 우열 그룹으로 분류하지도 않는다. 하지만 평범한 범재들이 프로페셔널이 되고자 노력한다면 기꺼이 지원해 준다. 리더로서 내가 그들에게 목표와 비전을 줄 수 있는 사람인지 끊임없이 반성한다. 나는 우리 텔콤인에게 '평범함'을 부지런히 갈고 닦아 '비범함'이 된 산 증거가 되고 싶다.

중소기업에서 사장만큼 회사를 생각하는 직원이 있을까?

회사를 경영하다 보면 실제로 느끼는 경영 현실은 경영서에 나와 있는 것과 판이하게 다르다. "경영자 주위에 예스맨만 두면 안 된다."라는 말이 있는데 작은 회사를 경영하는 사장은 주위에 '예스맨'이 없으면 매우 힘들 때도 많다.

이때 말하는 '예스맨'은 아부만 하는 직원을 뜻하지 않는다. 사장 이상으로 회사를 생각하는 직원을 뜻한다. 그런 직원이라면 사장이랑 같은 생각을 하고, 사장의 판단에 공감하니까 예스라고 말할 수밖에 없다.

책 쓰는 CEO로 유명한 조인스HR 대표의 「중소기업의 가장 적합한 인재상」이라는 글 속에는 40년 동안 작은 중소기업을 연 매출 1조 이상의 큰 기업으로 일군 일본의 중소기업 CEO가 제시한 최적의 인재 조건이 나온다. 부르면 바로 크게 "예." 하고 대답을 잘하는 사람, 성격이 밝고 매사에 긍정적인 사람, 사장과 성격이 잘 맞는 사람, 자기계발과 성장에 관심이 있고 환경변화에 대응하는 전문성을 갖춘 사람이다.

중소기업의 사장으로서 나 역시 원하는 인재상이다. 거기에 유형 하나를 더 더하면 아침 출근이 남보다 빠른 아침형 직원이다. 나 역시 아침에 일찍 출근하는 편이다. 왜냐하면 아침에 일찍 나는 새는 늦게 움직이는 새보다 더 좋은 먹잇감을 찾을 수 있고 사람은 밤보다 아침에 더 현명해지기 때문이다. 아침에 내가 가장 중요하게 생각하는 업무는 바로 생각을 정리하는 일이다.

이런 최적의 인재를 기르는 데 나는 사원교육만 한 게 없다고 생각한다. "이 세상에 완제품은 없다." 완성된 직원보다는 능력과 인성을 개선해 나가는 것이 더 중요하다. 단지 문제의식을 갖고 자신을 돌아보며 절실하게 빠져드는 상태가 얼마나 지속되는가가 관건이다.

개인이 가진 우수한 능력과 장점을 중시 여긴다면 인재를 발견할 수 있고 등용할 수 있으며 붙잡아둘 수 있다. 만일 완전무결만을 강요하고 조그만 흠만 봐서 그 사람을 파면시킨다면 인심은 떠나가게 마련이다. 사람을 쓸 때 그 장점을 취하고, 또 그 재능을 가늠하여 사용하는 것이 관건이란 뜻이다. 사람의 장점에 집중하면 더욱 발전하고 그 장점은 나날이 증진된다. 반대로 그것을 한쪽에 방치해 두면 발전의 기회를 얻지 못한 채 시간이 흘러 결국은 퇴화하고 위축된다.

'용인불의, 의인불용(用人不疑 疑人不用 = 사람을 쓰면 의심하지 말고, 의심 가는 사람은 쓰지 말라)'의 원칙이다. 사람에게 자신감과 역량을 줄 수 있고, 그로 인해 자신의 지혜와 재능을 충분히 발휘할 수 있도록 만드는 리더가 진짜 리더라고 생각한다.

나는 학벌과 스펙에 치우쳐 채용하지 않는다. 할 수 있다는 자신감만 보이면 일단 채용을 하여 우리에 맞게 3개월간의 사내 교육을 통하여 철저한 '텔콤다움'으로 무장한 '텔콤인'을 양성하는 것을 선호한다.

초기 3개월 수습기간 을 통해 가장 큰 고난을 거쳐야 비로소 우리 텔콤인으로 거듭날 수 있다. 바로 회사 영업 아이템 과목별 시험이다. 영업사원이라면 어느 아이템을 맡더라도 바로 필드에 나가서 영업할 수 있게끔 되도록이면 많은 아이템에 관한 지식을 쌓아야 한다는 이유에서 2주간 교육을 하고 테스트를 진행한다. 만약 과락이 되면 그 과목은 재시험을 봐야 한다. 일본어를 전공했든, 사회학을 전공했든 상관없이 치러야 하는데 사실 비전공자에게는 한없이 버거운 내용들일 수 있다. 하지만 지금까지는 모두 다 통과했다.

직원 교육 중 신입사원 교육을 가장 중시 여긴다. 기본적인 매뉴얼을 숙지시키는데 각 팀 담당자한테 말하지 않고 직접 현장을 데리고 다니면서 충분히 알 수 있도록 가르친다. 외부 교육 기관에 의뢰하여 교육도 받게 한다.

기업이 직원에게 해줄 수 있는 최고의 복지는 바로 '교육'이다. 이제는 지식경영 시대다. 무대포로 경영을 하던 시대는 지났다. 오너의 통 큰 경영적 선택이 회사를 어처구니없는 위기에 빠트리는 경우도 많다. 지금은 플랜을 짜는 시나리오 경영을 해야 할 때다.

지식경영을 표방하고 있는 우리 텔콤 직원들이 자기 개발에 열중하는 모습은 보기 드문 것이 아니다. 직무 유관성이 큰 공부도 좋지만 설령 그것이 직무와 하등 상관이 없는 개인적인 역량 개발이라도 좋다. 나중에 전직이나 창업을 하더라도 자기 실력은 여기 텔콤에 두고 가는 것이 아니므로 열심히 하라고 독려하는 편이다.

요즘 젊은이들은 예전보다 더 변화에 대한 두려움이 큰 것처럼 보인다. 헝그리 정신과 파이팅 정신으로 대변되던 도전 의식도 별로 없는 데다 외부에서 오는 변화마저 쉽게 움츠리며 두려워한다. 그들이 그럴 수밖에 없는 이유도 십분 공감이 간다. 불과 몇십 년 전만 하더라도 거의 모든 청년들이 청소년기가 끝날 무렵이면 어디에서 살고 어떤 직업을 가지며 어떤 짝을 만날 지와 같은 질문들에 대한 정답을 알고 있었다. 하지만 오늘날 대부분의 청년들은 이러한 질문들에 쉽게 답하지 못한다. 과연 정답이란 것이 존재하고 있는지조차 의문스러워한다.

우리에게 삶은 늘 위험하고 불확실성으로 가득한 풀기 어려운 방정식이다. 노력만으로 원하는 것을 얻어낸다는 보장이 없다. 눈 덮인 정상은 누구나 가고 싶은 길이지만 위험하고 두려워 보인다. 실제 꿈을 꾸고 이루며 주도적으로 살아가는 '의미 있는 소수'가 있는가 하면 실패가 두려워 꿈을 포기하고 세상을 탓하며 인생을 낭비하며 사는 '방황하는 다수'가 있다. 인생의 거친 파도를 헤쳐 나가려면 자기 꿈이 있어야 강해진다.

복사기 등 사무용품을 제조 판매하는 세계적 기업 제록스의 우르슐라 번스 회장은 「포춘」지에 500대 기업을 이끄는 CEO 중 최초의 흑인 여성으로 선정된 적 있었다. 그녀는 맨해튼 빈민가에서 홀어머니 밑에서 가난한 어린 시절을 보냈다. 그녀가 살던 동네의 아이들은 대학진학은 꿈도 못 꾸었고 회사 경영에 관심을 지닌 어른은 한 명도 없었다. 그녀가 인종과 성, 빈민가 출신이라는 벽을 넘어 CEO가 될 수 있었던 것은 어머니의 말 한마디 덕분이었다.

"네가 자라는 곳이 네 장래를 결정짓지는 않는단다."

자신의 삶의 질을 결정하는 것은 자신의 능력과 열정뿐이다. 목표가 있는 사람은 내가 좋은 방향으로 가고 있는지 스스로 돌아볼 줄 안다. 사람을 성숙하게 만드는 것은 그런 성찰의 시간이다.

목표를 갖는 것, 자기 인생의 주인이 되는 첫걸음이다. 목표가 생기면 전에는 보이지 않는 것들이 보이고 지금 무엇을 해야 할지 확실히 알게 된다. 어떤 조직에 몸담고 있든 간에 나라는 브랜드를 깐깐하게 관리해야 한다. 중요한 것은 자신에 대한 믿음과 일에 대한 열정이다. 좋은 스펙을 만들 기회는 놓쳤어도, 좋은 학교를 나오지는 못했어도 스스로가 개천의 용이라고 믿는 사람은 무엇을 하건 잘할 수 있다. 그러나 아무리 좋은 자질을 갖고 있어도 스스로 믿지 못하면 아무것도 이루지 못한다.

나는 늘 나를 믿었다. 지금 내가 보잘것없고 가난하고 많이 알지 못해도 내가 노력하면 모든 것을 다 갖출 수 있을 거라 확신했다. 그래서 나는 늘 공부하고 있다. 자기 분야에서 전문가라고 자부할 수 있을 정도로 공부할 것을 직원들에게도 종종 주문한다. 꾸준히 공부해서 자기 업무를 완벽히 이해해야 전체 업무가 보인다. 자신의 주된 업무를 잘하는 것도 중요하지만 관련된 주변 업무에도 익숙해져야 일의 효율성이 높아진다. 또 주변 업무에 익숙하지 못하면 사무실에서 주인이 되지 못하고 손님처럼 머물게 된다.

직장생활을 하면서 공부하는 '샐러던트(saladent)'라는 말이 생길 정도로 이제는 취업을 하고도 꾸준히 공부해야만 살아남는다. 공부를 하면 내가 맡은 업무만이 아니라 종합적으로 볼 수 있는 안목, 우리 회사와 회사가 속한 업계가 어떤 방향으로 나아가고 있는지 전체적인 흐름을 읽는 능력이 길러진다.

편안하게 살아온 사람은 세상을 섭렵할 수 없다. 역경 없이 부와 세상을 차지한 사람들은 세상의 다른 유혹에 쉽게 빠진다. 나는 근성이 있는 젊은 사람들을 좋아한다. 절망 속에서 기회를 보고, 절망에서도 기어코 기회를 찾는 힘, 그것이 근성이다.

절망하고 포기를 선택하는 것보다 어쩌면 도전하는 것이 더 어려울 수 있다. 하지만 근성 있게 계속 도전하다 보면 그 과정이 바로 자신의 삶의 여정과 궤적이 되고 도전과 성공의 역사가 될 것이다.

텔콤다움을 위한 제언 | 우리 다 같이 생각해 볼까요?

· 금무족적, 인무완인(金無足赤, 人無完人)
  금에는 순금이 없으며, 사람 가운데는 완벽한 자 없다.
· 군자용인여기, 각취소장(君子用人如器, 各取所長)
  군자가 사람을 쓰는 일은 그릇을 쓰는 것과 같아 각기 그 장점만을 취한다.

CEO는 개인 조직의 양적, 질적 성장을 위해서는 동일의 목표를 세우고 올바른 방향을 향해 목표를 달성해 나가야 한다. 또한 CEO는 업계최고의 전문가가 되어야 한다. 정보는 넘쳐나지만 프로가 습득해야 할 정보에 집중하고 선택해야 한다.

노자는 "타인을 지배하는 자는 위대하다. 그러나 자신을 지배하는 자는 더욱 위대하다."고 이야기했다. CEO는 항상 자기계발과 자기연마를 통해 자신과의 싸움에서 승리해야 한다.

CEO의 통찰 방향이 잘못되거나 내부 역량과 때에 맞지 않는 전략은 오히려 기업 성장의 발목을 잡을 뿐이다. CEO는 변화를 깨달으며 미래를 준비하는 리더의 모습을 갖춰야 한다.

하지만 오늘날의 경영은 최고 경영자만의 몫이 아니다.

요즘 같은 경영환경 속에서는 사장 혼자 독불장군이나 외로운 선도자처럼 할 수 없다. 탑 경영만으로는 기업이 성공할 수 없다. 오너가 모든 것을 이끌고 결정하고 기업 운명의 향배를 가르던 시대는 지났다.

다른 사람들과 연대하고 공유하면 더 좋은 아이디어와 사업이 탄생하는 시기이다. 그래서 나는 직원들에게 많은 권한을 위임한다. 경험을 쌓게 하고 하나씩 오르게 한다. 경험이 없으면 탑(Top)이 될 수 없기 때문에 업무를 하는 데 있어서 자율성을 가장 크게 부여한다. 지시를 하지 않는다. 미션이 아무리 크든 중요하든 직원들에게 맡기면 100이면 99개는 거의 모두 다 해낼 수 있는 능력을 모두 갖고 있다.

다만 CEO인 나는 말없이 뒤에 서서 핸들링을 하는 수준이다. 나는 나 자신을 연을 날리는 사람이라고 생각한다. 연은 바람을 타고 이리저리 자유롭게 날아다닌다. 연은 직원이다. 방향도 자유자재다. 하지만 직원과 리더는 어차피 실에 의해 연결돼 있다. 나뭇가지에 부딪히거나 추락을 하려고 할 때 내가 잘 조종하면 살아남을 수 있다.

나는 리더가 직접 나서서 모든 일을 다 해서는 안 된다고 생각하는 사람이다. 무슨 일이든 몸소 행하는 리더는 절대 좋은 리더가 될 수 없다. 훌륭한 지도자는 인재들을 장악하고 그들을 적절한 위치에 앉혀 스스로 능력을 발휘하게 해야 한다고 생각한다. '감 놔라! 배 놔라!' 하는 리더에게 자생력과 창의성 높은 직원들이 탄생할 가능성은 제로다.

나는 나 자신을 아주 능력 있고 재능이 남보다 뛰어난 리더라 생각하지 않는다.

하지만 이것 하나만은 자부한다. 사람의 가치를 잘 알아보는 편이고, 적재적소에 기용하기 위해 많은 투자를 아끼지 않는 사람이다.

사람의 성장은 교육을 통해 일어난다. 교실에서의 교육이 아니라 직장에서의 교육이 더 중요하다. 우수한 인재들은 많아도 이들의 잠재력이 충분히 발휘될 수 있는 환경과 체제가 필요한데 이런 기반이 약하면 영원히 인재를 발견할 수 없다.

사람의 성장은 개인의 노력보다는 체제에 달려 있다. 조직원의 희생에 의해 회사가 돌아가는 게 아니다. 근면성과 희생을 강조하는데 그

전에 일에 대한 역량을 키우고 책임감을 가지고 일할 수 있도록 도와
줘야 한다.

"사람들의 머릿속에 없으면 시장에도 없는 것이다."라는 말이 있다.

시장에 대한 근시안을 버리고 생각의 폭을 넓히려면 항상 새로운 걸
많이 보며 실천에 옮겨 경험을 쌓는 게 중요하다. 다른 이들이 생각하
지 못하는 것을 시장에 제일 먼저 내놓는 직원들이 되도록 리더는 독
려해야 한다.

Bottom Up 방식으로 기업 구성원들이 모두 함께 만들어 나간다. 내
외부 고객의 가치를 공유하고 그것을 실현할 사람이 되어야 한다. 나
는 직원들에게 내가 꼭 지켜야 할 '기본'들을 늘 마음에 담고 실천하려
고 노력한다.

신뢰감을 쌓으라! 솔직하라! 시간을 투자하라!

사람을 믿으라! 격려하라! 일관성을 보여 주라!

희망을 크게 가지라! 일에 가치를 부여하라! 안정감을 주라!

힘든 입시와 취업의 문을 뚫고 들어간 회사는 앞으로 반평생 이상을
같이 갈 수 있는 곳이 되어야 한다. 그들이 차세대 훌륭한 리더로 성장
할 수 있는 환경을 만들어 주는 좋은 필드여야 한다.

신입사원들은 패기를 지녀야 한다. 신발 끈을 꽉 조여 묶고 언제라
도 뛸 마음으로 움직여야 한다. 우리 회사에 들어왔으니 모두 유능한
사람이 될 수 있다. 유능한 사람이었을 필요는 없으나 유능한 사람이
될 필요는 있다. 상사를 활용하고 부하를 다루는 법을 스스로 터득해

나가야 한다.

나는 우리 직원들이 내가 '사장'이라는 마인드로 일을 했으면 좋겠다. 내가 감명 깊게 받아들인 덕담이라든지 좋은 글귀나 교육 내용을 메일로 자주 전달하는 이유도 그들이 텔콤을 자신의 창업사로 여겼으면 하는 바람 때문이다.

영업 사원들의 후기에 대한 피드백도 꼼꼼히 해주는 편이다. 사소한 부분도 놓치지 않고 부족한 점은 바로 바로 고쳐준다. 내가 아는 선에서 그들에게 어떻게 해야 하는지에 대한 조언을 바로 피드백해준다. 물론 잘한 부분에 대해서는 열렬한 칭찬과 미진한 부분에 대해서는 따끔한 질책과 지적도 아우른다. 이러한 일들이 어떻게 생각하면 귀찮고 손이 많이 가는 부분일 수도 있지만 나는 이런 것을 챙기는 자체가 행복하다.

직원들을 성숙한 사회인으로 기르는 것이 내 몫이다. 우리 회사의 업무를 잘해주는 것도 중요하지만 그들이 우리 사회에서 다양한 역할을 해 나가는 좋은 인간이 되기를 원한다. 오랫동안 텔콤에서 일했던 직원에게 분사를 시켜 가온하이테크(주)의 대표를 맡겼다. 그는 그럴 자격이 충분한 사람이었다. 그와 내가 텔콤에서 함께 이뤄온 것들은 결코 적지 않았다. 그가 이끄는 가온하이테크(주)의 제품은 이미 많은 기업들에게 최적화된 서비스와 제품관리로 정평이 나 있다. 특히 전 제품이 각 산업군에 적합하도록 맞춤 설계, 디자인되고 있다. 고객이 요청만 해도 최적의 퍼포먼스를 경험을 하게 해 주는 가온하이테크(주)의 파워솔루션 덕분에 고객사 모두 엄청 만족하고 있다.

앞으로도 나는 전문경영인 체제로 텔콤을 이끌어나갈 계획이다. 오랫동안 투지를 다지면서 자신의 뼈를 묻었던 사람에게 텔콤을 맡겨 지속 경영을 하여야 한다고 생각한다. 리더가 될 수 있다는 희망은 엄청난 기업 발전 동력이 될 수 있다. 이런 희망도 없는데 직원들의 자발성과 책임감이 저절로 샘솟기를 바라서는 안 된다.

솔직히 대기업은 타이틀은 좋지만 개인적 능력 발휘는 쉽지 않아 자유가 없고 소모성으로 개인이 소진되는 시스템이 많은 것 같다. 대기업에서는 하나의 부속품 밖에 안 된다고 생각한다. 그 곳에서는 스페셜리스트가 될 수는 있을지언정 제너럴리스트로 성장할 기회는 턱없이 적다.

요즘 시대에 걸맞은 융합형 전문가는 오히려 중소기업에서 탄생하는 것이다. 중소기업에서는 올라운드플레이어가 되어야 한다. 그렇다고 공부를 잘한 우수한 인재들이 공기업이나 대기업으로 러시하는 현상이 줄어들 것 같지는 않다. 하지만 그들은 먼 미래를 본다면 허울보다는 내실을 선택해야 할 것이다.

안정감은 자기 발전의 동력을 무너뜨린다. 100세 시대를 맞이해서 이런 찰나의 안정감에 빠져있다가는 은퇴 이후 남은 시간은 어떻게 영위할 것인가? 많은 사람들 중에 편안하게 직장생활을 한 사람들 중 대개가 은퇴 이후 낮 시간에 허무한 시간을 보내는 사람들이 많다. 앞을 보고 내달릴 수 있는 나이에 벌써 그렇게 시야가 막힌 생을 사는 것이다. 나이 들었다고 꿈이 없으란 법은 없다. 반대로 자기 분야에서 끊임없이 움직였던 친구들은 떳떳하고 활기차게 현역으로 산다.

텔콤은 대체적으로 대기업에 비해 자유롭게 시간 활용을 할 수 있는 여지가 많다. 자기가 좋아하는 직무분야에서 열심히 자기 개발까지 하는 직원들의 모습을 보면 흐뭇하다.

이 세상 최고의 투자 종목은 바로 자신이라고 세계 최고의 부호인 워렌 버핏은 말했다. 자기 자신에게 투자하는 것은 가장 안전한 투자이고 가장 올바른 투자이며 절대 손해 보지 않는 투자다. 게다가 가장 장기적으로 이익을 볼 수 있는 투자다. 자기 자신은 절대 '먹튀'할 수 없다. 하지만 투자 없이는 절대 우량주가 되지 않는다.

시끄럽지 않게 일해도 잘하는 리더는 알려지기 마련이다. 환경변화에 신속하게 대응할 수 있는 창의적이고 열정적인 리더는 조직원들 스스로 셀프 리더가 되는 길이다. 구성원들이 창의적이고 혁신적인 아이디어로 무장하고 열정적으로 변화를 추진해 나가는 것이다.

리더가 일일이 전권을 가지고 지적을 하고 지시하는 영웅형 리더는 급변하는 환경변화에 대응할 수 있는 리더들을 적기에 육성할 수 없다. 좋은 목수가 좋은 재목을 알아보듯 진정한 리더가 직원들을 리더로 세울 수 있다고 생각한다. 우선은 직원들이 우리 조직을 성장시켜 줄 힘이 있고, 능력이 있다고 믿는 것이다. 그리고 직원들의 평범함 안에 있는 비범함을 발굴하는 데 게을리하지 말아야 한다. 그리고 그들에게 성장할 수 있는 기회를 제공해야 한다.

텔콤인들에게 리더로서 내가 품고 있는 여섯 가지를 늘 말한다. 그들이 미래의 CEO로서 먼저 고민하기를 바라는 마음에서다.

앞서 사람을 생각하라, 뼛속까지 고민하라,

철저하게 시장을 읽어내라, 경제흐름을 타라,

자금관리를 게을리 마라, 무엇보다도 현장을 느껴라!

이미 이렇게 하고 있다면? 당신은 벌써 이 조직 안에서 넥스트 CEO
로 인정받고 있을 것이다.

최근 구국의 영웅 이순신을 소재로 한 영화 〈명량〉을 보았다. 『난중
일기』의 한 부분이지만 지금 한국이 처한 어수선한 현실이 임진왜란
당시 조선과 크게 다르지 않는 것 같다. 극우화하고 있는 일본과의 갈
등, 침체된 경제, 세월 호 참사를 비롯해 연일 이어지는 대형 사건 ·
사고로 인해 국민 대화합이 절실한 이 시점에 심각한 위기의식을 느낀
국민들이 강력한 리더십을 갈망하고 있다는 점에서 이 영화는 대흥행
을 하고 있다.

이순신은 "죽을 각오를 하면 살고, 살려고 하면 죽는다."라며 부하들
마음속의 공포를 용기로 바꾸었고 솔직한 대화와 소통을 통해 현장을
유연하게 지휘했다. 승산 없는 싸움이 무작정 돌진한 듯 보이지만 날
카로운 관찰력으로 정보를 수집하여 그 어떤 전투도 승리로 이끌었으
며, 자신이 세운 원칙을 따라 머뭇거림 없이 돌진하여 세계 전쟁사에
남을 승리의 기록을 써 나갔다.

이순신이 보여준 카리스마와 리더십을 현대사회에 적용하는 것이
적절한지는 모르겠지만 전쟁터나 다름없는 자본주의 사회를 힘겹게
헤쳐 나가는 경영자들에게 분명 가슴에 와 닿는 울림을 전하고 있다.

당신이 하루에 한 시간씩, 일주일에 5일, 5년 동안 한 주제에 대해 공부한다면
그 분야의 전문가가 될 것이다

— 얼 나이팅게일

남과 같아서는 최고가 될 수 없다. Only One!

최초 최고 최대여야 한다. 우리 사회는 어느 분야든 과포화 상태다.

하지만 새로운 블루오션을 개척하는 것이 불가능한 일만은 아니다.

한 사람이 오래도록 한 가지 일에 정진하면 그 일에 있어서는 당할 사람이 없게 된다.

이것이 평범한 사람이 비범해지는 가장 확실한 방법이고,

수많은 레드오션에서 블루오션을 발견하는 길이기도 하다.

part 5

생존하려면
혁신하라!

요즘 소설가 조정래 씨의 『정글만리』를 아주 유용하게 읽고 있다. 그의 책 제목인 '정글만리'는 중국에서의 삶을 헤쳐 나간다는 것이 정글에서 만 리를 걷는 것과 같다고 해서 붙여진 제목이다.

『정글만리』를 읽으면서 마오쩌뚱의 대장정부터 덩샤오핑의 개혁혁명에 이르는 중국의 근현대사를 조금은 이해할 수 있었다. 전대광이라는 인물과 외조카 송재형이라는 두 인물을 통해서 급부상하는 오늘날의 중국도 세밀하게 파악할 수 있다. 이 소설에서는 세계의 시장이 된 경제대국 중국과 그 속에서 펼쳐지는 치열한 비즈니스의 세계가 그려져 있다. 돈과 돈을 사이에 둔 인간들의 리얼한 움직임과 섬세한 심리 묘사가 특히 재미있다.

우리와 수천 년 국경을 맞대며 살아왔던 중국과 그 중국이 만들어내고 있는 엄청난 성장을 지켜만 봐서는 안 되기에 저자는 글을 썼다고 했다. 분석하고, 연구해야 한다는 저자의 주장에 나는 백배 공감한다.

삼십년 넘게 사업차 종종 들르면서 바라보았던 중국의 변모는 눈부실 정도였다. 소설에서도 나와 있지만 지금의 중국 경제가 있기까지 삶의 애환과 고달픔은 말할 수도 없이 컸다.

하지만 "차라리 목숨을 버릴지언정 돈을 놓지 말자.", "구걸은 부끄럽지만 몸을 파는 것은 부끄럽지 않다."라며 가난에서 벗어나고자 돈 앞에서 '만만디'에서 '콰이콰이'로 돌변한 중국인들이 이룬 눈부신 경제성장의 모습에서 나는 과거 산업발전기에 우리나라를 지배한 열정과 도전 의식을 다시 향수할 수밖에 없었다.

고작 30여 년 만에 중국은 경제 규모에서 미국의 유일한 대항마가 되었다. 급성장은 급변화와 함께하기 마련이다.

엄청난 급변화 탓에 오늘날 중국은 크고 작은 사회적 문제들에 시달리고 경제성장 또한 주춤거리고 있지만, 시진핑 정권은 강도 높은 개혁을 통해 이를 해결하고 장기적 국가발전을 계획하고 있다.

과거 우리나라 산업 역군들이 그랬듯 세계인들의 예상을 40년 앞당겨 G2가 된 중국인들이 이룬 경제 규모를 보면 사업가로서 그 시장을 탐내지 않을 수가 없다.

중국이 많이 낙후되었을 거라는 생각은 말 그대로 편견일 뿐이다. 흔히 생각하는 짝퉁의 나라, 저급이나 저품질의 상품 등은 예전 이야기다. 아직도 그런 편견에 갇혀 있다면 세계 시장에서는 놀림받고, 외면당할 것이다.

요즘 기업하는 사람들 사이에서 "중국을 모르면 망한다."라는 말이 회자된다. 우선 지리적으로만 따져도 매우 가깝다. 온갖 중국과 관련된 정보와 데이터, 돈이 한국으로 흐를 수밖에 없다.

솔직히 그렇게 넓은 땅덩어리에서 얼마나 많은 명품이 탄생할 것인가? 10억 넘는 인구 중에 기질이 섬세하고 유능한 인재는 얼마나 많겠는가? 중국의 인구가 약 14억 정도 된다고 한다. 우리나라 인구보다 더 많은 2억 명의 중산층을 지닌 경제대국이고, 100층이 넘는 초고층 건물을 짓고, 잠수함을 띄우고, 인공위성을 발사하는 나라가 되었다.

경영자는 늘 새 먹을거리로 씨앗을 뿌리는 것을 염두에 두고 사업을 한다. 특히 그 씨앗을 어디에 뿌려야 비옥하게 자라날까를 늘 고민해야 한다.

한 번에 모든 시장을 정복할 수 없다. 하지만 외국과의 거래를 하는 유통업체의 특성상 경제 흐름이 흐르거나 고이는 시대별 주요 타겟 국가가 눈에 번연히 보이게 마련이다. 요즘 내가 관심을 갖고 있는 것이 '중국' 시장 진출일 수밖에 없는 이유다. 말 그대로 중국은 '대세'다. 그런데 중국에 진출하려면 중국만 공부해야 할까? 아니다. 지금 이 세상을 지배하는 모든 컬처코드를 파악해야 한다고 생각한다. 감성과 방향을 읽는다면 시장은 저절로 따라오는 법이고, 통찰과 역발상이 있다면 성공 신화는 쉽게 쓸 수 있다.

마치 거미줄처럼 빽빽하게 모든 것이 촘촘히 짜여 있는 정글 같은 나라. 한치 앞도 예측하기가 힘들고 내가 예상치 못한 것들이 어느 순간 튀어나오는 그런 나라. 소설에서 묘사한 것처럼 비즈니스를 하는 사람에게는 중국은 더욱 '정글'로 다가올 수밖에 없기 때문에 철저한 준비를 해야 할 것이다.

주변에서는 텔콤도 외국 진출을 진지하게 고려를 하여 볼 때라고 권고하는 사람도 있다.이러한 것을 할 때는 직원들과 상의하면서 자체적으로 철저하게 시장을 조사하고, 현지화에 대한 철저한 분석과 대비도 해야 한다.

기술력에 어느 정도 자신감을 가졌다 하더라도 현지에서 영업과 마케팅을 어떻게 포스팅하느냐에 따라 성패가 갈려진다. 도전하고 싶다면 먼저 우리 자신의 여력과 능력부터 잘 돌아보고, 체력을 키워야 한다.

외국에서 버틸 체력이 되느냐, 그만한 맨 파워를 갖고 있느냐, 본사가 관리를 잘 할 수 있느냐에 확신을 가지는 것도 중요하다. 처음엔 솔루션 좋다고 잘 가져다 쓰고, 돈을 잘 안 낼 수 있다. 비즈니스 고객이 많다 해도 이런 허위 매출은 사상누각과 같다.

중소기업이 글로벌 시장을 공략하려면 글로벌 인재 확보가 필수적이다. 그렇다면 열심히 공부해야 한다. 나는 웬만한 일본인과는 일본어로 대화를 하는 편이다. 중국에서 학교를 다닌 직원 덕분에 몇몇 직원들과 아침에 일찍 와서 중국어를 조금 배웠지만 역시 외국어는 어렵다.

통역에 의지하지 않고 직접 외국어로 대화함으로써 얻어지는 것들은 많다. 타 회사나 타인의 좋은 점을 받아들이고 배우면서 동시에 독자적인 부분을 연구하고 더해가는 편이다. 물론 인재 확보가 쉽지 않을 수도 있지만 지금까지는 신입사원을 채용하여 가르치면서 성장을 하여 왔다. 점점 세계는 빠르게 바뀌는 상호의존적인 장소로 변하고 있다. 현재에 안주하지 않고 글로벌 강소기업으로 성장하기 위해서는 계속 매진해야 한다.

21세기 경영은 바로 눈앞만을 보면 멀미를 느껴 배에서 떨어질 수 있다. 힘겨운 항해의 승자가 되기 위해서는 몇 백 킬로미터 앞을 바라보는 자세가 필요하다. 멀리서 보면 바다는 파도를 제거한 것처럼 평온하다.

텔콤이 더 성장하기 위해서는 새로운 비즈니스 분야에 발을 들여놓을 필요가 있다. 기존의 아이템, 기존의 거래처 등을 고수하면 성장에는 한계가 따를 수밖에 없다.

우리가 이룩한 경험을 바탕으로 더 큰 세계를 우리 직원들에게 보여주고 싶다는 생각을 갖고 있다. 요즘 들어 내가 강화하고자 하는 조직 파트가 바로 마케팅이다. 전담하는 부서가 있어 텔콤이라는 배를 더 큰 성장의 땅으로 이끌어 갈 필요가 있다고 생각한다.

치열하고 밀도 있는 삶을 살기 위해 늘 사색해야 한다. 힘든 오르막을 오를 때 다리도 튼튼해지고 폐활량도 커지고 근육량도 커지듯 생각도 자주해야 생각을 잘하게 된다.

그 치열한 삶에 자부심을 갖는 사람, 발가벗겨도 버틸 수 있는, 그런 꿋꿋한 사람이어야 세계 속에서 뿌리내릴 수 있을 것이다.

10만 명의 기업과 30명의 기업이 가격 경쟁으로는 승부가 확연하게 갈릴 수밖에 없다. 이기기 위해서 약한 자는 가격 경쟁이 아닌 나만이 잘 할 수 있는 분야로 특화해야 한다.

금융위기 이후 많은 회사들이 어려움을 겪었으며, 현재 그 위기를 잘 극복한 회사와 지속적으로 어려움을 겪는 회사로 나누어지고 있다.

경영환경의 불확실성이 증대될수록 이분법적 통념에서 벗어나 통합적 관점에서 조망하는 패러독스 경영도 리더라면 응당 고민해야 한다. '패러독스 경영'이란 차별화와 저 원가, 규모의 경제와 빠른 실행, 창조적 혁신과 효율성, 글로벌 통합과 현지화 등 양립(兩立)이 불가능해 보이는 요소를 동시에 추구하는 경영을 일컫는다.

정보도 선점해야 한다. 그래야 살 수 있다. 우리 회사는 다행히 한 분야에 치우쳐 있지 않기 때문에 조금만 신경 쓰고 귀 기울인다면 다른 회사보다 풍성한 정보로 업무를 할 수 있다.

각 팀별로, 법인별로 정보를 공유함으로써 이기는 전략을 세우기에 더 유리한 부분이 많다. CEO인 나도 여러 분야의 사람들을 만나고 직접 현장에서 발품을 팔며 정보를 얻기 위해 안간힘을 쓰는데 직원들은 가만히 앉아 물고 오는 정보만 가공하려들면 안 된다. 지금의 시장은 작어서는 이길수 없는 것 같고 무엇이든 커야 이기고 성공을 할 수 있는 것 같다.

　시장은 정글이다.

　이 속에서 살아남기 위해서는 오늘부터 당장 혁신의 대장정을 떠나야 한다.

텔콤다움을 위한 제언 | 우리 다 같이 생각해 볼까요?

작은 실험을 멈추지 말며
작은 성공들을 꾸준히 만들어 내라!

물 한 방울 없고 씨앗 한 톨 살아남을 수 없는

저것은 절망의 벽이라고 말할 때

담쟁이는 서두르지 않고 앞으로 나아간다.

한 뼘이라도 꼭 여럿이 함께 손을 잡고 올라간다.

푸르게 절망을 다 덮을 때까지

바로 그 절망을 잡고 놓지 않는다.

저것은 넘을 수 없는 벽이라고 고개를 떨구고 있을 때

담쟁이 잎 하나는 담쟁이 잎 수천 개를 이끌고

결국 그 벽을 넘는다.

– 도종환의 '담쟁이' 중

요즘 많이 인용되는 인문학, 휴먼, 문화, 창의성 등의 담론들 중 단연 가장 많이 사용되는 단어가 아마도 '융합'일 것이다. 오늘날 세상은 융합을 잘할 수 있는 환경이 되었다. 정보와 지식은 넘쳐나고 접근도 아주 용이하다. 인터넷과 정보통신 발달로 인해 지금은 지식혁명의 시대가 되었다. 이러한 시대에 융합을 위한 혁신적인 도전과 미래 지향적인 자세가 더욱 필요해졌다.

우리나라는 이미 '융합'이라는 사고와 밀접한 역사와 전통을 갖고 있다. 우리나라의 비빔밥도 이런 융합적인 사고에서 나온 산물이다. 비빔밥에는 독특한 한국인만의 정서와 문화가 있다.

나는 'Connector'라는 단어를 좋아한다. 내가 배운 전문 지식과 경영 경험을 다른 사람들과 공유함으로써 우리나라에 건전한 기업 풍토를 심어주는 것이 우리 텔콤의 비전 중 하나다.

어떤 지식이나 정보를 독점하고 있으면 그 지식이나 정보가 더 이상 소용없는 자산이 되고, 공유하면 비로소 생명력을 갖는 세상이다.

제대로 된 기업 하나만 있어도 수십만 명에게 행복을 나누어 줄 수 있다. 모든 것이 연대되는 사회에서 고객과 기업, 내부고객과 외부고객, 조직원과 리더는 모두 연결되어 있다.

다함께 같이 가야 하고 서로의 목소리에 귀 기울여야 한다. 이런 소통과 연대가 잘 이뤄져야 회사 경영은 원활해지고, 만족스러운 일이 나오며, 존경과 신뢰가 지배하는 조직 문화가 형성된다.

이런 연대가 이뤄질 때 시장 바깥까지도 경영할 수 있다. 나보다 우리가 똑똑한 세상의 협업 콘텐츠를 이해해야 미래에도 먹힐 경쟁력을 가질 수 있다.

'콜라보레이션(Collaboration)'은 사전적으로 공동작업·협력·합작이라는 뜻으로, 이종 기업 간의 협업을 뜻한다. 마케팅에서 각기 다른 분야에서 지명도가 높은 둘 이상의 브랜드가 손잡고 새로운 브랜드나 소비자를 공략하는 기법을 말하기도 한다.

공유의 시대인 21세기에는 무수한 주체들 간의 협동과 연대를 구축하는 협력적 네트워크가 매우 중요하다. 소통하고 협력하며 공유하는 사람이 점점 더 유리해지고 있다. 인간관계든 기술 생태계든 서로 협력하면 더욱 창조적이고 시너지 효과를 낸다.

서로 다른 조합은 새로운 발상을 이끌거나 새로운 제품 서비스를 이끈다. 이질적인 것들이 관계성을 갖게 되면 전에 없던 무언가가 생긴다. 이는 사람 간, 기업 간, 업종 간, 인간과 자연 사이에도 충분히 가능한 일이다.

직원들과의 콜라보레이션

회사를 영어로 말하면 컴퍼니(company)다.

이 컴퍼니라는 것은 함께(com), 퍼니(빵), 즉 함께 빵을 먹는 동료들이라는 뜻이다. 우리가 말하는 '식구'와 유사한 개념이다. 함께 한솥밥을 먹으면서 같은 꿈을 꾸는 것, 즉 희망과 비전을 공유하는 집단이 바로 회사다.

리더가 긍정적인 기분을 가지면 구성원들도 긍정적인 기분을 함께 느끼고 더 많이 협동적 태도를 보인다. 리더의 감성은 전염성을 갖고 있는 법이다. 긍정의 힘을 전염시킬 수 있는 리더는 조직구성원들이 어떤 실패 속에서도 오뚝이처럼 다시 일어서도록 이끈다.

내 조직을 잘 이끌기 위해 정말 뛰어난 여럿을 뽑아야겠다고 생각한 적이 한 번도 없다. 나는 기업의 덩치가 크고, 인적 인프라가 풍성하다고 해서 그 조직이 성공한다고 절대 생각하지 않는다.

사람의 능력에 맞는 적절한 과업과 미션을 주고, 서로가 협업하여 시너지가 될 수 있는 인적 포지션을 찾게 해주는 것이 진정한 리더의 역할이라고 생각한다.

기업을 구성하는 많은 사원들은 출신지도 다르고, 삶의 배경도 다르고 인성과 성격 모든 것이 다르다. 내가 생각하는 리더는 그들의 각기 다른 면을 다 좋아하고, 제각기 다른 그 개인들을 팀으로 잘 융합시킬 줄 아는 포용력을 갖고 있어야 한다고 생각한다. 다양한 사람들이 서로의 부족한 부분을 메우고 다른 부분을 배워서 톱니처럼 더 잘 결속된다면 그 응집력은 정말 폭발적일 것이다. 융합은 이런 구성원의 개성을 인정하는 것에서부터 진정 이뤄진다.

3사가 빌딩의 각 층마다 분산되어 있지만 텔콤은 서로 연대하고 협력하는 분위기가 강하다. 그룹웨어 자체도 이런 협업과 소통을 기반으로 만들어졌다. 직무 분야 간의 공존과 연대도 잘 이뤄지는 편이다.

텔콤은 모든 직원들이 세일즈에 전면 배치되는 구조다. CS 등 영업 지원 파트뿐만 아니라 개발 부서까지도 영업을 후방 지원하는 형태를 취하고 있다. 우리 조직 내 이런 콜라보레이션이 잘 구축되어 있다. 이는 내부에서 뿐만 아니라 기업고객 등 외부와도 늘 함께 일하는 관계를 구축하고 있다. 그래서 그런지 다른 회사에서 근무를 하다가 우리 회사를 밖에서 보고 경력 사원으로 입사를 하는 경우도 있다.

텔콤에서 경력을 쌓은 사람이 나가서 설립한 가온하이테크 역시 여전히 우리와 상생 협력 관계를 맺고 있다. 워크숍도 합동으로 간다. 텔콤에서 성장한 인재가 만든 회사와 끈끈한 유대관계를 가지며 일을 한다는 것은 매우 가슴 벅찬 일이다. 본사와 지점 간의 교류도 활발하다.

"빨리 가려면 혼자 가고 멀리 가려면 같이 가라."는 말이 있다. 불가능의 벽이 설령 있더라도 담쟁이처럼 서로의 손을 뻗어 연대를 해 나가면 못 이룰 꿈은 없다. 나에게 부족한 부분, 나에게 없는 부분을 채워줄 수 있는 사람들이 곁에 많아서 나는 행복하다. 텔콤이 우리 직원들에게 성장의 인큐베이터가 되기를 바란다.

나는 무한한 가능성을 갖춘 인재로 키우기 위해 꿈을 가진 인재를 선발하고, 그 인재를 기업의 비전 및 기업이념과 연결하여 성장할 수 있도록 적극 지원할 것이다. 돈도 중요하지만 인정과 친밀감을 통해 서로를 가족처럼 아끼고 존중하는 회사로 만들 것이다.

융복합형 인재 '이매지니어(Imagineer)'

거대한 흐름에 한 발 앞서 준비하고, 새로운 산업을 발굴하고 기회를 찾는 새로운 성장전략을 찾아야 한다. 스마트 혁명이 이미 우리 생활 깊숙히 들어와 우리 삶의 대부분에서 새로운 패러다임이 정착되고 있다. 실로 융합의 세기다. 산업 간의 경계가 무너지고 있다.

미래 인재는 이종 산업간 융복합형 인재다. 서로 다른 분야를 접목해서 완전히 새로운 것을 창조하는 이매지니어(Imagineer, 상상하는 엔지니어)가 미래의 인재다. 엔지니어냐, 아니냐는 중요하지가 않다. 얼마든지 외부 조력자를 활용하면 된다.

한때 한 분야에 오랜 경력을 가진 인재가 좋은 평가를 받았지만 이제는 달라졌다. 전문성은 기본이고 다양한 분야 경험, 지식을 갖춘 인재가 각광받는다. 스페셜리스트(Specialist)가 되기 위해서는 먼저 제너럴리스트(Generalist)가 되어야 한다.

세일즈의 가장 중요한 능력 중 하나는 '통합(Organizing)'이다. 오케스트라 지휘자처럼 연주자들의 모든 악기를 다룰 수 없지만 연주자들을 휘어잡을 수는 있다.

혼란과 혼돈의 스마트 혁명시대에 기업이 요구하는 기술, 예술, 문학, 기초과학, 공학, 수학, 어학 등의 분야를 넘나드는 1인 다역의 멀티 플레이어, 즉 컨버전스 시대의 융합인재로 거듭나기 위해 우리는 여러 분야에 호기심의 끈을 놓아서는 안 된다.

융합적 사고를 지닌 글로벌 인재들의 조건으로 세계 여러 나라의 네트워크 구축을 위한 언어능력, 아이디어를 조합해서 상업화 내지 플랫폼 화할 수 있는 능력, 글로벌 트렌드를 읽는 상황판단 능력, 지성과 감성적인 리더십을 꼽는다.

또한 동시대를 살아가는 이들을 아우르면서 사회적·문화적 가치를 창출하는 도전적 융합 프런티어가 되기 위해서는 변화에 능동적인 자세를 갖추고 가치경영을 실현하며 봉사하는 삶을 살아야 한다.

인간이 원하는 보편적 행복을 충족시켜주는 아이디어를 창출해 낼 크로스오버형 인재, 즉 1인 다역을 소화하는 융합 인재가 앞으로 더 절실해질 것이다. 과학, 인문, 사회, 예술, 기술 등 학문 간의 융합을 넘어 비즈니스와 사람과 대학과 기업을 통합하는 사회 모든 분야의 융합 생태계를 통해 개방, 연결, 공유, 참여의 패러다임을 만들어야 한다.

과거 제조업 중심의 산업구조 아래에서는 인재에 대한 관심이 고학력자나 명문대학교 출신에 멋진 스펙의 보유자였다면, 현재는 학력보다는 독특한 시각과 기발한 기회접목 시도, 현재 자원의 적절한 재활용 능력을 갖춘 창의적 사고 보유자가 더 많이 관심을 받고 있다.

사람과 환경과의 공존

최근 국내외적으로 기업의 친환경 경영에 대한 관심이 높아지고 있다. 일본에 자주 가는데 일본 기업들은 자연과의 공존을 모색하는 산업에 대한 관심이 매우 높다.

미래 산업은 이종 산업들을 융·복합하여 새로운 가치를 찾아내는 것이고, 자연과 사람의 자유로운 공존을 추구하는 산업이 될 것이다.

환경을 생각하는 기업 텔콤은 사람과 자연의 조화로운 공존을 추구한다. 지구의 환경 보호를 위한 녹색 활동은 우리에게 주어진 사명. 고객의 친환경 구매 방침에 적극 대응, 녹색혁명의 새로운 비즈니스를 발굴하여 고객과 함께 친환경적인 삶을 개척하는 데 앞장서고 있다.

텔콤의 취급하는 모든 제품에는 'ECO'라는 슬로건이 붙어있다. 환경배려제품을 최우선시하고 있다. RoHS(유해물질 제한지침) 부품을 사용하고, 환경유해 물질 관리를 통한 친환경 제품을 만들 수 있도록 노력하고 있다. 또한 자연 에너지인 태양광, 풍력 등으로 한 자체 발전 시스템을 가진 자연친화적인 제품 개발에도 힘쓴다.

첨단 기술로 개발된 제품을 친 환경적으로 사용하여 모든 분야에서 신뢰 받는 텔콤이 되기 위해 노력을 할 것이다.

상생과 협력으로 연대하라!

산업도 급격한 융·복합 추세를 보인다. 자동차나 조선 산업과 IT(정보기술) 산업이 한데 어우러지고, 섬유 산업에 나노나 바이오산업이 녹아들어가고 있다. 기술도 마찬가지로 여러 기술들이 한데 얽혀 복잡다단해지고 있다. 단일 기업의 힘만으로는 이런 추세를 따라잡을 수 없다. 세계의 많은 나라 기업들이 서로 힘을 합해 이런 추세에 대응해 나가고 있는 이유다. 기업의 경쟁력은 협력 중소기업들을 포함해 유관기업들이 얼마나 잘 어울려서 네트워크를 형성해 나가느냐에 달려 있다고 해도 과언이 아니다.

융합과 통합을 통한 새로운 비전과 해법을 제시하는 '스마트 성장(Smart Growth)'에 대해 고심해야 할 때다. 주력 산업의 스마트화 촉진, 강소기업 생태계 조성, 스마트 인재양성이 중요하다.

그중에서 강소기업 생태계를 더 튼튼하게 조성할 필요가 있다. 대기업과 중소기업이 서로 동반성장해야 한다. 가치도 공유하고 경영패러다임 자체를 생산적 협력의 관계로 새롭게 구축해야 한다.

기업이 이윤에만 목매달고 사회적 책임을 다하지 못하면 비난을 받는 시대가 되었다. 정보통신기술의 발전과 휴먼 네트워크의 강화로 협력업체와 상생을 추구하지 않는 나쁜 기업을 직접 벌할 수 있는 능력을 소비자가 갖게 되었다.

대기업은 중소기업과의 불공정 거래 관행을 개선하고, 중소기업은 기술개발과 품질개선에 앞장서 스스로 상품가치를 높이는 방향으로 나아가고 있다.

지금까지는 큰 기업들이 갑의 우월적인 지위를 이용, 중소기업들한테 압박을 가하여 그 성과의 일부를 가지고 가는 행태가 있었다면 이제는 중소기업들에게도 조금씩은 기회를 주어야 할 것으로 생각이 된다.

얼마 전 박영숙 유엔미래포럼 대표 강연에서 미국에서는 중소기업이나 개인 개발자가 열심히 개발을 하면 대기업에서 후한 가격을 주어서 자기 것을 만드는 것에 비해 한국에서는 개발자들이 개발한 제품을 대체적으로 가격을 낮게 책정하여 빼앗아(?)가는 풍조라 한국에서는 창조 경제가 쉽지 않다고 한 강연이 생각난다.

비즈니스 활동과 연관된 사회 구성원·취약계층 등과의 동반성장이 사회적 이슈로 부상하고 있다. 이에 따라 사회공헌 활동과 기업 이윤을 연계시키고 이를 통해 사회에 기여하는 경영전략 수립이 중요해지고 있다.

강하지만 규모의 경제에 밀린 기업들에게 다양한 비즈니스 기회와 지원을 도와주어 경쟁력을 되찾게 해 주는 新동반성장 모델이 적극적으로 마련, 정착되어야 할 것이다. 이제는 경쟁자와 싸우는 것이 아닌, 오히려 그들마저 고객으로 만드는 시대이기 때문이다.

텔콤다움을 위한 제언 | 우리 다 같이 생각해 볼까요?

경영의 즐거움 중 빼놓을 수 없는 것이 약한 자들이 합해 강자를 이기고, 평범한 사람들이 합해 비범한 결과를 내는 것입니다. 그것을 가능케 하는 것이 바로 팀워크입니다. 팀워크는 공통된 비전을 향해 함께 일하는 능력이며, 평범한 사람들이 비범한 결과를 이루도록 만드는 에너지원입니다.

– 앤드류 카네기

성과를 내야 하는 경영 현장은 전쟁터를 방불케 한다. 리더는 상황에 따라 장군도 되고, 참모도 되고, 병사도 되고, 포로도 되고, 척후병도 되고, 지원군도 되어야 한다. 조용히 응시만 하고 끝까지 직원만을 믿고 기다리다가는 경쟁력을 갖출 수 없다.

무엇보다 리더는 조직의 성과를 책임져야 한다. 직원들의 성과를 판단하고 평가하는 것만이 아니라 조직에서 일어나는 크고 작은 모든 일에 대한 관찰과 생각을 할 수 있어야 한다.

리더는 어떤 역경을 만나도 어떻게든 넘고 넘어 목표 지점까지 책임지고 조직을 이끌어 가야 한다. 프로젝트를 끝까지 끌고 가서 성과를 내야 한다. 그래서 리더는 외로운 자리일 수 있다. 리더만이 내릴 수 있는 결정이 있다. 아무도 대신 결정해줄 수 없다. 리더가 실행의 주체가 돼야 하는 과업이 있기 마련이다.

아무리 직원이 많아도 리더와 동등한 시간과 경험을 공유하고 리더의 고민을 이해해 줄 직원은 그리 많지 않다. 리더가 내려야 할 결정은 점점 많아지고 무거워진다.

그렇게 무겁고 힘든 자리를 지키기 위해서는 리더는 늘 자기 스스로를 되돌아볼 줄 알아야 한다. 직원들이 리더를 따르는 이유는 그가 외롭고 긴 자기 성찰과 사유를 거쳐 합리적인 의사결정을 내리는 사람이라고 믿기 때문일 것이다.

그래서 나는 기업 환경과 시장의 니즈가 하루가 다르게 변하는 치열한 경쟁 속에서 살아남기 위해 늘 스스로 질문하고 답을 구하는 편이다.

텔콤은 과연 앞으로 무엇을 어떻게 해야 할까? 나는 중요한 순간에 어떤 판단을 내려야 할까? 사업 내실화와 확장의 기로에서 무엇을 선택해야 할까? 가장 효율적인 조직의 규모는 어느 정도가 적절할까? 시장의 위기와 기회는 어떻게 판단할 수 있는가? 미래를 준비할 핵심역량은 무엇으로 삼을 것인가? 원가절감과 순수익을 높이기 위한 효과적인 전략은 무엇일까? 전략적 제휴는 누구와 어떻게 해야 효과적일까? 핵심 타깃에게 어떻게 제품을 알릴 것인가? 신상품 개발과 신기술은 어느 단계에서 시작하면 적합할까? 과거와 달라진 시장을 어떻게 해석하고 적용할 것인가? 경쟁력 있는 기업문화는 어떻게 만들며, 직원들의 만족도를 높이는 경영방식은 무엇일까?

이렇게 끊임없는 질문이 중요하며 이런 과정 속에서 답을 찾을 수 있는 경우가 많다.

글로벌 경영을 위한 '컬처코드 읽기'

기업을 경영하기 위해서는 시장과 세계 곳곳에서 흐르는 컬처코드를 철저하게 읽어내는 능력이 필요하다. 그래야만 남들보다 앞서 나갈 수 있다.

재벌 기업에서 산 속에 고급 휴양지를 만든 이유는 그들이 먼저 앞을 내다보는 혜안이 있었던 까닭도 있지만 그들에게는 컬처코드를 접하고 이해할 수 있었던 경험이 있었기에 가능한 것이었다. 산 속에 집이 있는 달동네는 못산다는 고정관념이 있는 우리나라 사람들과 다르게 베버리힐즈 같은 것을 해외 유학 시절 본 사람들은 좋은 사업 아이템으로 받아들일 여지가 더 크다.

나 역시 대학원에서 국제경영을 공부하다 보니 글로벌 흐름을 많이 알게 되었다. 특히 외국 출장을 자주 다녀보면서 식견과 혜안이 넓어지는 것을 스스로 느끼고 있다. 조금이나마 미래의 트렌드를 더 잘 접할 수 있다 보니 사업 구상도 더 원활해졌다.

시대에 맞는 아이템을 찾아내어 사업을 더욱 확장하고자 하는 것은 모든 기업을 운영하는 CEO의 당연한 꿈이자 의무다. 크고 작은 수많은 전자부품 무역 회사들이 있지만 점점 더해가는 무한경쟁 시대에서 늘 궁리하고 배우며 성장할 수 있도록 꾸준히 노력하는 것이 필요하다.

'혁신'으로 B2B 시장에서 살아남기

예전에 국보 1호 숭례문이 불탔을 때 나 역시 억장이 무너지는 마음을 금할 길이 없었다. 600여 년의 역사가 무너졌고 한국의 자존심이 무너졌다고 말하는 앵커의 격한 목소리에 통감했다. 그러면서 회사를 생각하게 되었다.

아무리 역사가 긴 600여 년 회사도 한순간의 방심과 무관심 그리고 안일한 생각을 갖고 일한다면 무너지는 것은 어쩌면 시간 문제가 아닐까?

사실 국내 기업의 90%가 영위하는 B2B 시장에서는 오랜 관행에 젖어 오히려 혁신을 못하는 경우도 많다. 우선 B2B 업체들은 고객 접점이 한정되어 있고 그래서 B2C 업체와 다르게 애써 세일즈 마케팅에 몰두하지 않는 경향이 있다.

B2B 시장에서 혁신해야 할 부분은 세 가지다. '좋은 물건', '신뢰구축', '인간관계' 세일즈 성과를 내기 위해선 우선 품질이 우수한 제품을 확보하고 있어야 한다. 경쟁사에 비해 품질이 떨어지면서도 사업을 따내긴 매우 어려운 일이다. 고객사와 신뢰를 구축하는 것도 중요하다. 물건을 공급하는 과정에서 혹은 이후에 고객과의 신뢰를 잘 구축하는 것이 장기적인 비즈니스에 도움이 된다. 납기일을 꼭 지키고, 약속한 내용의 시스템을 잘 구축해 주고, 사후 서비스에 소홀함이 없는 것은 신뢰구축의 가장 기본 조건들이다.

그동안 쌓아놓은 신뢰관계를 돈독히 하며 발전시키는 것도 중요하다. 고객사와 함께하는 시간을 많이 갖고, 시스템을 구축할 때나, 구축 후에 운영단계에서 고객사 곁에서 그들의 요구 사항들을 잘 들어주면서 인간적으로 친해지는 것도 중요하다.

사람이 재산이다

텔콤은 지금까지 앞으로 달리는 것에는 정말 열중했지만, 인재관리 부분에 대해서는 조금 더 치중할 계획이다. 이직하는 직원들로 인하여 기업 성장의 발목을 잡아서는 안 될 것이다. 사람이 재산이라는 말처럼 조금 더 인재 관리에 투자와 관심을 더 기울여 직원들과 함께 텔콤 성장의 기초로 삼을 것이다.

나는 직원 한 사람 한 사람 전적으로 신뢰하면서 모든 것을 책임 경영을 하게끔 준비했다. 조그마한 일에 사심을 버리고 처음에 '우리'로 같이 일하고자 했던 초심으로 돌아가 신뢰를 바탕으로 자기가 맡은 일에 최선을 다하는 직원들이 많아질수록 기업은 성장한다.

가끔은 직원들에게 엄격한 모습을 보일 수도 있을 것이다. 상하를 막론하고 잘못된 것을 보고 그냥 모른 척하고 지나친다면 서로 아무런 발전을 도모할 수 없다. 진솔하게 서로의 오류와 부족함을 이야기를 해 줘야 성장할 수 있다. 부하 직원을 키우지 않는 상사는 필요 없다. 작년과 금년은 뭐가 달라도 달라져야 한다. 경력사원들에게는 회사의 장점을 빨리 찾을 수 있게끔 교육을 통하여 스스로 변화를 만들어 낼 수 있도록 도와 주어야 한다.

개인적인 감정으로 말하면 안 되지만 조직의 이익을 위해서는 직원들이 일시적으로 내린 잘못된 판단을 재빨리 바꿔줄 필요성이 있다.

비록 규모가 큰 기업은 아니더라도 나는 늘 내가 직원들을 이끌 경영자로서 적격자인지 가끔 자문자답하곤 한다. 나이가 들면서 지식을 따라가기가 쉽지 않고 외부의 환경 변화에 새로운 것을 찾기가 점점 더 어렵지만 경영을 해나간다는 열의만큼은 아직 뜨겁다.

텔콤은 매년 성장해오고 있다. 계속해서 외적인 성장을 추구하는 것도 중요하지만 지금 시점에서는 큰 건물을 짓기 위해 땅을 단단히 다지듯 내실을 기해야만 그것을 바탕으로 제2의 도약(성장)을 할 수 있다는 고민이 있다. 현재 계속해서 잘되고 있으니 무신경해도 되는 것이 아니다. 우리가 놓치고 있는 것은 없는지, 지금처럼 하는 것이 맞는 것인지, 직원들 간의 소통은 잘되고 있는지, 직원들의 불만사항은 무엇인지 CEO는 늘 고민해야 한다.

어느 정도 회사를 궤도에 올려놓았지만 여전히 나는 안주하는 것이 두렵다. 항상 변화와 새로운 것을 찾는다. 가끔 직원들에게 사장이라는 타이틀을 내려놓고 허허실실 다가가는 것도 내 소소한 기쁨이다. 요즘 들어 스스로에게 '늘 솔직한가?'라고 묻는다. '도대체 무엇이 나를 행복하게 하는가?'라는 질문에 고요히 내면을 응시할 줄 알아야 한다. 남들이 나를 행복하게 보는 것이 중요한 것이 아니다. 내 자신이 정말 행복한 것이 중요하다.

살다 보면 특별히 정해진 것이 없는 것 같다. 완벽한 사람도 없다. 못생긴 나무가 산을 지키듯 주어진 상황 속에서 다른 사람 눈치 보지 말고 너무 이것저것 고민하지 말고 내 스타일과 맞게 살아가는 것도 한 방법이다. 운전이 서투른 사람이 운전 중에 브레이크를 잘 밟듯 욕심내어 한꺼번에 하지 말고 생각은 크게 하고 실천은 작은 것부터 하나부터 차근차근 제대로 밟는 것도 나쁘지는 않다. 언젠가 익숙해지면 추월할 수 있는 능력을 갖추는 것이 인간이라고 희망적으로 생각한다.

위기 속에 기회가 있듯 불황 속에 더 큰 기회도 있는 법이다. 하지만 그 기회를 쉽게 사로잡기 위해서는 탄탄한 기본기를 갖춰야 한다. 가장 쉬운 방법은 역시 책을 많이 읽는 것이다. 남이 고생하여 얻은 지식을 아주 쉽게 내 것으로 만들 수 있고, 그것으로 자기 발전을 이룰 수 있다. 리더든, 직원이든 공부를 많이 해야 하고, 많이 알아야 한다. 지식이 바로 자존심이고 투지의 원천이 되어야 한다. 대부분의 위대한 경영자들은 가장 험난하고 어려운 순간에도 손에서 책을 놓지 않았다.

우리가 성취하고 마음 깊이 원한다면 반드시 그 목표를 크고 담대한 것으로 잡아야 한다. 또한 완벽하고 위대한 생각을 해야 되는 것도 이와 비슷한 이치이다.

더 큰 목표를 성취하고 싶다면 꿈의 크기부터 남달라야 하지 않을까. 친절과 인정으로 무장하되 잘해주면 언젠가 보답하고 감동할 것이라는 막연한 기대는 버리고 격이 다른 감동을 상대방에게 안겨 줄 준비를 해야 한다. 그리고 우리 텔콤인들 한 명 한 명이 줄기가 되고 가지와 잎에 되어 텔콤이라는 무성한 나무를 이루어, 그 어떤 분야에서든 다른 곳과 차별화되고 돋보이기 위해 노력해야 할 것이다. 나와 같이 행동하는 사람들과 함께 이 업계에서 큰 숲과 높은 산, 장엄한 산맥이 되는 날까지 나는 끊임없이 질문하고 답하고 열정의 삶을 멈추지 않을 것이다.

고객, 찾는 게 아니라 만드는 것이다

기업의 경쟁력은 고객이 자사의 상품과 서비스를 인정하는 데 있다. 결국 차별화가 관건이다. 유통시장에서 '신용과 신뢰'는 차별화라는 말을 쓰지 않더라도 갖춰야 할 덕목이다. '기술에 대한 신용', '회사에 대한 신용', '사람에 대한 신용'이 유기적으로 갖춰지면 인정을 받고 성공의 길로 들어가는 열쇠를 쥘 수 있다. 차별화 전략이 '자체적으로 구상하는 다양한 아이디어'라고만 생각하는데 그 밑바탕에는 신용이 있어야 한다.

우리 회사는 기술영업을 한다. 이미 단순한 판매 영업방식은 탈피해 고객 회사에 끊임없이 기술 지원을 한다. 개발 단계에서 생산이 이뤄질 때까지 함께 참여하고 지속적으로 업무를 협조한다.

기술 인력의 경쟁력 강화 방안으로 마련한 해외기술 연수를 고객에게 확대한다. 고객사는 일 년에 한 번 이상 우리 회사가 공급하는 부품을 현지에서 직접 볼 수 있게 했다. 신뢰와 만족을 동시에 줄 수 있는 기회로 활용한 것이다.

'어떻게 하면 더 고객을 발굴할 것인가?' '조직의 정체기에는 내가 어떻게 해야 하는가?' '우리 텔콤만의 컬러(color)를 어떤 식으로 살릴 것인가?' 늘 고민은 더 깊어져야 하고, '틀에 박혀 혹시 새로운 경영 트렌드를 놓치고 있지 않을까?' 더 불안해야 한다. 불확실한 미래일수록 다

같이 헤쳐 나가는 지혜가 필요한 법이다. '고민을 내가 다 하고, 나만이 할 수 있다.' 이 생각을 버린 지 오래다.

"제품은 있는데 시장이 없다."는 말을 많이 한다. 하지만 나는 말이 안 되는 소리라고 생각한다. 왜? 없으면 만들어서라도 있게 하는 게 시장이기 때문이다. 요새는 인터넷과 소통 채널의 진화로 거래업체가 세일즈맨을 통하지 않고도 모든 제품에 대한 정보를 웹사이트, 가격 비교와 성능 비교 사이트, B2B사이트에서 실시간으로 얻을 수 있다.

고객사와 회사의 가교 역할을 하던 세일즈맨의 주요 역할이 미디어 발달로 크게 줄어들었을까? 일견 그럴 것 같지만 사실 아니다. 오히려 더 세일즈맨들이 활약할 수 있는 여지가 커졌다. 여기저기 정보의 난립으로 고객사는 선택의 혼란이 더 가중되고 있다. 믿을 만한 회사를 찾기에 더 바빠졌고, 오랫동안 온·오프로 신뢰를 쌓은 세일즈맨의 회사에 눈길이 한 번 더 가는 것이 인지상정이다.

이런 점에서 우리는 늘 세일즈를 제대로 준비하고 있어야 한다. 거래처 구매 담당보다 더 많은 정보를 갖고 있어야 한다. 거래업체가 지금 무엇을 고민하고 앞으로 어떤 문제가 생길 것인지를 파악하고 자사에서 어떤 솔루션으로 거래업체 문제를 해결해줄 수 있을지를 연구해야 한다.

우리 내부에서도 이에 대한 이견을 조율할 줄 아는 설득력과 공감력을 발휘해야 한다. 새로운 솔루션 개발을 주도하는 것이 단순하고 쉬운 일만은 아니다. 무작정 현장에서 시간을 보내는 것이 능사가 될 수 없다. 거래업체와 미팅을 위한 사전 준비를 꼼꼼하게 체크하는 일도 매우 중요하다.

우리가 속한 사업 전반에 대한 해박한 지식은 물론 거래 업체 문제를 꿰뚫고 있고 이를 해결할 수 있는 솔루션을 제시할 수 있는 컨설턴트가 되어야 한다. 솔루션을 위해 필요한 모든 관련 부서를 움직일 수 있는 설득력과 신뢰를 주는 사람이어야 한다.

미래의 세일즈는 '컨설턴트형 세일즈'로 스마트하게 변신할 것이다. 그냥 여기저기 존재하는 고객을 수동적이고 맹목적으로 찾아가던 시절은 지났다. 오히려 세밀하고 친절한 컨설턴트를 통해 고객을 만들어 나가는 것이 대세가 되었다. 제일 먼저 일선 세일즈맨들이 고객사의 담당자를 인터뷰하고 문제를 분석해야 한다. 즉 힘든 점(Pain)이 무엇인지 찾아나가고 해결책을 던질 줄 알아야 한다. 그런 다음 고객이 안고 있는 문제가 무엇인지 파악해 솔루션을 줘야 한다.

고객사는 거래업체가 자신들의 고통을 공유하고 있다고 느끼면 다음부터는 그들이 편하게 말문을 열어준다. 왜? 그들도 재빨리 솔루션을 찾아 매출을 증대시켜야 하기 때문이다. 요즘은 여기서 더 나간다. 아직 발생하지도 않은 있지도 않은 문제를 짚으며 "다른 회사 경우를 보면 당신 회사도 곧 이런 문제에 직면합니다. 그래서 지금부터 준비하는 것이 좋을 것입니다."라고 고객사의 니즈를 먼저 찾아주는 것이다. 고객사가 아직 인지를 못하고 있거나 관심을 덜 가지는 문제에 도전하는 경우 성공 확률이 확 높아진다. 당연히 이를 위해서 우리 세일즈는 거래처의 현재 문제는 물론 잠재 문제까지 알고 있어야 한다.

물론 쉬운 일이 아니다. 많은 노력을 해야 하고 본인 자체가 산업 전반에 대해 많이 알고 미래에 대한 나름대로의 통찰력이 있어야 한다. 단순히 고객사를 새로운 제품 판매의 장이나 기회 발굴처로만 대하면 그들은 우리에게 신뢰를 주지 않을 것이다. 하지만 거래처 수요 예측까지 도와주는 등의 일련의 행위를 하면 그들은 우리를 색다르게 평가해줄 것이다.

수요 예측을 보통 부품업체는 '백록' 관리라 하는데 백록 관리만큼 영원한 숙제는 없다. 항상 공급 부족(shortage)과 과잉 재고 사이클을 반복하는 산업에서 백록 관리의 왕도를 찾아야 한다는 부담감이 크다. 백록관리는 세일즈하는 사람의 마음을 무겁게 하는 요소기도 하다. 불과 한두 주 전만 해도 물건 더 달라고 난리치던 고객이 갑자기 이제는 못 받겠으니 취소하겠다고 할 때도 있다.

우리 직원들 스스로 상대 거래처 조달 구매 담당자라고 생각하면서 일을 하면 이 백록 관리는 별 문제없이 해 나갈 수 있다. 이해관계가 다른 '거래처와 공급처'로 생각하지 말고 상대 회사의 조달 담당이라고 생각을 전환하면 쉽게 일이 해결된다. 고객사의 구매 담당은 우리의 제품만 보는 것이 아니라 여러 제품을 다룬다. 아무래도 집중도가 떨어질 수밖에 없다. 미리 준비된 수요 예측과 거래처가 생각하는 수요 예측을 비교하여 조정하면 고객사 구매 담당도 매우 고마워할 것이다. 우리 역시 과잉재고 문제를 어느 정도 예방할 수가 있다.

고객사의 담당자가 우리에게 의지하고 우리에게 다른 업체는 어떻게 하는지 물어보게 해야 한다. 그러자면 세일즈맨들은 당연히 많은 공부를 해야 한다. 진심을 다해 고객사와 동고동락을 할 자세를 갖고 있어야 한다. 자기 회사처럼 고객사를 생각해주어야 한다. 여기서 많은 문제가 해결된다. 거래처를 자기 회사처럼 생각한다면 거래처의 현재 매출이 어떤지, 자금 사정은 좋은지, 직원의 감정 상태는 어떤지,

지금 가장 문제가 되고 있는 내용이 무엇인지, 즉 거래처의 당면 비즈니스 이슈가 무엇이고 각 부서의 고민은 무엇인지 등 속속들이 내용을 알 수 있을 것이다.

세일즈는 단순한 우리 회사의 제품 판매만이 아니다. 거래처 문제를 해결할 수 있는 해법을 공급하고 솔루션이 없다면 우리가 개발을 할 수 있도록 개발까지 주도해 줘야 한다. 무엇보다 거래처가 세일즈맨을 만나기를 항상 기대해야 한다. "아, 이런 것 좀 물어봐도 돼요? 사실 요즘 내가 이런 문제로 고민 중인데 혹시 아이디어 없어요?" 이렇게 거래처가 세일즈맨에게 전화를 할 수도 있다. 그러니 해당 산업 연구는 물론 제품, 기술 트렌드, 경쟁 모두를 열심히 공부해야 한다.

세일즈는 심리전이라고도 할 수 있다. 그들이 원하는 것을 주어야 한다. 설득력도 있어야 한다. 고객사 직원을 솔깃하게 만들어야 하고, 사내 개발의 필요성을 자사의 사장 이하 직원들에게 설파할 정도의 실력도 갖춰야 한다.

새로운 시장을 발견하고 고객을 만드는 것은 우리가 풀어야 할 영원한 숙제다. 남에게 미룰 수도 없고, 남이 대신 할 수도 없다. 하지만 조금만 생각을 달리한다면 생각보다 빠르게 풀려서 큰 기쁨을 주는 숙제일 수 있다.

　　로마는 BC 3세기경에 아피아가도를 필두로 주요 간선도로를 건설했다. 길이가 무려 8만 km에 이르렀다. 비슷한 시기 중국도 만리장성을 쌓았다. 산봉우리에 5천 km의 성을 쌓았다. 중국이 편하고 재미있게 살기 위해 성벽을 쌓고 주지육림을 즐겼던 반면 로마는 사람, 물자, 기술, 지식, 문화까지 새로운 문물을 받아들이고 좋은 것을 배우기 위해 길을 닦았다. 로마의 인프라는 천년 제국의 토대가 되었다. 긴 안목과 차별화 전략이 국력을 높였다. 그러나 만리장성으로 불멸의 제국을 만들려던 진나라는 15년 만에 망했다.

　　1970대부터 1990년대 우리나라는 산업화 고도 성장기를 맞이했다. 공급이 수요를 감당하지 못할 만큼 물건을 만들기만 해도 잘 팔려나가던 호황기였다. 기업을 차린 사람들은 떼돈을 벌었고 은행에서 돈을 빌려 집이나 땅을 사 놓으면 몇 년 후에 몇 배가 오르던 시절이었다. 당연히 회사도 근무하기가 좋았다. 심하게 통제하는 것도 없었다. 그 분위기는 사람들의 정신 상태를 이완시켰다. 먹고 놀기 좋은 시절이었다. 그러나 샴페인을 너무 일찍 터뜨린 바람에 결국 나중에는 빈 잔만 남았다.

　　세상을 편하게 살면 반드시 먼지가 끼고 때도 묻고 나태해진다. 기름진 것들만 먹어서 몸이 날렵하지 못하고 새로운 것을 찾는 것을 두려워하게 된다. 이 시기에 차별화의 길을 갔던 기업은 궁극적으로 살아남았고 그렇지 못한 기업은 도산했다.

그런 아픔과 경험이 있었던 탓일까? 우리 사회는 점점 다양한 모습으로 변화와 진화를 거듭하고 있다. 산업 생태계도 건강한 방향으로 다양화를 꾀하고 있다.

이런 상황에서 가장 중요한 가치는 1등하는 사람이 아니라 유일한 것을 할 수 있는 사람이 거머쥐게 되었다. 퇴직 후 30년까지 자신만이 알 수 있는 일, 기성의 짜인 제도 속에서 차별받지 않고 자신만이 할 수 있는 일, 창조적인 일을 만들어 자신만이 할 수 있는 일, 남들은 할 수 없는 그런 일을 할 수 있는 유일한 무기가 필요해진 시대다.

이제 시대 정신은 넘버원(No.1)이 아닌 온리원(Only one)을 원하게 되었다. 1등이 아닌 '유일한 것'이 더 인정받고 대우받는 시대에 가장 중요시 여기는 것은 '창의성'이다. 남과 차별화되는 것, 다른 것과 똑같지 않은 독창성이 있다면 그것이 바로 창의고, 창조인 것이다. 그렇게 따지면 '창조경제'라는 단어가 만약 모호한 개념만은 아닐 터이다.

'란체스터의 법칙'이라는 말이 있다. 원래 전쟁용어인 '란체스터의 법칙'이란 마켓을 전쟁터로 보고 약한 자의 전략과 강한 자의 전략으로 나누어 출구 전략을 마련하는 법칙이다. 이때 약한 자의 전략이란 차별화의 전략이다. 강한 자가 돌아보지 않는 틈새를 노리거나 세분화되어 가는 시장에서 독자적인 브랜드를 구축해 가는 전략을 구사해야 한다. 반면 강한 자의 전략은 경영 자본을 집중적으로 투자하여 시장을 독점하는 것이다.

　상식적으로 약한 자는 강한 자를 이길 수 없지만 가끔 전쟁터에서는 열세에도 불구하고 승전하는 장수들이 생기는 법이다. 이런 장수들이 기업으로 따지면 베스트 컴퍼니이자 온리원 컴퍼니인 것이다. 기업이라면 차별화된 제품, 서비스, 브랜드 만들기에 고심해야 하는 이유가 된다. 특히 서비스와 브랜드는 비즈니스의 세계뿐만 아니라 지구상의 모든 문화의 중요한 부분이 되었다.

　기업은 시간을 투자해 가치를 수확해야 한다. 그러기 위해 적기를 알고 조짐을 읽어 미리미리 대비해야 한다. 불황기일수록 고객들은 신중한 구매 패턴을 보인다. 확실한 세일즈 마케팅과 브랜드 관리가 절실한 이유다.

　텔콤도 어떤 약속과 가치를 제품과 서비스에 담아야 할까를 거듭 고민해야 한다. 요새 나는 새로운 먹을거리 분야로 친환경 산업과 실버 산업 쪽으로 거듭 고민하고 있다. 텔콤은 지나온 날도 많지만 앞으로 가야 할 길도 먼 회사이기도 하다. 이제 필요한 것은 '지금까지 잘 만들어온 텔콤의 문화'에 시대와 세대의 변화를 가미하여 미래의 텔콤을 만들어가는 과정이다.

　남과 같아서는 최고가 될 수 없다. Only One! 최초 최고 최대여야 한다. 우리 사회는 어느 분야든 과포화 상태다. 하지만 새로운 블루오션을 개척하는 것이 불가능한 일만은 아니다. 한 사람이 오래도록 한 가지 일에 정진하면 그 일에 있어서는 당할 사람이 없게 된다. 이것이 평범한 사람이 비범해지는 가장 확실한 방법이고, 수많은 레드오션에서 블루오션을 발견하는 길이기도 하다.

　빈 스윙 1만 번에 100타를 깨는 스윙이 되고, 빈 스윙 3만 번이면 보기 플레이, 10만 번이면 싱글의 스윙이 만들어지는 것이다. 탁월함은 끊임없는 도전에서 나오는 것이다. 뚝심을 갖고 멀리 내다볼 때 큰일을 이룰 수 있다고 확신한다.

텔콤이 미래를 향한 역발상의 힘을 통해 불가능의 벽을 넘어서는 온리원 기업으로 자리 잡을 때까지, 작은 변화에 휩쓸리지 않고 큰 흐름을 만들기 위한 내 발걸음은 멈추지 않을 것이다.

스파크가 튀는 설렘으로 살아라!

시간의 참된 가치를 알라.

그것을 붙잡아라. 억류하라.

그리고 그 순간 순간을 즐겨라.

게을리 하지 말며, 해이해지지 말며,

우물거리지 마라.

— 체스터필드

"끝날 때까지 끝난 게 아니다."

미국의 전설적인 야구 선수 요기 베라의 명언이다. 아마도 인간은 생이 다하는 날까지도 도전하는 존재일 것이다.

도전 정신은 원래 두려움이 없어 그냥 모험에 선뜻 뛰어드는 것이 아니라 다른 사람들과 마찬가지로 두려워도 그럼에도 불구하고 한다는 데 가치가 있다. 그러자면 내가 가진 목표가 실제 내 몸을 움직이게 할 만큼 강력해야 하고, 내 생각과 행동을 지배해야 한다. 목표가 뚜렷해야 아이디어가 생기고, 목표가 뚜렷해야 열심히 뛰어다니게 된다.

지금 내가 생각하는 경영 목표는 거창하고 번지르르한 것이 아니다. 회사를 무너뜨리지 않고 지속 경영을 할 수 있게 만드는 것이다. 비록 나는 회사를 주식시장에 상장시킬 만큼 규모를 크게 늘린 것도 아니고, 세상에 존재하지 않던 사업을 일으켜 대성공을 거둔 것은 아니지만 내가 생각하는 지속 경영의 포인트는 회사 규모에 상관없이 계속 도전한다는 데 있다.

직원들과 함께 도전을 즐기면서도, 회사를 위험에 빠트리지 않고 수익을 올리며 유지해 나가는 것이 내가 바라는 행복경영의 모습이다. 계속 꿈을 꾸고 열정을 가지고 있다면 60살 먹었더라도 내가 처음 창업을 하던 30대의 나와 전혀 다르지 않다. 그런데 그 꿈이라는 것은 머리로 냉철하게 따지는 것이 아니다. 가슴에 뜨겁게 희망을 품는 것이다. 내 앞날이 훤하기 때문에 희망을 느끼는 것이 아니라 희망을 가졌기에 미래가 밝아진다는 역설을 깨달은 나는 스스로를 행운아라고 생각한다.

꿈은 현재를 이끄는 정신의 원동력이고, 상상력은 현실을 바꾸어 내는 강력한 시발점이다. 그리고 열정은 성공의 에너지다. 성공을 위해 실패를 거듭할 수 있는 능력이 바로 열정이다. 열정만 가진다면 우리는 주니어가 아니라 프로나 고수가 될 수 있다. 일생에 한 번쯤은 내 인생의 달인이 되어야 하지 않을까? 그렇다면 내 삶이 주어지는 환경 자체가 간난신고(艱難辛苦)*를 겪는다고 해서 걱정할 게 못된다. 우리에게 절실히 하루하루를 살라고, 그래서 생의 주인공임을 깨달으라고 신이 주시는 기회일지도 모른다.

물론 열정만 가득한 가슴만으로는 꿈을 실현시킬 수 없다. 나중에 할 거면 지금하고 지금 하지 않으면 나중도 없고 나중은 오지 않는다. 지금 행동해야 한다. 행동이 성공을 보장한다. 어떤 행동이든 하지 않는 것보다 낫다.

생을 후회하고 싶지 않기에 나는 오늘도 부지런히 달린다. 항상 준비한다. 그리고 순수한 마음으로 즐기고자 한다. 끌리면 끌리는 대로 무작정 좋아하기로 마음먹었다. 설령 뚜렷한 목적의식이 없었다 하더라도 지금을 즐기다 보면 결과마저 좋아질 거라 믿는다. 결과가 좋으면 결국 힘들었던 과정까지도 좋아지고 보상받을 거라 믿는다.

대충 얼렁뚱땅 지나가는 것을 경계하며 하루하루를 스파크 튀도록 절실하게 살 것이다. 그렇게 불똥 튀기며 일해 본 자는 안다. 그 일에 자신의 생계를 걸어본 절실한 사람은 더욱 잘 안다. 자신의 생을 혼자 힘으로 이룬 자의 기쁨과 성취감을. 우리 삶 곳곳을 충만하게 아로새기기 위해서는 나 자신부터 더 채울 것이다. 지식과 경험이 쌓인 것들이 결국 창조로 이어지기 때문이다. 많이 알아야 기회를 기회인 줄도 알아보고, 내가 가진 잠재력을 제대로 폭발시킬 수 있다.

텔콤의 강한 공동체 의식과 적극적인 행동력, 위기에도 빛나는 도전 의식이 내가 이룩한 부와 명성이다. 나와 내 가족 그리고 나와 같이 일하고 있는 우리 직원 모두가 같이 그것들을 단단하게 거머쥐고 달콤하

---

* 몹시 고되고 어렵고 맵고 쓰다는 뜻으로, 몹시 힘든 고생(苦生)을 이르는 말

게, 오래 맛보기를 바란다.

그래도 아직은 우리가 가야 할 여정이 많이 남아 있다. 우리가 만들어야 할 놀라운 미래가 저 앞에 있다. 그래서 쉴 수 없다. 그 미래는 우리 손에서만 만들어질 수 있기에 스파크가 튀는 설렘으로 그 담대한 미래를 마음속에서 선명하게 그려라! 열렬히 소망하고, 깊이 믿으며, 열정을 가지고 행동하면 언젠가는 반드시 우리의 현재로 될 것이다. 텔콤이 그랬듯 내가 그랬듯.

사장이 된다는 것도 쉽지 않은 일이지만 사장답게 일한다는 게 정말 어려운 것 같다. 인생이 선사하는 최고의 상은 건강할 때 가치 있는 일을 열심히 할 수 있는 기회라고 생각하고 출발 시점으로 다시 돌아가 주어진 기회에 감사하고 남은 시간을 열심히 살아가려고 한다.

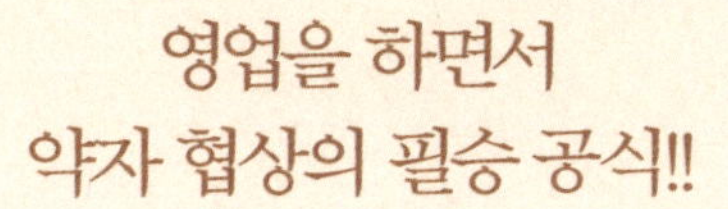

영업을 하면서
약자 협상의 필승 공식!!

1. 불리해도 겁먹지 말라.

2. 협상을 깰 배짱을 가져라.

3. 다른 옵션을 만들라.

4. 시간을 끌며 기다리게 하라.

5. 전화로 하지 말고 직접 만나라.

6. 유리한 시간과 장소를 골라라.

7. 제3자의 지원을 얻어라.

도전을 멈추지 않는다면 실패란 없습니다!

어떠한 일이든 늘 시작은 미약한 법입니다. 얼마나 커다란 열정을 가지고 전심전력을 다하는가에 따라 그 끝은 여전히 미약할 수도, 세상을 움직일 만큼 창대할 수도 있습니다. 가장 중요한 것은 그 '끝'이라는 글자마저 머릿속에서 지우는 도전 정신일 것입니다. 그렇습니다. 멈추지 않는 한 우리 인생에서 실패란 없습니다.

권선복
도서출판 행복에너지 대표이사

'마부정제(馬不停蹄)'를 경영지론으로 삼고 쉼 없이 기업을 이끌어 나가는 '텔콤의 최유섭 대표이사님' 역시 그런 분이십니다. 세계적인 경제 위기와 날로 악화되어 가는 내수 상황 속에서도 오히려 더 맹렬히 돌진하는 대표님의 모습은 지금 우리 사회에 가장 필요한 기업 마인드가 무엇인지를 여실히 보여주고 있습니다. 또한 백전노장 CEO가 전하는 각종 경영 스킬은 임원이든 직원이든 회사 생활을 하는 사람이라면 그 누구라도 공감할 만한 현실 감각과 통찰력을 내비치며 신뢰감을 더합니다.

우리는 삶을 살아가며 위기가 기회가 되고 절망이 희망으로 뒤바뀌는 것을 수도 없이 봐 왔습니다. 그렇기 때문에 명확한 목표를 향해 걸음을 멈추지 않는 한 실패란 없습니다. 결국 찾아올 성공이 언제 오느냐의 차이만 있을 뿐입니다. 그 위대한 도전의 첫걸음을 책『열정 리더십의 스파크 경영』과 함께하시길 바라오며, 모든 독자분들에게 행복과 긍정의 에너지가 샘솟는 기쁨충만한 매일매일이 되시길 기원드립니다.

소리(전 8권)

정상래 지음 | 각 권 13,500원

쏟아져 나오는 책은 많지만 읽을거리가 없다고 탄식하는 독자들이 많다. 그렇다면 근대 한국사에 담긴 우리 한恨의 정서에 관심이 있다면, 대하소설의 참맛에 대해 잘 알고 있다면, 정말 제대로 된 작품을 읽어볼 요량이라면 이 소설은 독자를 위한 더할 나위 없는 선물이자 생을 관통할 화두가 되어 줄 것이다.

조영탁의 행복한 경영이야기 세트(전 10권)

조영탁 지음 | 각 권 15,000원

행복한 성공을 위한 7가지 가치, 그 모든 이야기를 담은 『조영탁의 행복한 경영이야기』 전집은 자신은 물론 타인의 삶까지 행복으로 이끄는 '행복 CEO'가 되는 길을 제시한다. 다양한 분야에서 칭송을 받아온 인물들의 저서에서 핵심 구절만을 선별하여 담았다. 저자는 이를 '촌철활인寸鐵活人(한 치의 혀로 사람을 살린다)'으로 재해석하여 현대인이 지향해야 할 삶의 태도와 마음에 꼭 새겨야 할 가치를 제시한다.

명세지재들과 함께한 여정

강 형(康泂) 지음 | 432쪽 | 25,000원

이책은 평생을 교육자로 살아온 강형 교수의 회고록이다. 1부는 오직 교육자의 길만을 걸어온 저자의 지난날의 대한 회상을 중심으로, 제자들과 함께한 그 열정의 여정에 대해 이야기한다. 2부는 저자에게 가르침을 받은 명세지재들의 옥고(玉稿)를 담고 있다. 이 책은 진정한 교육자의 길은 무엇인지 알려주고 대한민국 교육계의 미래를 위해 우리가 해야 할 일은 무엇인지에 대해 명쾌히 전하고 있다.

공부의 모든 것

방용찬 지음 | 서한샘 추천감수 | 304쪽 | 15,000원

30년 동안 유수의 명문 학원에서 강사와 원장으로 활동하며, 학원 교육 분야에서 일가를 이뤄온 방용찬 원장의 책 『공부의 모든 것』은 학생들이 자신의 공부법에 대한 문제점을 객관적으로 진단할 수 있도록 구성되어 있다. 교육을 매개로 저자와 한 가족과 다름없는 친분을 맺어온 학원가의 대부, 한샘학원 설립자 서한샘 박사의 감수와 적극적인 추천은 그 신뢰성을 더한다.

한설

장한성 지음 | 372쪽 | 15,000원

시대를 대표하는 문인 '김승옥 소설가'가 추천하는, 장한성 공인회계사의 첫 소설!
한 번도 전문적으로 글을 배운 적 없는 저자가 백 일 만에 써낸 작품이라고는 믿기
지 않을 만큼 거침없는 전개로 독자의 시선을 사로잡는다.
"한 시대를 살아온 청년들의 고뇌와 사랑을 담았다는 것만으로도 가치 있는 소설이
다." - 김승옥(소설가)

이것을 알면 부자된다

이정암 지음 | 416쪽 | 25,000원

풍수대가 '운정도인 이정암'이 전하는, 학문에 근거한 '부자 되는 비결'을 담은 『이것
을 알면 부자 된다』는 일상생활 중 아파트, 주택, 일터, 사무실 등에서 출입문과 침
실, 주방, 책상의 각 방위가 상생하는지 여부와 본인의 명궁을 비교하여 생기복덕궁
을 통한 왕기로써 부자가 되는 비법을 전한다. 경영자는 물론 일반인도 부자의 꿈을
실현할 수 있는 방안을 제시한다.

결국 그들은 당신을 따른다

정태영 지음 | 316쪽 | 15,000원

극심한 경쟁 속에서도 우뚝 서고 탁월하게 빛나는 '브릴리언트 리더'가 되고 싶은가.
21세기 리더가 갖춰야 할 덕목이 무엇인지, 앞으로 무엇을 해야 하는지 궁금한가. 그
렇다면 이 책에 담긴 '심리경영 핵심스킬 34가지'를 확인하고 학습해 보자. 상하 모두
에게 인정을 받는, 능력 있는 리더로 거듭나는 자신을 발견할 수 있을 것이다.

학교가는 공무원

김영석 지음 | 304쪽 | 15,000원

『학교가는 공무원』은 교육행정공무원으로서 사명을 다해 온 저자가 현직 공무원의
열정과 철학을 담은 책이다. 인생역정을 에세이 형식으로 풀어나가는 초반부를 통
해 자신의 교육관, 직업관, 인생관이 어떠한 과정을 통해 형성되었는지를 설득력
있게 제시하고 이를 통해 교육행정공무원으로서의 올바른 표상이 무엇인가를 보
여준다.

사랑하는 나의 어머니

정진우 지음 | 344쪽 | 15,000원

101세의 일기로 떠나보낸 어머니와의 평생, 그 눈물겨우면서도 감동적인 여정! 가정의 달 5월을 맞아, 그 이름 부르기만 해도 마음이 편해지고 힘든 이 세상에서 편히 쉬기 하는 삶을 유일한 안식처 '어머니'를 노래하다! 서울대 의과대학을 졸업하고 현재 뉴욕에서 비뇨기과를 운영하고 있는 저자의 첫 에세이로, 독자의 마음에 잔잔하게 퍼지는 온기를 전할 것이다.

33인의 명강사 스타강사

서필환 외 32인 공저 | 364쪽 | 18,000원

시대를 대표하는 문인 '김승옥 소설가'가 추천하는, 장한성 공인회계사의 첫 소설! 한 번도 전문적으로 글을 배운 적 없는 저자가 한 달 만에 써낸 첫 소설이라고 믿기지 않을 만큼 거침없는 전개로 독자의 시선을 사로잡는다! 한 시대를 살아온 청년들의 고뇌와 사랑을 담았다는 것만으로도 가치 있는 소설이다.

마음이 아름다우니 세상이 아름다워라

이 채 지음 | 224쪽 | 13,500원

저자는 이 시집에서 우리가 늘 살아가고 있는 이 세상을 노래하였다. 우리는 늘 세상을 긍정적으로 바라보고 타인을 존귀하게 대해야 한다고 배우지만 힘겨운 세상살이 속에서 말만큼 쉽게 되는 일은 아니다. 이채 시인은 바로 의미를 깨달을 수 있는 쉬운 문장들을 독자에 마음에 점자처럼 펼침으로써 읽은 이 스스로가 마음을 매만지게 한다.

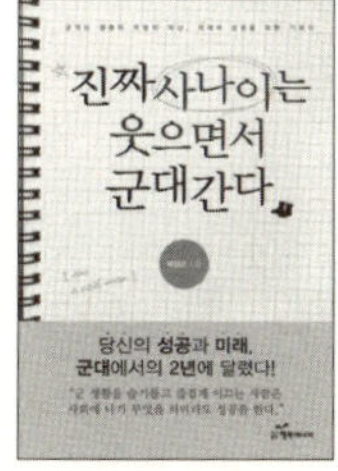

진짜사나이는 웃으면서 군대간다

박양근 지음 | 240쪽 | 13,800원

군대 얘기만 나오면 좌절하고 겁부터 먹는 젊은이들. 하지만 그런 나약한 정신과 태도로는 한평생을 살며 아무것도 이룰 수 없다. 이 책은 군 입대를 앞둔 젊은이들이 어떤 태도를 가지고 군대에 가야 하는지, 군대에서는 무엇을 어떻게 해야 하는지, 또 제대할 때는 무엇을 얻어 전역해야 하는지를 도와줄 것이다.

공자가 살아야 인류가 산다

공한수 지음 | 368쪽 | 19,000원

책 『공자가 살아야 인류가 산다』는 동서고금을 막론한 인류 최고의 스승 '공자孔子'의 사상을 통해 인간으로서의 의무이자 존재의 증명이라 할 수 있는 '평생학습'의 중요성을 강조하는 '인문서'이다. 정치, 경제, 문화와 관련된 다양한 사례들을 적재적소에 제시하여 신뢰성을 높인 '철학서'이자 '자기계발서'이다.

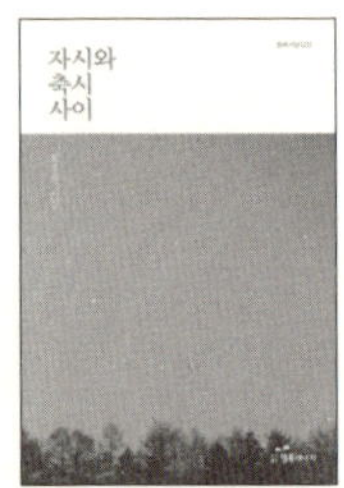

자시와 축시 사이

최우진 지음 | 156쪽 | 10,000원

시집 『자시와 축시 사이』는 '연애, 인생, 존재, 믿음'이라는 네 가지 주제를 바탕으로, 소소한 일상에서 비롯되는 삶의 웅숭깊은 깨달음을 전한다. 저자 자신이면서 동시에 타자他者인 듯한 교차적 시각을 통해 우리의 삶 내내 끊임없이 맞물리는 인간과 인간, 사물과 인간 사이의 현상을 아름답게 그려 낸다.

꿈을 심는 희망의 새 길

나용찬 지음 | 256쪽 | 10,000원

"애국자가 따로 있는 것은 아니다. 자신의 자리에서 맡은 책임을 다하고, 고향을 사랑하며, 타인을 위해 자신을 희생하는 것만으로도 누구나 애국자가 될 수 있다."라는 저자의 목소리가 경제위기와 계층갈등으로 신음하는 대한민국 사회가 무엇을 지향하고 어떠한 방향으로 나아가야 할지를 명쾌하게 짚고 있다.

나도 힘들고 아프고 고통스러웠다

최영미 외 24인 지음 | 244쪽 | 15,000원

서울 신림동 아름다운교회는 각종 고시에 합격하는 청년들이 많은 교회로 알려졌다. 이미 고시에 합격한 청년들의 간증을 엮어 책을 출간하여 많은 주목을 받은 바 있다. 아름다운교회가 두 번째로 출간하는 이 책은 일반 장년 성도들의 간증을 엮은 책으로, 삶 속에서 경험한 은혜의 경험을 웅숭깊게 그려 낸다.